메린이를 위한
메타버스의 모든 것

한 권으로 끝내는 메타버스 투자가이드

인터넷, 모바일은 놓쳤지만…
다음 10년을 위한 공부를

인류의 지혜와 힘은 놀랍다. 나락으로 떨어질 것 같은 위기가 오더라도 어느새 극복하고 새로운 세상을 만들어왔다.

1990년대 후반 아시아 외환위기, 2000년대 후반 미국 리먼 사태에서 비롯된 글로벌 금융위기가 그랬다. 이제는 2020년 초 시작된 코로나19 팬데믹이 진행 중이다. '경제위기 10년 주기설'이 그대로 실현됐다. 앞선 위기에서 그랬듯 이번 코로나19 팬데믹을 거치고 나면 또 다른 세상이 펼쳐질 것이라는 기대가 높다. 공교롭게 위기가 해결된 후에는 항상 새로운 혁신이 찾아왔다.

새로운 10년을 주도할 혁신

외환위기를 극복한 이후 인터넷 혁명이 펼쳐졌고, 금융위기 다음에는 모바일이 혁신을 이끌었다. 1980년대에 등장한 퍼스널컴퓨터(PC)는 개인의 업무를 전산화해서 생산성을 높이는 도구였다. 그 자체만으로도 대단했지만 1990년대 등장해 2000년대에 꽃을 핀 인터넷은 개인과 개인, 개인과 기업, 기업과 기업 등 세상을 온라인 내에서 연결해주는 혁신을 주도했다. 앞서 등장한 PC가 있었기에 인터넷 혁명이 가능했다.

이어 2007년 스티브 잡스의 애플이 아이폰을 세상에 내놓으면서 스마트폰을 토대로 한 모바일 혁명이 시작됐다. 이전의 인터넷은 연결이라는 혁신이 가능했지만 공간적 제약이 분명했다. 어딘가에서 PC를 켜야 그 혁신 속으로 들어갈 수 있었다. 모바일 혁명은 그런 제약을 해결해줬지만 사실 초기만 해도 세상을 어떻게 바꿀지 짐작하기 쉽지 않았다.

그저 산업 지형과 생활 패턴을 변화시킬 것이라는 기대만 있었다. 2011년이 돼서야 미국의 유명한 IT 전문 잡지인 'PCWorld'가 스마트폰 때문에 사라질 10가지 제품을 거론하는 기사를 쓸 정도였다. 그때 거론된 제품이 전자사전, 휴대용 게임기, 디지털 카메라, 녹음기,

MP3 플레이어, 종이 지도 등이다.

이때만 해도 영화관과 TV가 스마트폰 때문에 존립 위기에 처하게 될지는 상상도 못했다. 열쇠가 없어도 스마트폰만 있으면 차를 열고 운전을 할 수 있게 될지 누구도 몰랐다.

코로나19 이후에 펼쳐질 새로운 세상이 어떨지, 무엇이 주도할지에 대해 아직 의견이 분분하다. 앞선 혁신을 보면 이전의 결과들이 잘 융합돼서 신경제가 만들어질 것은 확실해 보인다. 디지털 세계가 더욱 스마트해지고, 편리해지는 방향이다. 그중 유력하게 거론되는 후보가 메타버스다.

메타버스는 한마디로 '아바타로 소통하는 디지털 세상'이라 표현할 수 있다. 현실의 나를 대신한 아바타가 디지털 세상으로 들어가 활동하고, 소통하는 기술이다. 디지털 세계를 좀 더 현실과 가깝게 연결하기 때문에 '초연결' 세상이 펼쳐질 것이라는 얘기를 많이 한다.

"메타버스, 게임과 뭐가 달라?"

고백한다. 필자도 사실은 메타버스에 대해 최근까지도 대단한 오해를 해왔다. 핑계를 대자면 영화 때문이었다. 메타버스를 이해하기 어렵다고 토로하니 주변에서 스티븐 스필버그 감독의 '레디 플레이어 원(Ready Player One)'이라는 영화를 추천했다.

줄거리는 간단하다. 2045년 희망 없이 살고 있는 청년들이 가상현실에 빠져 악당을 물리치고 승리하는 내용이다. 영화 속 가상현실인 '오아시스'에서 후계자로 간택되기 위한 죽음의 레이스가 펼쳐진다. 주인공인 웨이드 와츠라는 청년은 현실 세계에서는 컨테이너 박스촌에서 이모에게 얹혀사는 막막한 인생이지만, 오아시스로 들어가면 잘생기고, 현명하며 능력 있는 청년 '파시발'이 된다.

영화 초반부에 이 설정이 나오자 필자는 통쾌해하며 "봐라! 메타버스의 허구를"이라고 외쳤다. 메타버스는 현실에 지친 젊은이들의 한낱 도피처에 불과하다는 선입견이 그대로 영화에 담겼다. '평범한 게임과 뭐가 다르냐' '이게 무슨 신세계고, 새로운 산업이나 투자처가 될 수 있냐'며 꼰대다운 표정으로 영화를 지켜봤다.

오아시스에서 주인공은 온갖 난관과 괴물을 뚫고 승리한다. 무너뜨린 상대는 IOI라는 거대 기업이다. '승자 독식'의 정글 속에서 지치고 도태된 청년들에게 메타버스는 너무나도 매혹적인 세상이었다.

"현실은 무섭고 고통스러운 곳인 동시에 따뜻한 밥을 먹을 수 있는 유일한 곳이야. 왜냐면 현실은 진짜니까."

그러나 영화 마지막에 오아시스 설립자는 후계자로 결정된 주인공에게 열쇠를 전달하며 이런 말을 던진다. 이 말 때문에 필자는 메타버스와 현실은 동떨어진 세계라는 확신을 갖게 됐다. 메타버스라는 단어는 멋있지만 게임과 뭐가 다르냐며 코웃음을 쳤다.

인류의 지혜와 실천력을 간과한 얕은 생각이었다. 메타버스가 가상의 세계에서만 끝난다면 매력이 없다. 스필버그 감독이 알았던 초기의 메타버스들은 그런 성향이 강했을 것이다. 하지만 인류는 새로운 혁신이 필요했고, 이를 실현할 충분한 능력도 있었다.

우선 한번도 경험하지 못한 코로나19 사태로 재택근무와 수업이 일상이 됐다. 편하고 좋기는 했지만 사람이 그리워진다. 만날 수 없다고 일과 생활, 교육을 멈출 수는 없다. 줌(Zoom)으로 아쉬움을 달래기는 했지만 온라인으로 서로 얼굴 보며 대화하는 게 전부였다.

기술 발전도 메타버스를 신세계로 만들고 있다. 한 보험사에서 만든 광고 속 가상 인간 '로지'가 대히트를 쳤다. 발랄하게 춤을 추는 모습이 광고로 처음 등장했을 때 사람들은 대부분 진짜 사람인 줄 알았다. 사이버 인간은 로지가 처음이 아니었다. 1990년대에 등장한 일본의 사이버 가수 '다테 쿄코', 한국의 사이버 가수 '아담' 등과 비교해봐라. 인류의 놀라운 기술적 발전과 메타버스의 성공 가능성을 감지할 수 있다.

가시화하는 가상과 현실의 '동조화'

메타버스 성공의 핵심은 현실과의 연계성이다. 현실 세계에서 연인과 함께 극장에 가서 영화를 볼 때 느낄 수 있는 감정을 가상 세계에

서 유사한 일을 하면서 느낄 수 있으면 된다. 또 현실에서 불가능한 일을 메타버스 안에서도 실현하면서 만족감을 느낄 수 있다. 메타버스 안에서 활동으로 벌어들이는 수입이 현실 세계에서 실제 돈으로 연결되면 금상첨화다. BTS가 포트나이트 게임에서 다이너마이트의의 새로운 안무 버전을 처음으로 공개했다. 그 안무를 게임 속 나의 아바타가 관람을 하고 현실의 나는 내 아바타의 뒤통수와 BTS 안무를 동시에 보는 형태다. 이게 뭔가 싶었다. BTS 공연을 쳐다보는 내 뒤통수를 보고 있는 게 무슨 의미가 있는가.

그런데 한 가지 다른 점이 있다. 현실에서 나는 BTS 공연을 현장에서 보더라도 그들의 춤을 절대 따라 할 수 없다. 따라 할 수 있는 신체적 능력도 안 되지만 이 나이에 그걸 따라 하겠다고 시도하는 것만으로도 엄청난 놀림거리가 될 것이다. 하지만 메타버스 안에서 돈을 지불하고 아이템을 사서 나의 아바타는 능력을 키워주면 BTS의 다이너마이트 춤을 그대로 따라 할 수 있다. 현실에 있는 돈으로 메타버스에서 즐거움을 배가할 수 있고, 그걸로 다시 현실 속 나는 대리 만족을 얻는다.

걸그룹 블랙핑크는 네이버 제페토에서 가상 팬사인회를 가졌다. 전 세계 팬이 자신의 캐릭터를 통해 팬사인회에 참석했다. 그 인원이 5000만명에 달했다고 한다. 현실에서 블랙핑크가 5000만명한테 사인을 해주는 것은 불가

능하지만 메타버스에서 아바타끼리 만났으니 가능한 일이었다.

온라인 부동산 중개 업체인 직방은 아예 본사를 없앴다. 대신 메타폴리스라는 자체 개발한 가상의 빌딩을 지었고, 직원들은 아바타를 그리로 출근시키며 업무를 진행한다. 아바타가 나오지 않으면 현실 세계에서 결근 처리가 된다.

아바타는 메타폴리스 건물로 들어가 엘리베이터를 타고 자기 자리로 이동하며 다른 직원에게 다가가면 카메라가 켜지면서 대화도 가능하다. 다른 직원 아바타 위에는 실제 직원의 얼굴 사진이 둥둥 떠 있다. 재택근무의 핵심 툴인 줌을 메타버스로 진화시킨 형태다.

재밌는 것은 30층짜리 메타폴리스에서 직방은 4, 5층만 쓰고 나머지는 분양을 한다는 사실이다. 롯데건설과 더불어민주당이 이미 임대해서 들어갔다. 메타버스에서 돈을 버는 것이다.

불확실하기에 더 높은 가치

경제학에서 대가는 누구일까? 자본론을 쓴 독일의 칼 마르크스, 뉴딜 정책의 기초가 된 영국의 존 메이너드 케인스 등 원로가 거론될 수 있다. 노벨경제학상을 받은 여러 석학도 여기에 속한다. 경제학에는 불변의 법칙도 있다. 경제학원론에 나오는 수요와 공급의 법칙, 한계효용 체감의 법칙에는 어느 누구도 반론을 제기하지 못한다.

물리학도 마찬가지다. '상대성 이론'의 알버트 아인슈타인, '중력의 법칙'을 발견한 아이작 뉴턴 등이 있다. 'F=ma' 즉, 힘은 질량 곱하기 가속도라는 뉴턴의 운동 방정식이 절대 불변의 법칙이다.

어느 분야와 학문이건 이렇게 거장과 거스를 수 없는 이론이 존재한다. 산업도 마찬가지다. 스마트폰만 해도 애플의 스티브 잡스는 거스를 수 없는 지존이다. 여기서는 더 이상 대박이 나올 수 없다.

하지만 메타버스는 공부를 할수록 머릿속이 복잡해진다. 전문가도 많고, 주장이 난무한다. 기업들도 서로 지존이 되겠다며 나선다. 메타버스의 시조를 놓고도 일부에서는 '세컨드라이프'라는 게임을 얘기하지만, 2000년대 초 한국의 싸이월드를 거론하기도 한다. 메타버스는 아직 미지의 세계라는 뜻이다. 누구한테도 점령되지 않았기 때문에 누구에게나 기회가 열려 있다. 지금 보이는 모습만으로 재단해서는 안 된다. 미래를 섣불리 예단하는 것도 곤란하다. 무엇 하나 정해진 것이 없는 불확실성 때문에 메타버스의 가치는 더욱 높다.

이 책은 메타버스를 규정하지 않는다. 무한한 가능성과 잠재력을 보여줄 뿐이다. 이 책을 일독한 후 새로운 10년을 위해 메타버스에 대해 다양한 공부를 하겠다고 느낀다면, 그것만으로 충분하다.

임상균 매일경제신문 주간국장

CONTENTS

CONTENTS

1 메타버스가 뭐야

3차원 가상 공간 메타버스 언제 등장했나
'스노 크래시' 등장, '세컨드라이프' 구현

(소설)　　　　　　　　　　　　　(게임)

김경민 매경이코노미 기자

충청남도 아산에 위치한 순천향대는 2021년 3월 세계 최초로 메타버스 입학식을 열었다. SK텔레콤과 함께 메타버스로 구현된 순천향대 대운동장에 신입생이 대거 참석했다. 순천향대는 오프라인 공간처럼 전광판에 '신입생 여러분의 입학을 축하드립니다'라는 문구를 써놓고 신입생을 열렬히 환영했다. 신입생들은 자신만의 개성을 드러낸 아바타로 입학식에 참석해 가상 공간에서 교수, 동기와 첫인사를 나누고 신입생 선서를 하는 등 이색 체험을 했다.

부동산 플랫폼 업체 직방은 2021년 6월 오프라인 사무실을 없애고 직원들이 메타버스 안 사옥으로 출근하도록 했다. 직방이 자체 개발한 메타버스 플랫폼 '메타폴리스(Metapolice)'를 설치하고 아바타를 생성하면 직방 직원들은 가상 오피스로 출근할 수 있다. 기존 오프라인 사무실처럼 이곳에서 회의하고 일하는 방식으로 업무 체계를 구축해 눈길을 끈다.

메타버스는 가상, 초월을 의미하는 '메타(Meta)'와 세계, 우주를 의미하는 '유니버스(Universe)'의 합성어다. 한마디로 현실 세계와 같은 사회, 경제적 활동이 통용되는 3차원 가상 공간을 말한다.

메타버스가 처음 소개된 것은 1992년으로 거슬러 올라간다. 당시 미국 소설가 닐 스티븐슨의 SF 소설인 '스노 크래시(Snow Crash)'에서 처음 소개됐다.

SF 소설 '스노 크래시' 핵심 내용은 이렇다. 미국인 흑인 아버지와 한국인 어머니 사이에서 태어난 히로 프로타고니스트가 주인공이다. 현실에서는 마피아에게 빚진 돈을 갚기 위해 피자를 배달하는 보잘것없는 인물이다. 제시

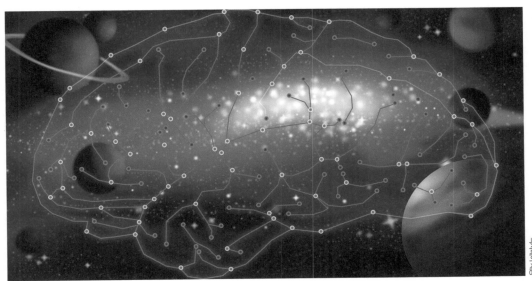

간 안에 배달을 제대로 할 수 있을지 매번 전
전긍긍한다.

하지만 그는 메타버스에서는 전혀 다른 캐릭
터다. 뛰어난 검객이자 해커로 맹활약한다.
주인공 히로를 비롯한 소설 속 등장인물들은
'아바타'라는 가상의 신체를 빌려야만 가상 세
계인 '메타버스'로 들어갈 수 있다. 메타버스
안에서 확산하는 신종 마약 '스노 크래시'가
아바타의 현실 세계 주인인 사용자의 뇌를 망
가뜨린다는 사실을 깨닫고, 히로가 배후의 실
체를 찾아 나서는 내용을 그렸다.

소설 내용 일부를 보자.

"히로는 '스트리트'에 다가서고 있다. 스트리
트는 메타버스의 브로드웨이이자 샹젤리제
다. 그곳은 컴퓨터가 조그맣게 만든 화면을

'메타'와 '유니버스'의 합성어
가상 초월, 세계 우주 개념 포괄
로블록스 상장 이후 급성장
메타버스 시장 전망 장밋빛

고글 렌즈에 쏘아 만든 모습으로, 불이 환하
게 밝혀진 큰길이다. 실제로 존재하는 곳은
아니다. 하지만 바로 지금 수백만 명의 사람
들이 그 거리를 이리저리 오가는 중이다."
소설 속에서 메타버스는 고글과 이어폰이라
는 시청각 출력 장치를 이용해 접근할 수 있으

며 경제적, 사회적 활동이 가능한 가상 세계로 묘사됐다. 이용자의 분신 개념인 '아바타'라는 용어도 여기서 처음 등장했다. 당시에는 메타버스 개념이 워낙 생소한 데다 영상이 아닌 텍스트로 제공하는 데 한계가 있는 만큼 사회적으로 큰 반향을 불러일으키지는 못했다. 하지만 최근 메타버스가 새로운 화두로 떠오르자 출판사 문학세계사는 남명성 씨 번역으로 2008년 출간됐다가 절판됐던 소설 '스노 크래시'를 재출간했다.

메타버스 서비스가 본격적으로 구현된 것은 2003년이다.

당시 미국 게임 개발 회사 린든랩이 선보인 3차원 가상현실(VR) 기반의 '세컨드라이프' 게임은 메타버스 플랫폼 개막을 알렸다. 이때부터 메타버스와 아바타에 대한 관심이 고조되면서 메타버스 관련 개념이 본격적으로 다뤄지기 시작했다.

세컨드라이프는 이용자의 분신인 아바타와 다양한 가상 체험이 매력을 발산하면서 높은 인기를 누렸다. 2003년 온라인 가상현실 플랫폼 '세컨드 라이프'를 출시한 린든랩 창업자 필립 로즈데일은 '스노 크래시' 소설을 읽고 영감을 얻어 서비스 개발에 나섰다는 후문이다. 애플 아이폰을 필두로 스마트폰 혁명이 시작되면서 세컨드라이프 게임은 점차 대중

게티이미지뱅크

의 관심 밖으로 밀려났지만 메타버스는 최근 또다시 인기를 끌기 시작했다.

메타버스 열풍이 거센 것은 메타버스 '유니콘 기업' 로블록스가 미국 나스닥 시장에 성공적으로 데뷔한 것이 중요한 계기가 됐다. 로블록스는 2021년 1월 무려 295억달러(약 33조원) 기업가치를 인정받으며 나스닥 시장에 성공적으로 입성했다. 로블록스 기업가치는 이미 60조원을 넘어섰다. 1억6000만명 이용자를 확보해 메타버스 대중화의 선두 주자로 맹활약하는 중이다. 덕분에 국내에서도 주요 메타버스 관련주 주가가 급등하면서 투자 수요가 몰리는 분위기다.

인기 연예인, 정치인 등 대중과의 소통이 필수적인 유명 인사들도 저마다 메타버스 열풍에 올라타려는 모습이다. 조 바이든 미국 대통령은 닌텐도의 메타버스 게임 타이틀 '모여봐요 동물의 숲'에서 선거 캠페인을 펼쳤다. '모여봐요 동물의 숲'은 생활 시뮬레이션 게임으로 현실 시간에 맞춰 게임이 진행되는데 물품을 수집, 제작하고 야생동물을 포획하며 의인화된 동물 주민들과 함께 마을을 건설하는 비디오 게임이다. 고된 일상을 뒤

> SF 소설 '스노 크래시' 첫 소개
> 3차원 가상현실 기반 게임
> '세컨드라이프'서 본격 구현
> 유명 정치인도 메타버스 소통
> 조 바이든 선거 캠페인 활용

로하고 친절한 동물들은 물론 다른 이용자와 소통하며 마음의 평화를 얻는 일명 '힐링 게임'으로 인기몰이 중이다.

바이든 대통령은 아바타를 통해 젊은 유권자와의 거리가 좁아지는 효과를 거뒀다. 최근에는 전 세계적으로 선풍적인 인기를 끈 넷플릭스 드라마 '오징어 게임'을 온라인에서 구현한 수십여 개의 메타버스 게임방이 전 세계 젊은이들의 놀이터로 떠올랐다.

메타버스는 이제 단순히 주식 시장에서의 단발성 테마에 그치지 않는다. 점차 우리 일상생활 깊숙이 침투하며 영향력을 키워가고 있다. 메타버스 시장 전망도 장밋빛이다. 시장조사 업체 스트래티지애널리틱스(Strategy Analytics)에 따르면 전 세계 메타버스 시장 규모는 2020년 460억달러(약 54조원)에서 2025년 2800억달러(약 332조원)로 6배 넘게 성장할 전망이다. 지금으로부터 4년 뒤 모습도 밝지만 그 이후 장기 전망도 괜찮다. 글로벌 시장조사 업체 이머전리서치(Emergen Research)에 따르면 세계 메타버스 시장 규모는 2028년 8289억5000만달러(약 982조원)로 성장할 전망이다. 연평균 성장률만 43%를 넘어선다. ■

10대가 즐기는 메타버스 가능성 무궁무진
IT 발전에 소비력 커지면 게임처럼 급성장

김경민 매경이코노미 기자

얼핏 보면 메타버스는 우리 실생활과 전혀 무관한 것 같다. 메타버스가 없어도 생활에 전혀 불편함이 없고, 반드시 따라가야 할 최신 트렌드 같아 보이지도 않는다. 40대 이상 중장년층은 "게임 좋아하는 학생 사이에서 메타버스가 인기라는데 결국은 현실이 아닌 가상세계일 뿐"이라 치부하기도 한다.

하지만 실상은 다르다. 전 세계적으로 메타버스는 주요 산업 핵심 트렌드로 자리 잡을 정도로 가치가 치솟는 모습이다. 기업들은 더 늦기 전에 너도나도 메타버스에 올라타는 분위기다.

메타버스를 주목하고 열광하는 데는 분명한 이유가 있다.

메타버스의 핵심 이용층이 1995년 이후 태어난 'Z세대'라는 게 제1요인이다. Z세대는 어려서부터 스마트폰을 처음 쓰기 시작한 진정한 디지털 원주민이다. 24시간 스마트폰을 옆에 끼고 대화하고 소통하며 정보를 습득하는 것이 그야말로 일상이다. 자연스레 게임도 스마트폰을 이용해 24시간 즐길 수 있는 환경이 형성됐다. 스마트폰이라는 필수 도구를 통해 세상을 배우면서 그 나름대로 펼쳐가는 사회생활이 메타버스로 구현된 것이다.

일례로 네이버가 운영하는 메타버스 플랫폼 '제페토' 이용자의 80%는 10대다. 현실과 가상을 오가는 글로벌 메타버스 플랫폼 '로블록스' 전체 이용자의 67%도 10대로 구성돼 있다. 이들은 다른 세대와 달리 가상 세계에서의 의사소통에 누구보다 익숙하다. 향후 메타버스 생태계를 주도해나갈 주역이기도 하다. 지금은 부모의 도움을 받아야 하는 만큼 10대를 비롯한 Z세대의 소비력이 크지 않지만 10~20년 후에는 상황이 달라진다. 이들이 성

년이 되면 주요 소비층으로 부상할 가능성이
높은 만큼 메타버스가 향후 핵심적인 경제 활
동 플랫폼으로 떠오를 수밖에 없다.

과거 온라인 게임 사례를 돌이켜보면 이해가
쉽다. 당시에도 온라인 게임 이용층이 주로
10~20대로 한정됐다. 40대 이상 장년층은 대
체로 게임을 부정적인 시선으로 바라보며 자
녀들이 어떻게든 게임에 빠지지 않도록 안간
힘을 쓰는 경우가 많았다. 게임 중독 등 각종
부작용 문제 탓에 게임 시장이 금세 시들 것이
라는 관측도 나왔다.

하지만 게임 시장이 커진 지 20여년이 지난 지

**10대 가상세계 소통 익숙
게임처럼 메타버스도
핵심 플랫폼 떠오를 듯
코로나19 확산도 영향**

금 게임은 'e스포츠'라는 이름을 달고 이용층
이 젊은 층에서 중장년층까지 한층 다양해졌
다. 이용자 소비력도 기하급수적으로 증가해
게임 관련 시장이 급성장하는 모습이다.

메타버스 핵심 이용층은 Z세대

메타버스도 마찬가지라고 보면 된다. 지금은 개념이 낯설고 산업 규모도 크지 않은 데다 향후 글로벌 시장이 얼마나 커갈지 회의적인 시선도 팽배하다. 하지만 10대들이 소비력을 갖춰나가면 점차 빠른 속도로 시장이 커질 것이라는 전망이 우세하다. 실제 이미 미국 10대들은 유튜브, 페이스북(메타)보다 로블록스에서 소비하는 시간이 더 많은 것으로 알려졌다. 오프라인이 아닌 가상 세계에서 아바타를 통해 소통하는 것도 익숙하다. 우리도 머지않아 미국 사례를 따라갈 것이라는 전망이 허투루 들리지 않는다. 메타버스 관련 하드웨어, 소프트웨어 등 인프라가 발전하고 다양한 종류의 콘텐츠가 메타버스 생태계에 만들어진다면 이용자가 급증하면서 가파른 성장세를 보일 가능성이 높다. 게임 '포트나이트' 제작사인 에픽게임즈 팀 스위니 CEO는 "메타버스는 인터넷의 다음 버전"이라고 단언할 정도다.

코로나19 확산도 메타버스 활성화에 적잖은 영향을 미쳤다.

메타버스가 확산되는 가장 큰 이유는 코로나19 장기화로 위축된 현실 세계를 가상 세계로 대체하려는 움직임 때문이

다. 아무래도 외출을 꺼리면서 대면 활동이 줄어들었지만 인간의 기본적 욕구인 사회적 소통 욕구를 충족시키기 위해 다양한 비대면 서비스가 인기를 끌었다. 이들 서비스 중 메타버스가 핵심 역할을 해왔음은 부인할 수 없는 사실이다. 기존 서비스로 채울 수 없던 관계 맺기의 몰입감이 더욱 높아졌기 때문이라는 분석이다. 급격한 기술 발전으로 이제 각자의 공간에서도 다른 이들과 함께 일하고, 회의하고, 영화를 보는 것과 같은 현실감을 경험할 수 있게 됐다는 게 핵심이다. 기업들도 마케팅 채널로 메타버스 생태계를 적극 이용하는 모습이다.

첨단 IT 인프라 발전 역시 메타버스 생태계 구축을 가속화했다는 평가다. 데이터 센터와 GPU 등 하드웨어, 5G 등 통신 인프라 발전으로 과거보다 훨씬 현실감 있게 메타버스 생태계를 구축할 수 있는 시대가 도래했다. 기술 발전 덕분에 가상 세계에서 본인과 닮은 아바타를 구현할 수 있고, 현실감 있는 콘텐츠와 재미 요소를 더할 수 있게 됐다. 첨단 IT 기술이 발전하지 못했다면 메타버스가 쉽게 활성화되기 어렵다는 의미다. 특히 AR 공간에서는 데이터 전송 속도, 용량 등이 중요한데, 5G를 넘어 6G

> 데이터 센터, 5G 등 첨단 IT 인프라 발전 메타버스 생태계 활성화 콘텐츠 제작도 자유로워

시대에 접어들면 비디오와 몰입형 사운드 미디어로 가득 찬 인터랙티브 3D 메타버스가 구현될 가능성이 높다.

메타버스가 인기를 끄는 또 다른 비결로 참가자 스스로 환경을 만들어갈 수 있다는 점도 빼놓을 수 없다. 그동안 등장한 인기 게임들은 개발자들이 제공하는 환경 안에서 주어진 미션을 수행하는 과정에서 즐거움을 찾는 데 그쳤다. 하지만 메타버스는 다르다. 사용자 스스로 새로운 콘텐츠를 제작해 실행하거나 가상 의류, 소품들을 만들고 판매하는 활동도 얼마든지 가능하다. 이렇게 활동하는 게임 개발자가 전 세계적으로 700만명에 달하고 거래

가능한 게임 아이템만 200만개를 넘을 정도로 메타버스 관련 시장 규모가 커졌다.

메타버스가 '황금알을 낳는 시장'으로 탈바꿈하면서 메타버스 시장에서 나오는 이익으로 먹고사는 이들도 부쩍 늘었다. 메타버스 세계와 현실 세계의 경제 동조화가 점차 속도를 내고 있다는 얘기다. 글로벌 시장조사 업체 이머전리서치는 "인터넷을 통한 디지털 세계와 실제 세계의 융합에 대한 관심이 커지고, 코로나19로 메타버스 시장 수익이 늘어날 것이다. 각종 메타버스 플랫폼 개발 필요성이 커지면서 시장 성장이 지속될 것"이라고 예측했다. ■

현실 세계 확장하는 '증강현실' 완전히 다른 세계 만든 '가상현실'

김경민 매경이코노미 기자

메타버스는 얼핏 보면 비슷하지만 다양한 유형으로 분류된다. 비영리 기술연구단체 ASF(Acceleration Studies Foundation)는 메타버스를 '증강과 시뮬레이션' '외적인 것과 내적인 것'이라는 두 축을 기준으로 크게 4가지 유형으로 나눴다.

첫째 증강현실(Augmented Reality)이다. 일상적인 세계 위에 네트워크화된 정보와 위치 인식 시스템을 덧붙여 실제 현실 세계를 확장시키는 기술이다. 즉 현실의 이미지나 배경에 2D 또는 3D로 표현되는 가상 이미지를 겹쳐 보이게 하면서 상호작용을 하는 환경을 말한다.

증강현실은 현실이 완전히 차단된 상태인 가상현실에 비해 몰입도는 낮지만, 일상생활에서 활용 가능성이 높다는 것이 특징이다. 스마트폰으로 밤하늘의 별을 비추면 별자리 이름과 위치를 알려주는 '스카이 가이드' 앱, 텅

빈 방을 비추면 공간 크기를 측정해 원하는 대로 가구를 배치할 수 있는 '이케아 플레이스' 앱 등이 대표적 사례로 손꼽힌다. 구글이 만든 스마트 안경으로 증강현실 기술을 활용한 웨어러블 컴퓨터인 '구글글라스', 자동차 옵션 'HUD(헤드업 디스플레이)'도 비슷한 사례다.

둘째 라이프로깅(Lifelogging)이다. 사물과 사람에 대한 일상적인 경험과 정보를 텍스트, 이미지, 영상 등으로 기록해 저장, 묘사하는 기술을 말한다. 자신이 남기고 싶은 정보를 서버에 저장해 다른 이용자들과 공유하는 개념이다. 각종 웨어러블 기기나 페이스북(메타), 인스타그램, 트위터, 카카오스토리 등 SNS가 여기에 해당한다.

셋째 거울 세계(Mirror Worlds)다. '거울'이라는 말이 붙은 것처럼 현실 세계의 모습, 정보,

구조 등을 가능한 사실적으로 반영하되 정보 면에서 확장된 가상 세계를 말한다. 거울 세계는 기술 발전이 가속화될수록 점점 현실 세계에 근접하면서 미래 가상현실을 구현할 것이라는 전망이다. 세계 곳곳 위성 사진을 수집해 주기적으로 업데이트하면서 시시각각 변화하는 현실 세계 모습을 반영하는 '구글 어스(Google Earth)'가 대표 사례로 손꼽힌다.

넷째 가상 세계(Virtual Worlds)다. 현실과 유사하거나 완전히 다른 대안적 세계를 디지털 데이터로 구축한 것을 말한다. 이용자가 아바타를 통해 현실 세계의 경제적, 사회적 활동과 유사한 활동을 한다는 것이 특징이다. 게임을 넘어 가상현실 플랫폼으로 진화하는 게임 '포트나이트(Fortnite)'가 가상 세계 사례다. '메타버스 전문가'로 손꼽히는 김상균 강원대

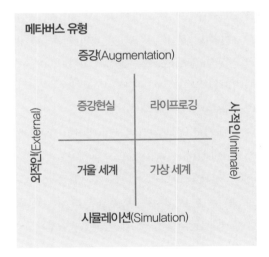

메타버스 유형

	증강(Augmentation)	
외적인(External)	증강현실	라이프로깅
	거울 세계	가상 세계
	시뮬레이션(Simulation)	

(오른쪽: 사적인(Intimate))

산업공학부 교수가 제시한 'SPICE' 모델도 눈여겨볼 만하다. 김 교수는 메타버스를 SPICE 모델로 정의해 다섯 가지 특징을 강조했다. Seamlessness(경험의 연결성), Presence(공간적 실재감), Interoperability(데이터가 서로 연동),

셔터스톡

Concurrence(동시 접속), Economy(돈의 흐름) 등이다. 메타버스에서 발생하는 경험이 단절되지 않고 연결되고(Seamlessness), 물리적 접촉이 없는 환경이지만 사용자가 공간적 실재감을 느낀다(Presence)는 이유에서다.

현실 세계와 다른 메타버스의 데이터, 정보가 서로 연동(Interoperability)되는 점도 눈길을 끈다. 일례로 하나의 아바타로 게임을 즐기다가, 다시 로그인하거나 플랫폼을 갈아타지 않고도 바로 쇼핑을 하거나 동료들과 업무를 논의하기도 한다. 이뿐 아니다. 여러 명의 사용자가 하나의 메타버스에서 동시에 활동하고, 돈의 흐름이 존재하는 점도 메타버스만의 매력이다.

"메타버스 플랫폼 제공자가 판매자 역할을 하고, 사용자는 소비자 역할만 하는 상황은 온

**ASF, 메타버스 특징 따라
4가지 유형 분류
블록체인 기술 있어야
제대로 구현 가능**

전한 메타버스 경제가 아니다. 플랫폼에서 제공하는 화폐와 거래 방식에 따라 수많은 사용자가 재화, 서비스를 자유롭게 거래하는 경제 흐름이 존재해야 한다. 진화한 메타버스는 서로 다른 메타버스, 실물 세상과도 경제 흐름이 연동될 수 있다." 김상균 교수 분석이다.

메타버스의 개념과 특징이 다양하지만 메타

게티이미지뱅크

버스가 제대로 구현되기 위한 필요조건이 있다. 블록체인 기술이다. 블록체인을 기반으로 신뢰성, 안정성이 보장된 디지털 통화가 메타버스 플랫폼 안팎에서 사용될 가능성이 높기 때문이다. 이는 이미 현실화되는 분위기다. 기업들은 메타버스 플랫폼에 들어가 가상 점포를 열고 다양한 제품을 선보이는데 이때 결제 수단으로 일반 화폐가 아닌 암호화폐를 활용한다. 또한 '엑시인피니티'처럼 메타버스 안에서 게임을 즐기고 암호화폐를 챙기는 경우가 많다.

메타버스 구현을 위한 하드웨어 장비도 필요하다. 몇 년 전까지만 해도 메타버스를 제대로 즐기려면 꽤나 많은 비용이 들었다. 헤드셋 비용만 수천만원대라 주로 연구 용도로만 쓰였다. 가상 세계를 현실적으로 구현하는 그

래픽 하드웨어도 워낙 고가라 일반인들이 즐기기 어려웠다. 하지만 최근 들어 가상현실용 헤드마운트 디스플레이(HMD) 가격이 300만 원 이하로 낮아지고, 고성능 그래픽카드 가격도 떨어지면서 접근성이 높아졌다. PC에 연결하지 않고 안드로이드 운영 체제에서 가상현실 콘텐츠를 실행할 수 있는 HMD 제품도 꽤 많다.

"2020년대 후반이 되면 가상현실은 진짜 현실과 구분이 불가능할 정도로 정교해질 것이다. 오감을 충족시킴은 물론 신경학적 방법으로 감정을 자극할 수도 있다. 2030년대가 되면 인간과 기계, 현실과 가상현실, 일과 놀이 사이에는 그야말로 경계가 없을 것이다." 미래학자 레이 커즈와일이 '특이점이 온다' 책에서 밝힌 내용이다. ■

거장 스티븐 스필버그의 '레디 플레이어 원'
제임스 카메론의 흥행 대작 영화 '아바타'

김경민 매경이코노미 기자

❶ 레디 플레이어 원
VR 기술 이용해 가상현실 생생히 구현

감독: 스티븐 스필버그/ 출연: 마크 라이런스, 사이먼 페그, 올리비아 쿡 외 / 미국/ 액션/ 140분/ 12세 관람가

2045년 컨테이너 박스가 쌓여 있는 미국 빈민가. 식량 파동으로 온통 황폐화된 지구에는 더 이상 희망이 보이지 않는다. 지구는 난개발과 기상이변으로 위기에 처했고, 극심한 빈부 격차로 대부분 사람들은 빈곤층으로 전락했다. 현실에서 벗어날 수 있는 유일한 탈출구는 가상현실(VR) 게임 '오아시스'다. 희망을 잃어버린 이들은 하루의 대부분을 오아시스라는 가상현실 속에서 보낸다.

어니스트 클라인의 소설을 토대로 2018년 개봉한 영화 '레디 플레이어 원(Ready Player One)' 속 주인공 웨이드 와츠(타이 쉐리던)는 VR 헤드셋 안에 펼쳐진 이곳에서 다양한 생활을 즐긴다. 학교를 다니고 친구를 만나고 게임하고 돈을 벌고 쇼핑도 한다. 웨이드가 "내 삶의 의미를 찾을 수 있는 유일한 공간이자 상상하는 모든 것이 이뤄지는 곳"이라 표현할 정도로 현실과 가상의 경계는 모호해진다. 오아시스의 창시자 제임스 할리데이(마크 라이런스)는 자신이 게임 속에 숨겨둔 3개의 미션에서 우승한 사람에게 회사 소유권과 유산을 물려주겠다는 유언을 남기고 세상을 떠난다. 힌트는 그에 대한 모든 것을 세세하게 남겨둔 '할리데이 저널' 어딘가에 있다.

주인공들은 헤드마운트 디스플레이(HMD)와 슈트를 착용하고 3차원 가상 세계인 오아시스에 접속한다. 다른 사람들과 경쟁해 여러 미션을 먼저 완수하고 '이스터 에그(부활절 달걀 · 개발자가 숨겨놓은 메시지나 기능)'를 찾으면 막대한 운영권과 지분을 상속받는다.

HMD는 3차원 가상현실을 보다 생생하게 보여준다. 사용자는 자유자재로 의상과 헤어스타일을 바꿀 수 있는 자신의 아바타로 다른 아바타들과 함께 자동차를 몰고, 춤을 추고, 미지의 지역을 탐험하고, 로봇을 제작해 악당들과 전쟁을 치른다. 슈트는 사용자 동작을 읽어 아바타가 그대로 따라 움직이게 한다. 가상현실 속의 통증, 감각도 슈트를 통해 실제 피부로 느낄 수 있다는 점이 눈길을 끈다. 거장 스티븐 스필버그 감독이 VR 기술을 이용해 가상현실을 구현한 첫 작품이다.

❷ 아바타
메타버스 구현해 세계적 흥행 거둔 대작
감독: 제임스 카메론/ 출연: 샘 워싱턴, 조 샐다나, 시고니 위버 외/ 미국/ SF/ 162분/ 12세 관람가

2009년 개봉한 아바타는 세계적인 흥행을 기록한 제임스 카메론 감독의 3D 영화다. 메타버스를 실감 나게 구현한 영화라는 평가를 받으면서 전 세계적으로 선풍적인 인기를 끌었다. 당시 국내 관객 수만 1362만명에 달했다. 22세기 중반. 지구는 자원 고갈로 어려움을 겪고 RDA(자원개발행정)라는 기업이 우주에서 '판도라'로 불리는 행성을 발견한다. 이곳에 매장된 '언옵테늄'이라는 물질은 kg당 2000만달러고, 가공하면 무려 4000만달러에 달하는 고가의 광물이다. RDA는 판도라에 기지를 짓고 곧장 언옵테늄을 채굴하기 시작한다. 하지만 행성의 토착민인 나비족과 갈등을 빚고, RDA는 인간과 나비족의 DNA를 결합한 '아바타'를 개발하기에 이른다.

전쟁에서 하반신에 부상을 입은 퇴역 군인 제이크 설리(샘 워싱턴)는 판도라 행성으로 가 아바타 프로젝트를 할 것을 제의받는다. 제이크는 자신의 아바타에 신경을 연결시켜 아바타를 원격 조종하면서 본격적인 임무 수행에 나선다.

언옵테늄은 나비족의 신성한 나무인 홈트리 밑에 묻혀 있다. RDA는 무력으로 홈트리를 쓰러뜨려 단숨에 언옵타늄을 채굴하려 한다. 하지만 제이크가 곧장 이를 막아선다. 나비족이 이주하도록 설득해보겠다는 이유에서다. RDA는 제이크에게 나비족을 설득할 기회를 준다. 단 주어진 시간은 1시간이다.

제이크는 '파비우스의 승리'를 원했다. 파비우스의 승리란 싸우지 않고 승리를 거두거나 혹은 피해를 봤더라도 결과적으로 승리하는 것을 뜻한다. 고대 로마 장군인 퀸투스 파비우스 막시무스는 알프스를 넘어온 카르타고의 장군 한니발에 대패하자 전쟁에 투입됐다. 파비우스는 연전연승하는 한니발과 정면 대결을 벌이기보다 뒤를 쫓아다니며 식량 보급로를 끊었다. 정정당당한 전쟁을 명예롭게 여기던 로마인들은 파비우스를 '한니발의 머슴'이라고 조롱하며 쫓아냈지만 로마군이 한니발에 대패하자 다시 불러들였다. 파비우스는 철저하게 한니발과의 전투를 피하고 카르타고 본국과 동맹을 치는 지구전을 펼친 끝에 승리했다.

그럼에도 RDA는 결국 '파비우스의 승리' 대신 물리력을 택한다. 미사일, 레이저 등 첨단 과학 기술력을 앞세워 활로 대적하는 나비족을 섬멸할 수 있다고 생각한 것이다. 하지만 오래도록 살아온 터전을 쉽게 내어줄 생명체는 없다. 겁을 먹고 도망가리라고 생각했던 나비족이 목숨을 걸고 결사 항전하면서 전세가 복잡해진다.

❸ 매트릭스
가상현실 공간에서 대결하는 인간과 AI
감독: 라나 워쇼스키, 릴리 워쇼스키/ 출연: 키아누 리브스, 로렌스 피시번 외 미국/ SF/ 136분/ 12세 관람가

"마지막 기회야. 다시는 돌이킬 수 없어. 파란 약을 삼키면 이야기는 끝나. 침대에서 일어나 믿고 싶은 것을 믿으면 돼. 빨간 약을 삼키면 이상한 나라에 머물게 될 거야. 토끼굴이 얼마나 깊은지 보여줄게."

1999년 개봉한 영화 '매트릭스'의 유명한 대사다. 주인공 토마스 앤더슨(키아누 리브스)에게는 두 개의 신분이 있다. 하나는 거대 기업의 프로그래머 앤더슨, 다른 하나는 사이버 스페이스를 무법천지로 누비고 다니는 해커 네오다. 어느 날 네오는 선글라스를 낀 비밀 요원들에게 체포된다. 그들은 앤더슨에게, 전설적인 해커 모피어스의 체포를 위한 정보를 제공하라고 협박한다. 앤더슨은 거부하지만, 요원들은 이상한 기계 곤충 같은 물건을 그의 배 속에 집어넣는다.

놀라 깨어난 앤더슨은, 자신의 방 안에 있음을 깨닫는다. 그리고 트린에게서 걸려온 전화. 앤더슨은 요원들을 만난 것이 꿈이 아니었음을 알게 되고, 모피어스를 만나게 된다. 모피어스는 그에게 양 갈래 길을 보여준다. 하나는 최근 벌어진 이상한 일들을 모조리 잊어버리고 평범하게 살아가는 것, 다른 하나는 이 삶이 거짓이었음을 인정하고 진실을 받아들이는 것이다. 후자를 택한 앤더슨은, 이상한 곳에서 깨어난다.

머리 뒤에는 플러그가 장착돼 있고, 온몸에 케이블이 연결된 상태의 거대한 거미집 같은 곳이다. 앤더슨을 구출한 모피어스와 그의 동료들은 그에게 진실을 알려준다. 인간은 AI(인공지능)를 가진 기계에 의해 양육된다. 인간의 생체에너지를 기계 동력원으로 쓰기 위해서, 기계는 '매트릭스'라는 가상 공간에서 인간들을 양육하고 있다. 모피어스와 그의 동료들은 기계에 대항하고 매트릭스와 현실을 오가며 투쟁하는 중이다. 그리고 예언자 오라클이 예언한 '매트릭스를 조종할 수 있는 자'로 네오를 지목해 데려왔다.

영화 매트릭스는 인간의 뇌를 지배하는 컴퓨터 프로그램이자 가상현실 공간인 매트릭스에서 AI와 이에 대항하는 인간의 대결을 그렸다. 가상 공간 매트릭스는 메타버스의 디스토피아 버전으로 보면 된다. AI가 발전해 인간 능력의 합계를 넘어선다고 가정해보자. AI가 인간을 자신을 위한 도구로 이용할 수도 있다는 가정에 기반한다.

영화가 개봉할 당시에는 메타버스라는 단어조차 나오지 않았다. 영화 매트릭스는 인간의 기억마저 AI에 의해 입력되고 삭제되는 세상을 그린다. 진짜보다 더 진짜 같은 가상현실 '매트릭스' 속에서 진정한 현실을 인식할 수 없게 된 채 살아가는 사람들 이야기를 담았다. ■

3억5000만명 즐기는 '포트나이트'
MZ세대 폭발적 인기 '마인크래프트'

김경민 매경이코노미 기자

1. 포트나이트
배틀로얄 구조의 1인칭 슈팅 게임

메타버스 게임 대표 주자로 포트나이트를 빼놓을 수 없다. 포트나이트는 에픽게임즈가 운영하는 배틀로얄(Battle Royal) 구조의 1인칭 슈팅(FPS) 메타버스 게임이다. 배틀로얄은 프로레슬링에서 한 링에 여러 선수가 동시에 올라가 경기를 시작해 최후에 남는 1인이 승리하는 방식을 의미한다. 게임에서는 여러 유저가 동시에 플레이해 최후 1인이 승리하는 방식이라고 보면 된다. 국내에서는 크래프톤이 운영하는 배틀그라운드가 배틀로얄 방식 게임으로 유명하다.

2020년 5월 기준 포트나이트 게임을 찾는 유저는 3억5000만명을 넘어섰다. 전 세계에서 월간 6000만명이 즐길 정도로 인기다. 글로벌 시장에서 선풍적인 인기를 끌다 보니 팀 스위

니 에픽게임즈 CEO는 "포트나이트를 게임 이상의 것으로 만들겠다"는 포부를 내비쳤다. 지금은 포트나이트가 게임이지만, 향후 메타버스 세계에서 어떤 개념으로 탈바꿈할지 알 수 없다는 의미다.

실제 포트나이트는 스포츠 업체 나이키와 협력해 현실 세계 제품을 메타버스 안으로 가져오는 시도를 했다. 의상을 구매하고 포트나이트 안에서 특정 미션을 완료하면 게임에서 사용할 수 있는 추가 혜택을 제공하는 이벤트였다. 나이키 에어 조던 의상을 메타버스 안에 있는 상점에서 포트나이트 가상화폐인 브이벅스로 판매했다. 가격은 1800브이벅스였다. 포트나이트는 마블과도 협업했다. 마블 영화에서 주요 히어로가 사용하는 무기들을 포트나이트 안에서 사용할 수 있도록 제공했다. 얼핏 보면 메타버스와 전혀 관련이 없는 나이

픽사베이 제공

키, 마블 등이 현실 세계 지식재산권을 활용해 메타버스 세계에서 새로운 수익 창출 모델을 만든 셈이다.

이탈리아 명품 브랜드 발렌시아가와 협력을 통해 후드티, 청재킷, 백팩, 글라이더 등 인기 캐릭터 전용 아이템을 선보이기도 했다. 발렌시아가는 일부를 실물로 제작해 한정판으로 판매하는 중이다. 효과도 쏠쏠했다. 영국 패션 전문 플랫폼 리스트(Lyst) 보고서에 따르면 발렌시아가는 포트나이트와 컬래버레이션 공개 하루 만에 온라인 검색량이 72% 증가, 판매량이 49% 늘어났다. 후드티는 725달러(약 86만원)라는 비싼 가격에도 단숨에 품

절될 정도로 인기를 끌었다. 포트나이트는 발렌시아가 실제 매장을 모티브로 한 공간을 게임에 만들며 협력을 강화했다. 이뿐 아니라 포트나이트는 이탈리아 의류 브랜드 몽클레르와 협업해 캐릭터가 산이나 건물을 오를 때 의상의 색이 달라지는 아이템을 선보여 눈길을 끌었다.

미국 인기 래퍼 트래비스 스콧이 '포트나이트'에서 콘서트를 열어 화제에 오르기도 했다. 2020년 4월 '포트나이트' 게임 속에 존재하는 3D SNS 서비스 '파티로얄'에서 유료 콘서트를 개최했다. 콘서트는 트래비스 스콧의 아바타가 노래하고 유저 아바타가 관람하는 방식으

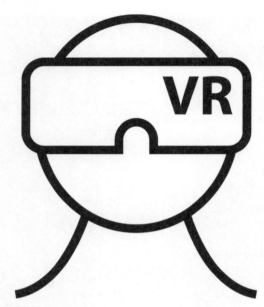

픽사베이 제공

로 진행됐다. 무려 1230만명이 동시 접속했는데 게임 속 굿즈 판매로 2000만달러(약 220억원) 매출을 기록할 정도로 인기를 끌었다.

다만 포트나이트는 중국 정부의 고강도 게임 규제로 중국 시장에서는 빛을 발하지 못했다. 2018년 7월 중국 빅테크 기업 텐센트와 손잡고 포트나이트 시범 서비스를 시작한 뒤 정식 허가를 기다려왔지만 2021년 11월 15일부터 중국 서비스를 중단했다. 중국 이용자들은 더이상 포트나이트 게임을 다운로드하거나 신규 등록을 할 수 없는 상태다. 이를 두고 게임 업계에서는 중국 당국의 규제 벽을 넘지 못하고 정식 출시를 포기한 것이라는 분석이 나온다. 중국은 18세 미만 청소년 대상 게임 규제

를 통해 중국 청소년은 평일에 아예 게임을 할 수 없고, 금·토·일요일 또는 공휴일에 하루 1시간만 게임이 가능하다.

2. 마인크래프트
3차원 공간에서 목표 없이 즐기는 게임

포트나이트뿐 아니라 마인크래프트도 메타버스 게임으로 눈길을 끈다.

마인크래프트는 스웨덴 게임 개발사 모장스튜디오가 2009년 제작한 비디오 게임이다. 게임 이름처럼 Mine(채광)과 Craft(제작)를 직접 할 수 있다. 모든 것이 네모난 블록으로 이뤄진 3차원 공간 세계에서 이뤄진다. 혼자 또는 여럿이 함께 생존하면서 건축, 사냥, 농사,

채집 등을 하는데 직접 게임을 제작하듯 정해진 목표 없이 자유롭게 즐길 수 있다. 2020년 기준 전 세계에서 역대 가장 많이 판매된 비디오 게임으로 유명하다. 2020년 무려 2억장 판매를 기록하며 세계 인기 게임 중 하나로 성장했다. 2014년 마이크로소프트(MS)가 2조 5000억원이라는 거액에 인수한 회사로도 유명하다.

마인크래프트 게임 방식은 기존 게임과는 다르다. 특정 미션을 해결해야 끝나는 일반적인 게임이 아니라 누구나 네모난 박스로 구성된 가상 공간 안에 자기의 스토리와 이야기를 창조해가며 즐기는 게임이다. 사용자도 심플한 네모 캐릭터를 기반으로 구성된 아바타다. 마인크래프트 성공으로 인류가 디지털 신대륙에 새로운 상상의 공간을 스스로 창조하고 즐기는 존재라는 것을 확인하게 됐다는 평가도 나온다. 마인크래프트 게임에서 구현된 가상현실은 인터넷에 연결된 누구나가 참여할 수 있도록 플랫폼화됐고 MZ세대라면 누구나 공감하는 세계관을 담았다.

메타버스를 구현한 대표 게임이다 보니 마인크래프트를 활용한 행사도 꽤 많이 열렸다. 코로나19로 2020년 졸업식이 불가능해지자 미국 UC버클리 학생들은 마인크래프트 서버에 직접 캠퍼스를 건설해 졸업식 행사를 열었다. 공식적인 졸업식 행사는 아니었지만 실제 졸업식이 연기된 상황이라 대학 총장, 주요 인사, 학생들이 참석해 가상 졸업식이 진행됐다.

3. 엑시인피니티
캐릭터 육성해 판매, 자체 코인 현금화

엑시인피니티도 메타버스 게임 대표 주자로 손꼽는다. 베트남 스타트업 스카이마비스가 개발한 엑시인피니티는 게임에서 얻은 캐릭터를 육성해 판매하고 자체 코인을 현금화하는 독특한 모델을 구현했다. 일명 'P2E(Play to Earn · 돈 버는)' 게임이다. 캐릭터들이 인공지능으로 컴퓨터와 대결하거나 다른 유저들과 대결하는 게임으로 몬스터를 무찌르고 그 안에서 코인을 받는 구조다. 여러 캐릭터를 조합해 강력한 캐릭터로 바꾸면 아이템을 코인으로 바꿔 수익을 올릴 수 있다.

그동안 사용자들은 단순히 게임만 즐겼지만 '이왕이면 다홍치마'라고 돈까지 버는 덕분에 게임 업계 패러다임 전환을 주도하고 있다는 평가다. P2E 열풍을 전 세계로 확산시키는 중이다. 특히 블록체인과 대체불가능토큰(NFT) 기술을 접목하고 게임 내 경제 시스템(메타버스)까지 구축해 새로운 비즈니스 모델을 만들어냈다. 베트남, 필리핀 등 동남아시아 지역에서는 하루 종일 엑시인피니티 게임만 하며 돈 버는 이들이 늘면서 코로나19로 어려워진 서민 경제를 지탱해주는 역할까지 하고 있다는 후문이다. ■

고대 시대부터 '가상 세계' 동경한 인류
메타버스에 꿈꾸던 이상향 만든다

반진욱 매경이코노미 기자

인류는 오래전부터 현실을 벗어난 가상 세계를 동경해왔다. 고대 그리스에서는 올림퍼스와 아틀란티스가 '이상향'으로 뽑혔고, 동양에서는 수많은 선비가 무릉도원을 노래했다. 시대가 바뀌어도 가상 세계를 찾는 움직임은 계속됐다. 영국의 철학자 토머스 모어는 이상향이 모인 가상의 대륙 유토피아를 제시했고, 프랑스 문학도 쥘 베른은 무엇이든 가능한 상상 속의 해저 잠수함 '노틸러스호'를 그려냈다. 컴퓨터와 온라인의 등장은 가상 세계에 대한 상상력을 더욱 극대화시켰다. 그동안 가상 세계는 죽어서 가는 곳, 또는 깨달음을 얻어야만 가는 곳이라는 개념이 강했다. 온라인으로 만나지 않고 대화할 수 있는 가상의 '커뮤니티'가 등장하면서 언제든지 갈 수 있는 장소로 개념이 바뀌었다. 실존하지는 않지만 통신으로 접속해 갈 수 있는 곳. 그곳이 곧 가상 세계

를 가리키는 말이 됐다.

그리고 마침내 1992년 닐 스티븐슨의 소설 '스노 크래시'가 발표되며 현재 우리가 묘사하는 '메타버스'가 가상 세계의 대명사로 자리 잡게 됐다.

스노 크래시 속 가상 세계
언제든 접속 가능한 또 하나의 마을

스노 크래시는 최초로 '메타버스' '아바타' 등 용어를 사용한 소설이다.

소설에서 묘사한 메타버스의 외형은 화려한 거리와는 거리가 멀다. 완전한 구형의 검고, 특색 없는 행성으로 묘사된다. 개발 중인 메인 거리의 길이는 6만5536km로 지구 둘레보다 길다. 메타버스 내 거리의 폭은 100m 정도로 개발업자들은 컴퓨터 멀티미디어 규약 협의체의 허가를 얻어 거리를 개발한다. 메인 거

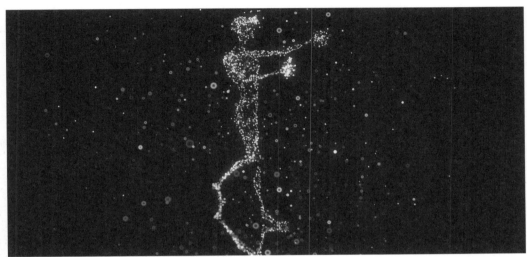

인류는 오랫동안 가상 세계를 꿈꾸며 살아왔다. (픽사베이 제공)

리로 연결되는 도로를 만들고 주변에 건물, 광고판 심지어 현실 세계에는 존재하지 않는 것들도 창조할 수 있다.

줄거리는 대략 이렇다.

주인공인 히로 프로타고니스트는 한국인 엄마와 미국인 흑인 아버지 사이에서 태어난 혼혈아다. 가상 세계인 메타버스에서는 뛰어난 해커이자 검객이지만 현실에서는 마피아에게 빚진 돈을 갚기 위해 초고속 피자 배달 기사를 하는 보잘것없는 인물이다. 집도 없이 창고에서 힘들게 산다. 그러던 중 그는 메타버스 안에서 퍼지고 있는 신종 마약 '스노 크래시'가 가상 공간 속 아바타의 주인, 즉 현실 세계 사용자의 뇌에 치명적인 손상을 입힌다는 사실을 알게 된다. 이후 스노 크래시의 실체를 추적하면서 히로는 거대한 배후 세력이 있음을 알게 된다.

소설 속 인간들은 가상 공간인 메타버스에서 아바타가 돼 현실 세계에서와 마찬가지로 활동한다. 히로는 그 와중에 조력자인 와이티라는 이름의 소녀 쿠리에를 만난다. 그녀로부터 스노 크래시의 배후에 어마어마한 조직이 있다는 사실을 알게 된다. 그로 인해 판이 커지고 그 커진 판에서 히로는 각종 난관을 헤쳐나간다.

작가 닐 스티븐슨은 '스노 크래시' 집필을 위해 스티브 호스트 웨슬리언대 박사에게 뇌와 컴퓨터에 관한 조언을 받고, 수많은 역사학자와 고고학자에게도 자문을 구하며 소설 완성도를 높였다. 메타버스를 만들어낸 것도 소설 완성도를 높이기 위해서였다. 가상의 세계 '메타버스(Metaverse)'를 창조하고 그리로 들

어가려면 '아바타'라는 가상의 신체를 빌려야
만 하는 세상을 기발한 상상력으로 탁월하게
그려냈다. 닐 스티븐슨은 " '아바타(이 소설에
서 쓰인 의미로)'와 '메타버스'라는 말은 내가
만들어냈다"면서 "이미 존재하는 '버추얼 리
얼리티'와 같은 단어들이 좀 이상하게 느껴졌
기 때문에 그런 말을 쓰기로 마음먹었다"고
밝힌 바 있다.

디스토피아 경고 남긴
'매트릭스' 속 메타버스

스노 크래시 이후 가상 세계는 인류의 상상력
을 본격적으로 자극했다. 이윽고 영상으로도
메타버스를 묘사하려는 움직임이 일어났다.
1999년 리나 워쇼스키, 릴리 워쇼스키가 만들
어낸 역작 '매트릭스' 역시 이런 움직임의 일
환으로 등장했다. 희망적인 내용보다는 메타
버스가 잘못되면 나타날 비정상적인 상황을
묘사했다.
매트릭스 내 가상 세계는 메타버스 유형 중 '거
울 세계'가 극단적으로 발달한 곳이다. 미러월
드라고 불리는 이 유형은 현실 세계를 가상 세
계가 반영하고, 현실 세계에 영향을 미친다.
매트릭스가 그리는 가상 세계는 인류를 지배
하는 기계가 주입시키는 곳이다. 인간은 매트
릭스 프로그램에 따라 평생 1999년의 가상현
실을 살아간다. 실제 인류는 캡슐 속에 갇혀
서 에너지를 내뿜는 도구에 불과하다. 늙어서

고대 그리스부터 이어져온 가상 세계는 '이상향' '죽어야 갈 수 있는 곳'의
이미지가 강했다. 사진은 그리스 가상 세계 아틀란티스. (픽사베이 제공)

더 이상 에너지를 못 내는 인류는 즉시 폐기
처분된다. 진실을 아는 사람은 기계와의 전쟁
에서 살아남은 극소수의 인류와, 이들이 구출
한 몇 명의 활동가에 그친다. 기계에 지배당
하지 않은 인류는 최후의 거점 '시온'에 모여
살아간다.
주인공 '네오'는 해커로서 가상 세계에서의 삶
을 꾸린다. 그러던 와중 활동가 '모피어스'와
'트리니티'가 찾아오고 곧 가상 세계의 진실을
알게 된다. 안주할 것인가, 진실을 찾아 떠날
것인가 고민하던 네오는 결국 진실을 선택하
고, 가상 세계에서 벗어나 현실을 마주한다.
그리고 현실 세계에서 인류를 메타버스 안에
가둬놓은 기계와 지루한 전쟁을 이어간다.
매트릭스는 인류가 메타버스에 대해 가진 공

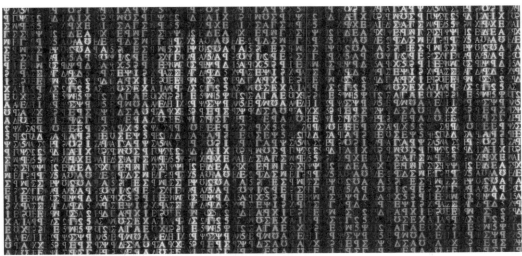

영화 '매트릭스'는 가상 세계가 극단적으로 발달한 디스토피아의 미래를 그려냈다. (매경DB)

포심을 그대로 반영했다. 진짜 자아를 잃고 현실에서의 삶을 잃어버릴 것에 대한 두려움을 적나라하게 표현했다.

세컨드라이프 · 제페토
우리 곁으로 성큼 다가온 가상 세계

가상 세계를 실제로 구현하고자 하는 움직임도 나타났다.

2003년 최초의 메타버스 게임이라 평가받는 '세컨드라이프'가 나오면서 메타버스는 이제 상상 속의 개념이 아니라 실제 우리 곁으로 다가왔다. 미국 회사 린든랩이 만든 이 게임은 가상 세계에서 타인과 교류하는 데 집중했다. 게임 내 가상화폐를 통해 기업을 차리고, 이용자가 만든 옷과 가구 등을 거래할 수 있게 했다. 거래를 통해 번 가상화폐를 실제 현금으로 환전 가능하도록 만들어 현실 세계와의 접점을 높였다. 그러나 세컨드라이프가 서비스에 대한 관심이 시들해지면서 메타버스는 다시 잊혀갔다.

사람들 기억 속에서 사라지던 메타버스는 코로나19 유행을 맞아 화려하게 부활했다. 여기에 더해 GPU, 모니터, VR 등 기술 발달로 '정교한' 가상 세계 구현이 가능해지면서 전성기를 맞았다. 이남경 ETRI(한국전자통신연구원) 미디어지능화연구실장은 "코로나19로 비대면 서비스가 일반화되고, GPU를 비롯한 컴퓨터 그래픽 기술의 발전으로 현실감 있는 가상 세계 구현이 가능해지면서 메타버스 시대가 열렸다"고 설명했다.

이후 로블록스와 제페토가 차례로 등장하면서 메타버스 열풍에 불을 지폈다. 로블록스

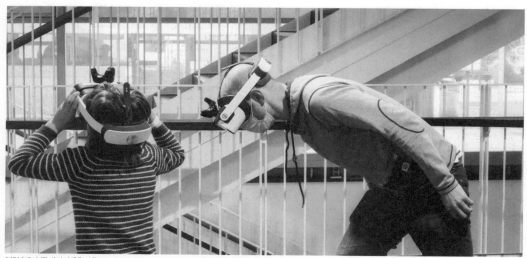

영화 '레디 플레이어 원' 이후로 VR은 가상 세계에 접속하는 핵심 도구로 인식되기 시작했다. (픽사베이 제공)

크리에이터로서 내부에서 다양한 게임을 개발하거나, 다른 사람과 만나 교류할 수 있다. 디지털 기기에 익숙한 Z세대의 지지를 받으면서 급성장했고 2021년 5월 1일 기준 1억 6400만명의 월간활성사용자(MAU)를 보유한 '글로벌' 게임으로 성장했다. 로블록스의 강점은 사용자 상상력을 빠르고 쉽게 구현한다는 점이다. 쉬운 조작과 저사양 3D 엔진을 내세워 열악한 환경에서도 누구나 '나만의 게임' '나만의 프로그램'을 제작할 수 있다.

네이버제트가 운영하는 '제페토'는 여러모로 로블록스와 대척점에 서 있는 서비스다. 로블록스가 가상 세계 내에서의 '경제 활동'에 주력한다면 제페토는 '교류'에 중점을 둔다. 로블록스에서는 동료가 모여 게임, 소프트웨어 개발에 집중한다면 제페토는 친구들끼리 모여 가상의 한강공원에서 수다를 떨고, 같이 미니 게임을 한다. 그러다 보니 서비스 제공 기능도 차이가 난다. 로블록스는 협업, 3D 모델링, 애니메이션 제작 기능을 사용 가능하지만 제페토는 불가능하다. 또 제페토는 음성 채팅과 셀카 촬영이 가능한 반면 로블록스는 해당 기능이 프로그램 내부에 없다.

다만 로블록스나 제페토 역시 인류가 그동안 상상해왔던 '메타버스'를 그대로 구현하지는 못했다. '로블록스 게임 제작 무작정 따라하기' 저자 서종원 와글와글팩토리 공장장은 "로블록스는 누구나 쉽게 접근 가능한 3D 몰입형 공간이다. 아직까지는 제작 위주에 머물러 있어 메타버스를 완전히 구현한 플랫폼이라고는 보기 힘들다. 메타버스를 준비하는 단계 수준으로 보면 된다. 향후 여러 기능이 추

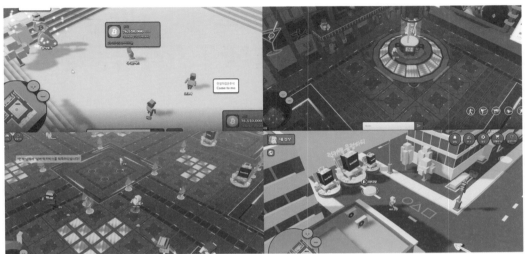

코빗이 운영하는 코빗타운은 메타버스 내에서 자유롭게 경제 활동을 할 수 있다. 그동안 상상해온 가상 세계를 구현하기 시작했다는 평가를 받는다. (코빗 제공)

가되면 진정한 메타버스 프로그램으로 발돋움할 것"이라고 말했다.

인류가 꿈꾸는 미래 가상 세계는?
게임과 결합, 현실과 맞먹는 영향력

게임의 등장 이후 메타버스는 '언제든 접속 가능하고 이후 자유롭게 현실 세계로 나올 수 있는 곳'으로 개념이 확립돼갔다. 스마트폰 등장 이후 VR, AR 기술이 급속도로 발전하면서 미래 속 가상 세계는 '가상 게임 안의 세계'로 불리게 됐다. 현재 쏟아지는 미래의 메타버스에 대한 예상 모습 대부분이 게임을 기반으로 하는 이유다.

소설 원작 영화 '레디 플레이어 원'은 가상현실 게임 '오아시스'에서 펼쳐지는 일을 다룬다. 2045년의 미래 시대를 배경으로 주인공 '웨이드'의 활약을 담아낸다. '웨이드 와츠'는 어려서 부모를 잃고 컨테이너 빈민촌에서 이모와 이모의 남자 친구와 함께 살고 있다. 웨이드는 오아시스 안에서는 파시발(Parzibal)이라는 닉네임으로 활동하며 친구들은 그를 Z라고 부른다. 이후 게임 제작자 '제임스 도노반 할리데이'가 죽으면서 남긴 유언을 찾는 모험 활동을 펼친다.

애니메이션에서도 가상 세계를 상상하는 움직임이 활발하다. 대표적인 작품이 일본의 인기 애니메이션 '소드 아트 온라인'이다. 작중에는 가상현실 대규모 다중 사용자 온라인 게임(VRMMO) '소드 아트 온라인'을 중심으로 이야기가 전개된다. 게이머들은 가상의 판타지 세계에서 창과 검 그리고 도끼로 상대방과 싸우며 랭킹을 올려나간다. ■

희소성 추구하며 암호화폐와 동반 강세
게임사가 불 지피며 NFT 가격 급등세

명순영 매경이코노미 기자

지난 3분기 엔씨소프트 성적표는 그야말로 기대 이하였다. 간판 게임인 리니지 시리즈와 신작 '블레이드앤소울2'가 기대만큼 활약하지 못했기 때문이다. 그런데 실적이 발표된 지난 11월 12일, 엔씨소프트 주가는 전일 대비 30% 가까이 급등한 78만6000원에 거래를 마쳤다. 엔씨소프트가 상한가까지 오른 것은 2015년 1월 말 이후 약 6년 10개월 만에 처음이다. 엔씨소프트를 단번에 상한가까지 끌어올린 주인공은 'NFT(Non-Fungible Token)'였다. 3분기 실적을 발표하며 엔씨소프트는 NFT 기술을 적용한 게임을 선보이겠다는 계획을 알렸다. 홍원준 엔씨소프트 최고재무책임자(CFO)는 "시장에서 게임과 NFT, 블록체인 결합이 관심받는다. 엔씨소프트는 2022년 중 NFT와 블록체인을 결합한 새 서비스를 내놓기 위해 준비 중이다. 다중접속역할수행게임(MMORPG)이 NFT를 적용하기에 가장 적합한 장르라 본다"고 전했다.

NFT에 불 지핀 게임사
게임하며 돈 버는 모델 개발

최근 NFT 열풍은 게임사가 주도했다 해도 과언이 아니다.

NFT 시장에 진출했거나 관련 사업 계획을 보유한 게임사는 엔씨소프트 외 여럿이다.

위메이드가 첫손에 꼽힌다. 8월 서비스를 시작한 '미르4' 글로벌 버전에 NFT 기능을 도입했다. 이용자는 게임에서 '흑철'이라는 광물을 캐 게임 내 코인인 '드레이코'와 교환할 수 있다. 이후 드레이코를 '위믹스'라는 가상화폐로 바꿔 암호화폐 거래소를 통해 현금화가 가능하다. 미르4는 11월 11일 동시 접속자 130만명을 넘어서는 등 인기를 끌며 P2E(Play to Earn ·

게임하며 돈 버는 시스템) 모델 대중화에 큰 역할을 했다. 위메이드는 11월 23일 NFT 기반 아이템 거래소 'Exchange by XDRACO' 서비스도 시작했다. 다른 게임 회사와 협력해 2022년 말까지 위믹스 토큰을 기축통화로 사용하는 게임 수를 100개로 늘리겠다는 목표를 세웠다.

이 밖에 넷마블이 NFT 기술을 활용한 게임을 개발 중이다.

게임빌은 NFT 거래소 사업을 추진하고 있다. 내년 1분기 서비스 시작이 목표다. 카카오게임즈도 자회사 프렌즈게임즈를 통해 NFT 거래소를 개발한다. 이 거래소에서는 게임 아이템은 물론 골프 티타임 예약권과 아이돌 팬아트 등 다양한 디지털 자산이 거래될 것으로 보인다.

해외 게임 중에서는 '엑시인피니티'가 주목받는다. 2018년 베트남 스타트업 스카이마비스

가 내놓은 작품이다. 외모와 능력치가 각각 다른 '엑시'라는 NFT 캐릭터를 수집해 육성하는 방식으로 구성됐다. 이 과정에서 엑시인피니티 코인을 얻을 수 있다. 이 코인은 엑시 캐릭터를 구입할 때 쓸 수 있고 현금화도 가능하다.

NFT는 게임 기업이 새로운 수익 모델을 확보하는 데 큰 역할을 할 것으로 예상된다. 그간 국내 게임 기업 상당수는 확률형 아이템을 판매하는 방식으로 수익을 냈다. 확률형 아이템은 뽑기 방식으로 판매된다. 게임사가 특정 캐릭터나 무기 등을 직접 판매하는 대신, 아이템이 들어 있는 상자를 판매하고 게이머는 이 상자를 구매한다. 게이머는 상자를 구입해 열어볼 때까지 어떤 아이템이 들어 있는지 알 수 없다. 성능이 좋은 아이템일수록 획득 확률이 낮아 상당수 게이머는 좋은 아이템을 받기 위

해 구매를 반복한다. 최근 국내 게임 기업은 게임 자체의 재미나 서사 등 즐길 거리를 제공하지 않고 확률형 아이템을 이용해 쉽게 돈을 번다는 비판을 받아왔다. 아이템 소유권이 게임사에 있다는 것도 비판 대상이었다. 게이머가 비용을 지불하고 아이템을 구매해도 게임 안에서만 쓸 수 있고 게임 서비스가 종료되거나 운영 정책이 바뀌면 사라질 수 있다.

P2E 게임은 아이템이나 재화 등에 NFT를 적용해 소유권을 소비자에게 준다. 소비자는 거래소를 통해 NFT를 판매하고 이를 통해 거둔 수익을 가져간다. 게임사는 거래 수수료 등 새로운 방식으로 수익을 거둘 수 있다.

디지털 세상서 희소성 추구
암호화폐 시장 커지며 NFT도 각광

NFT는 '대체 불가능한 토큰'을 뜻한다. 토큰마다 별도의 고유한 인식값이 있어 상호 교환이 불가능한 가상자산이다. 위변조, 복제가 불가능해 디지털 세상에서 '유일무이한 인증서' 역할을 한다. 이 같은 희소성 덕에 투자 상품으로서의 가치를 지닌다. 미술품, 수집품, 리미티드 에디션 제품 등에 NFT가 활용될 수 있는 배경이다.

NFT가 등장한 지는 꽤 됐다. 2017년 이더리움 기반 NFT 시초 '크립토키티(CryptoKitties)'가 등장하면서부터다. 크립토키티는 캐나다 게임 개발 스타트업 대퍼랩스가 개발한 가상 고양이 육성 게임이다. 다양한 가상 고양이를 수집하고 교배해 자신만의 희귀한 새끼 고양이를 만들어낸다. 이용자는 고유한 일련번호가 부여된 게임 속 고양이를 암호화폐로 사고팔았다. 2017년 말 '드래곤'이라는 고양이가 11만달러(약 1억2000만원) 상당 암호화폐로 거래돼 화제를 모았다. 크립토키티는 암호화폐가 송금 수단을 넘어 디지털 자산으로 활용될 수 있다는 점을 잘 보여준, NFT의 실질적인 첫 성공 사례였다.

대퍼랩스는 2020년부터 미국 프로농구(NBA)와 손잡고 NFT 거래 플랫폼인 'NBA 톱 샷(NBA Top Shot)' 서비스도 제공하기 시작했다. 플랫폼 이용자는 유명 농구 선수 하이라이트 영상을 짧게 편집한 콘텐츠를 거래한다. 대퍼랩스는 희소성을 유지하기 위해 NBA와 라이선스 계약을 체결하고 제한된 수의 NFT만 판매하는 전략을 펼쳐왔다.

NFT 적용 범위는 무궁무진하다. 스포츠 명장면 등을 담은 영상·사진·텍스트는 물론, 가상 세계 속 부동산 등에도 접목할 수 있다. 인터넷 정보망 '월드와이드웹(WWW)' 창시자이자 영국 컴퓨터 과학자 팀 버너스 리는 지난 6월 30년 된 웹 소스 코드를 경매에 부쳤다. 검은 컴퓨터 화면에 1만여줄의 코드를 입력하는 모습을 촬영한 30분짜리 동영상과 소스 원본 파일, 디지털 포스터, 팀 버너스 리 편지를 담은 NFT였다. '이것이 모든 것을 바꿨다

(This Changes Everything)'라는 제목의 NFT는 일주일간의 경매 뒤 540만달러(약 65억원)에 팔렸다. 이 밖에 트위터 창업주인 잭 도시의 첫 트윗 NFT는 290만달러(약 34억원)에, 스티브 잡스의 최초 이력서 NFT는 2만3000달러(약 2700만원)에 팔렸다.

국내에서는 간송미술관이 국보(國寶)를 NFT로 만들어 눈길을 끌었다. 간송미술관은 지난 7월 훈민정음 해례본을 100개의 NFT로 만들어 판매했다. NFT 1개당 가격이 1억원에 달했는데 불티나게 팔렸다. 간송미술관은 수익금을 운영 자금, 문화재 연구 기금으로 활용했다. 문화계에서는 문화유산을 NFT화하는 것에 갑론을박이 벌어지기도 했지만, 김현모 문화재청장은 지난 10월 열린 국정감사에서 "국보 훈민정음 해례본 NFT 제작이 문화재를 대중화하는 측면이 있다"고 옹호했다. 국내에서 이세돌과 알파고의 대결을 담은 사진과 동영상 NFT는 2억5000만원에 팔리기도 했다.

코로나19로 디지털 트랜스포메이션(DT)이 빨라지며 NFT 시장이 더욱 커질 듯 보인다. 증강현실(AR)과 가상현실(VR) 기술도 성숙하며 메타버스 시대(현실과 가상이 혼합된 세계)가 열릴 것이라는 기대가 높다. 메타버스가 활성화할수록 디지털 세상 내 희소성을 추구하는 경향이 커지고 NFT가 각광받을 것이라는 분석이다.

암호화폐 테더 공동창업자 윌리엄 퀴글리는 "메타버스가 향후 수년 내 인간의 삶을 크게 변화시킬 전망"이라며 "아이템 판매가 게임의 주요 수익 모델인 것처럼, NFT도 메타버스의 주요 수익 모델이 될 것"이라고 말했다.

게임 외에도 NFT에 눈독을 들이는 기업은 많다. 엔터테인먼트 쪽에서는 빅4 기획사(하이브 · YG엔터테인먼트 · JYP엔터테인먼트 · SM엔터테인먼트) 모두 도전장을 냈다.

하이브는 11월 4일 아티스트 지식재산권(IP)과 NFT를 결합한 신규 사업을 추진하겠다고 발표했다. 이를 위해 블록체인 업체 두나무와 합작법인을 만든다. YG엔터테인먼트는 자회사 YG플러스가 하이브 · 두나무 합작법인과 협력해 시장에 진출하기로 했다. JYP엔터테인먼트 역시 두나무와 손잡고 NFT 사업을 벌일 계획이다. SM엔터테인먼트도 NFT 사업 진출을 공식화했다. 이기훈 하나금융투자 애널리스트는 "팬덤 활동에 대한 보상으로 NFT가 주어지면 팬덤 이코노미를 활성화할 수 있다. NFT는 무형 자산인 팬덤을 유형의 이익으로 환산하는 장치"라고 분석했다.

갤럭시아머니트리, 바른손, 아프리카TV도 발을 들였다. 갤럭시아머니트리는 효성그룹 계열사로 휴대전화 소액결제, 신용카드 결제, 모바일 상품권 발행 등이 주요 사업이다. 자회사 갤럭시아메타버스가 11월 1일 NFT 거래 플랫폼 '메타갤럭시아' 문을 열었다. 박승우 작가가 배구 선수 김연경을 모델로 두고 그린 그림 'Something New'가 완판되는 등 벌써

성과가 뚜렷하다. 화장품 유통, 영화 제작업 등을 하는 바른손의 자회사 바른손랩스가 11월 4일 NFT 거래 플랫폼 '엔플라넷' 서비스를 시작했다. 온라인 방송 플랫폼 아프리카TV는 11월 3일 'AFT마켓' 문을 열었다. BJ 관련 상품에 NFT를 적용해 경매 방식으로 판매하는 마켓플레이스다. BJ의 3D 아바타, 생방송 다시보기 영상 등이 경매에 나온다.

NFT, 어디에 투자할까
메타버스 관련 암호화폐 가격 '급등'

NFT로 돈을 버는 방법에는 어떤 것이 있을까. 먼저, NFT '직접 투자'다. NFT 전문 옥션이나 사이트에서 거래 중인 NFT를 구매해 향후 더 높은 가격에 되파는 방식이다. 고가 미술품이나 피규어 같은 오프라인 소장품 시장과 똑같다고 보면 된다.

NFT 거래가 가장 활발한 시장은 '컬렉션'이다. 같은 플랫폼으로 만든 디지털 작품이 여러 디자인으로 구성돼 소장 욕구를 자극한다. 캐릭터 얼굴 이미지 1만개를 NFT화한 '크립토펑크(Cryptopunks)', 다양한 디자인의 원숭이 일러스트를 NFT로 만들어 판매하는 '보어드 에이프 요트 클럽(BAYC)', 인공지능 알고리즘이 무작위로 그린 그림을 '뽑기' 형태로 까보는 '아트블록(Art Blocks)' 등이 대표적이다. 세 컬렉션 모두 누적 거래액이 12억달러(약 1조4000억원)를 훌쩍 넘어갈 정도로 거래

게티이미지뱅크

가 활발하다. 해당 컬렉션 사이트나 '오픈씨(Opensea)' '라리블(Rarible)' 같은 NFT 경매 사이트에서 사고팔 수 있다.

차익도 상상 이상이다. 예를 들어 '크립토펑크2140번'은 지난 2월 400이더리움(약 73만달러)에 첫 판매됐는데 한 달이 지난 3월에는 750이더리움(약 118만달러), 7월에는 1600이더리움(약 376만달러)에 거래되며 300만달러 가까이 몸값이 올랐다.

NFT 관련 프로젝트를 진행 중인 '암호화폐'를 사들이는 것도 방법이다. NFT를 기반으로 한 게임이나 메타버스 플랫폼에 사용되는 코인을 거래소에서 매입하는 것이다.

게임 코인 대장주는 '엑시인피니티(AXS)'다. 11월 18일 기준 엑시인피니티 가격은 약 140달러로 연초 대비 2만4000% 가까이 치솟았다. 위메이드 게임 코인 '위믹스(WEMIX)'는

연초 대비 4400% 오르는 등 투자자 관심이 뜨겁다. 게임 아이템 거래 플랫폼을 운영하는 '보라(BORA, 3316%)' '왁스(WAX, 2360%)' '플레이댑(PLA, 1523%)' 코인도 주목받는다. NFT 기반 메타버스를 운영하는 '디센트럴랜드(MANA)'나 '더샌드박스(SAND)'는 최근 가격 상승폭이 매우 컸던 코인이다. 페이스북이 '메타'로 사명을 변경하는 등 메타버스에 '올인'할 것을 선언하며 기존 플랫폼 코인 가격이 급등했다. 대장주 비트코인 가격이 2.5% 떨어지는 등 전체 코인 시장이 지지부진한 가운데서도 디센트럴랜드와 더샌드박스는 각각 400%, 340% 오름세를 보였다.

코인이 아닌 '메타버스 관련주'에도 투자해볼 만하다. 메타버스 구현에 필수적인 그래픽카드, 또 메타버스 내에서 NFT를 실감 나게 즐길 수 있는 가상현실 기술 관련 업체들이다. 국내에서는 VR 헤드셋에 들어가는 부품을 공급하는 LG디스플레이와 LG이노텍, 해외에서는 엔비디아·퀄컴 등이 대표적인 수혜주로 거론된다.

한쪽에서는 거품론 솔솔
규제 일변도 법도 개정해야

NFT가 인기를 끈다고 장밋빛 미래만을 그려서는 곤란하다.

무엇보다 버블 논란이 거세다. 세계적인 경매 업체인 크리스티가 처음으로 실시한 NFT 경매에 등장한 디지털 아트 작가의 작품 JPG 파일이 6930만달러(약 785억1700만원)라는 거액에 낙찰됐다. 디지털 아트로는 역대 최고가고 현존 작가 작품으로는 세 번째를 기록이었다. 그런데 이 작품을 사들인 이는 NFT 투자 회사에서 일하는 싱가포르 출신 고위 임원이었다. 싱가포르의 메타퍼스(Metapurse)라는 기업 최고재무책임자인 '메타코반'이라는 인물이 마이크 윈켈만(활동명 '비플')이라는 디지털 아티스트가 만든 '매일: 첫 5000일(Everydays: The First 5000 Days)'을 낙찰받았다. 암호화폐로 억만장자가 된 사람들이 디지털 아트에도 자금을 쏟아부으며 '자가 발전식' 버블을 만들어낸다는 비판이 나온다. 실제 이 작품 경매에서 암호화폐 트론 창업자인 저스틴 선이 6000만달러를 써내며 경매가 상승을 주도하기도 했다. 일론 머스크 테슬라 최고경영자(CEO)의 아내이자 가수인 그라임스 작품 경매도 논란거리였다. 그는 디지털 그림 NFT 10점을 판매해 20분 만에 65억원을 벌어들이기도 했다.

업계에서는 컴퓨터 속 데이터에 불과한 NFT에 이 같은 가치를 부여하는 것은 터무니없는 버블이라는 의견까지 나온다. '50피트 블록체인의 공격' 저자인 데이비드 제라드는 "NFT 시장은 완전히 가짜"라고 비난했고, 프레드 에르삼 코인베이스 창업자는 "NFT 시장은 1990년대 후반 닷컴 버블과 비슷한 변동성을 보일 것"이라고 했다. ■

2 플랫폼으로서의
메타버스 경쟁력

스마트폰 vs 메타버스

가상 인간

가상 경제

2010년대 인류 역사 바꾼 스마트폰
메타버스가 뒤이어 인류 진보 이끌까

반진욱 매경이코노미 기자

2007년 1월 9일 미국 캘리포니아주 샌프란시스코에서 열린 맥월드 2007 엑스포. 그날 유달리 긴장한 표정을 짓는 한 남자가 무대 위로 올라섰다. 검은색 터틀넥과 청바지를 입고 안경을 치켜 쓴 그는 자신이 이끄는 회사 '애플'이 만든 신제품을 소개하기 시작했다. 시간이 어느 정도 흘렀을 무렵, 그는 마치 오늘의 주인공이 남았다는 듯이 회심의 미소를 짓고 청중에게 물었다.

"아이팟, 폰(phone), 인터넷 커뮤니케이터, 이 세 가지 혁신 기기를 소개하려 합니다."

갸우뚱한 청중들은 아무 말도 하지 않았다. 셋 다 혁신하고는 거리가 먼 제품이었기 때문이다. 이미 시중에 다 나와 있는 평범한 전자기기였다. 맥월드 참석자들은 '무슨 말을 하는 거야'라는 표정을 지으며 무대 위의 남자를 바라봤다.

스티브 잡스가 공개한 '아이폰'은 모바일이라는 새로운 생태계를 구축하며 2010년대 초반 인류의 삶을 바꿔놨다. (AP)

그는 말을 이어나갔다.

"자, 이제 저는 여러분에게 세 가지 혁신적인 기능을 담은 제품을 소개하려 합니다. 맞습니다. 사실 이 셋은 별개의 제품이 아닙니다. 바로 하나의 기기죠. 아이팟, 그리고 폰. 인터넷 커뮤니케이터. 이 세 가지가 모두 담긴 애플의

IT 기업 카카오는 모바일 생태계와 함께 등장했다. 모바일 앱 카카오톡은 스마트폰 생태계의 결실이다. (한국거래소 제공)

신제품을 소개합니다. 바로 '아이폰'입니다."
연설이 끝나기가 무섭게 의심의 눈초리는 열
렬한 환호성으로 뒤바뀌었다. 기존에 없던 혁
신적인 제품의 등장에 대중은 환호성을 질렀
다. 언론은 일제히 새로운 기기의 등장을 노
래했다. '스타트렉에서나 나올 법한 제품' '새
로운 혁명의 시작' 등 수식어가 쏟아졌다. 21
세기 인류의 '유비쿼터스 시대'를 열어젖힌
'스티브 잡스의 아이폰'이 세상에 모습을 드러
내는 순간이었다.

2007년 세계에 모습을 드러낸 '아이폰'은 그야
말로 인류의 삶을 송두리째 바꿨다. '모바일'
이라는 새로운 플랫폼 세계를 탄생시키며 현
대 스마트폰의 원형이 됐다. 아이폰 OS를 모
방한 안드로이드가 등장했고 피처폰 시대에서
'스마트폰' 시대로의 변화가 본격화됐다. 기존

에도 블랙베리, 마이크로소프트 등이 만들던
스마트폰이 있었지만 대중화되지는 않았다.
화면에 비해 기능은 부족했고 PC에 비해 확장
성도 떨어졌다. 복잡한 스마트폰을 쓰니 휴
대폰은 전화 용도로만 쓰는 게 정석이었다. 복
잡한 업무는 노트북과 데스크톱, 전화는 휴대
폰. 이것이 2000년대 초반의 '상식'이었다.

그러나 아이폰의 등장은 모든 고정관념을 바꿨
다. '애플리케이션' 이른바 '앱'은 등장하자마자
세상을 급속도로 탈바꿈시켰다. 은행은 '모바
일 뱅크'가, 게임은 '모바일 게임'이, 동사무소
는 '공공기관 앱'이 빠르게 대체했다. 아이폰이
세상에 나타난 지 14년 후, 인류는 시장 규모만
6390억달러(약 755조원)에 이르는 '모바일 생태
계'를 만들어냈다. 한국의 네이버와 카카오를
비롯해 트위터, 페이스북(메타), 라인, 위챗

PC 포털로 이름을 날리던 네이버 역시 '라인' 메신저를 내놓으며 모바일
'붐' 혜택을 톡톡히 봤다. (네이버 제공)

등 거대 IT 기업이 줄줄이 등장했다. PC · 인터넷을 기반으로 등장한 IT 기업은 모바일을 만나면서 기존 대기업과 어깨를 나란히 하는 '핵심' 기업 위치에 올라섰다.

발전을 거듭해온 스마트폰은 그러나 어느새 '한계'에 달했다는 평가를 받는다. 고화질의 카메라가 달려도, 최고급 음향 기기가 적용돼도 과거 '잡스의 아이폰'처럼 혁신적이라는 말을 듣지 못한다. 아이폰을 만든 애플조차도 '혁신이 멈췄다'는 소리를 들을 정도다. 성장을 멈추고 인류 사회에 완전히 녹아든 '컴퓨터'처럼 스마트폰도 이제는 당연히 일상이 됐다고 보는 인식이 팽배하다.

스마트폰 시대가 끝나고 새로운 플랫폼의 필요성이 높아진 시대, 새로운 기술에 대한 갈망을 풀어줄 플랫폼 '메타버스'가 모습을 드러냈다. 과연 메타버스는 스마트폰처럼 인류의 역사를 바꿔놓을 수 있을까. 두 혁신 플랫폼

의 평행이론을 하나씩 살펴보고자 한다.

메타버스 · 스마트폰 평행이론 ❶
기존 플랫폼의 혁신이 멈출 때 등장

두 플랫폼의 공통점은 과거 인류사를 이끌던 플랫폼이 쇠락하기 시작할 때 등장했다는 점이다. 스마트폰은 PC와 인터넷 혁명이 끝에 다다를 무렵 본격 등장했다. 1990년대 말부터 2000년대 초까지 인류를 이끈 플랫폼은 단연코 'PC'와 '인터넷'이었다. PC를 이용한 인터넷 통신의 등장은 산업화 종식을 고하고 정보화 시대의 문을 열었다. 애플, 마이크로소프트, 엔비디아, SMC 등 내로라하는 기업이 우후죽순 생겨났다. 팩시밀리는 e메일에 밀려 자취를 감췄고, 전화 대신 메시지가 활발히 쓰였다. 혁신을 거듭한 PC는 사무실에서만 쓰는 기기를 벗어나 노트북, PDA 등 간편 휴대용으로 모습을 바꿔나갔다.

2000년대에는 PC 혁명에 이어 'WWW'로 대표되는 인터넷 혁명이 일어났다. 가상 공간에서 타인과 소통하고 정보를 찾고 뉴스를 구독하기 시작했다. 미국에서는 야후, 구글이 맹위를 떨쳤고 국내에서도 네이버, 다음, 네이트, 엠파스 등 인터넷 소프트웨어 업체가 본격적으로 모습을 드러냈다. 폭발적인 성장을 이어가던 그들이었지만 곧 한계를 맞았다. 속도가 빨라지고, 영상 스트리밍 등 일부 기능이 추가되기는 했지만 '삶을 바꿀' 정도의 혁

스마트폰이 주는 교훈은 '게임 체인저'가 헤게모니를 차지한다는 것이다. 아이폰은 스마트폰의 상징과 같은 존재가 됐다. (로이터)

신은 더 이상 일어나지 않았다. 사람들은 더 작은 기기에서 '삶을 바꾸고' 싶어 했다. 그 욕망을 달래주듯 블랙베리, 노키아 등 원시적인 스마트폰이 나타났다. 메일을 보내고 문서를 보는 게 다였지만 사람들은 이 작은 기기가 우리 삶을 바꿀 것이라 확신했다. 그 예언은 아이폰의 탄생과 함께 현실이 됐다.

메타버스가 등장한 시점도 비슷하다. 현재 스마트폰은 이제 '더 바꿀 게 없다'는 소리를 듣고 있다. 삼성전자가 폴더블폰을 위시로 한 하드웨어 혁신에 도전하고 있지만 스마트폰 형태만 바꿀 뿐, 삶 자체를 바꿨던 과거의 위상에 비하면 부족하다는 평가다.

반면 메타버스의 가능성은 무궁무진하다. 이제 막 발걸음을 뗀 수준이다. 해가 갈수록 서비스 위상이 독보적으로 변화될 것이라는 분석이다. 글로벌 모바일 시장 분석 업체 앱애니는 최근 '2022 모바일 전망'을 통해 내년에 가상 아바타를 통해 실시간으로 교류하는 메타버스가 더 주목받을 것으로 내다봤다. 앱애니는 간단한 조작으로 사용자들이 메타버스에 참여할 수 있는 환경이 마련되고 있다는 점을 근거로 내세웠다. 일례로 미국 메타버스 플랫폼 '로블록스'는 지난해 1월부터 10월까지 구글플레이, 애플 앱스토어에서 메타버스 앱 기준 다운로드 수, 소비자 지출 모두 1위를 차지했다. 다른 메타버스 앱 마인크래프트는 다운로드 수 4위, 소비자 지출 2위를 차지했다.

메타버스 · 스마트폰 평행이론 ❷
'게임 체인저' 등장 전 치열한 각축전

유행이 태동하고 나서 무렵 '게임 체인저'가

스마트폰에 적응하지 못한 기업은 모두 도태됐다. 삼성전자는 빨리 올라타며 시장 진입에 성공했다. (삼성전자 제공)

등장하기 전까지 치열한 각축전을 벌이는 점도 닮았다.

PC 혁명이 마무리될 무렵 IBM의 '사이먼'을 필두로 각종 스마트폰이 쏟아져 나왔다. 치열한 다툼이 계속됐다. 마이크로소프트 역시 각종 PDA를 내놓으며 도전장을 내밀었고, RIM은 쿼티 키보드를 탑재한 '블랙베리'를 선보이며 전쟁 참여를 선포했다. 엎치락뒤치락하던 대결은 '오바마폰'으로 각광받은 블랙베리의 승리로 끝나는 듯했다. 그러나 2007년 아이폰의 등장, 스마트폰 기능을 뒷받침하는 통신 3G 기술의 발달과 함께 기존 스마트폰은 모두 사람들 뇌리에서 잊혀갔다.

메타버스 역시 아직까지 여러 기업이 각축전을 벌이는 추세다. 시장을 뒤집을 만한 서비스는 아직 나오지 않았다. 그 와중에 로블록스, 포트나이트, 제페토(ZEPETO) 등 업체가 치열한 다툼을 벌이고 있다. 로블록스는 미국 시장을 완전히 점령했다. 미국 10대들의 로블록스 사용량은 유튜브의 2.5배, 넷플릭스의 16배에 달한다. 네이버의 자회사 네이버제트가 제공하는 3D 아바타 기반 소셜 플랫폼 '제페토'는 2021년 2월 기준 가입자 수 2억명을 돌파. 이 중 해외 이용자 비중이 90%를 기록하고 10대 비중이 80%에 육박한다.

마지막 평행이론은 '승자가 모든 것을 가져갈 것'이라는 점이다. 플랫폼은 사실상 독점 사업이다. 먼저 시장을 선점한 기업의 영향력

메타버스를 둘러싼 경쟁도 치열하다. 먼저 시장을 선점하는 자가 모든 것을 차지할 것이라는 분석이다. (매경DB)

이 절대적이다. PC 검색 엔진 시장을 장악한 네이버, 메시지 플랫폼을 차지한 카카오가 대표적인 예다. 두 플랫폼도 예외란 없다. 스마트폰은 아이폰이 등장하면서 모든 점유율을 가져갔다.

메타버스 · 스마트폰 평행이론 ❸
Winner takes it all

아이폰을 비웃던 블랙베리, 노키아 등 경쟁사들은 차츰차츰 시장을 뺏기더니 결국 몰락의 길을 걷고 사라졌다. 아이폰 이후 애플 또는 애플의 방식을 따라 한 회사만이 살아남았다. 패스트 폴로어 전략을 통해 구글과 손잡고 갤럭시 시리즈를 내놓은 삼성과 저가 가격 경쟁력으로 버티던 중국 업체를 제외하고는 스마트폰 업체의 씨가 말랐다. 주춤거리다 뒤늦게 타고 오른 LG는 결국 누적된 적자를 버티지 못하고 떨어져 나갔다. 소프트웨어 시장 상황은 더 처참하다. 아이폰과 iOS, 그리고 구글과 안드로이드를 제외하고는 모두 자취를 감췄다. 그야말로 '승자 독식'이다.

메타버스 플랫폼의 미래도 비슷할 것이라는 분석이다. NFT, 게임, 가상현실 등 곳곳에서 메타버스 업체들이 활약을 펼치지만 결국 메타버스 플랫폼을 선점한 기업을 중심으로 체제가 재편될 것이라는 전망이다. ■

늙지 않고 구설수 없는 가상 인간
메타버스 세계 뒤흔들 활약 기대

반진욱 매경이코노미 기자

가상 인간 '로지'는 각종 패션, 보험 등 회사 CF에 출연하며 인기를 끈다. (w컨셉 제공)

메타버스가 인기를 끌면서 '아바타' 못지않게 주목받는 이들이 '가상 인간'이다. 메타버스 트렌드에 힘입어 '로지' '한유아' '정세진' 등 가상 인간 모델이 쏟아진다. 메타버스 플랫폼의 핵심 콘텐츠로 자리 잡을 가상 인간, 언제 처음 등장했고 현재 수준과 전망은 어떠할까.

국내 최초 가상 인간
사이버 가수 '아담'

국내 최초의 가상 인간은 1998년 사이버 가수

LG전자의 '래아'는 신비로운 콘셉트로 인기다. (LG전자 제공)

'아담'이다. 당시 아담은 1집 앨범 '제네시스(genesis)'로 인기몰이를 하면서 광고 모델로도 활동했다. 아담은 음반 20만장 판매, 1998년 프랑스 월드컵 응원가 발매와 단독으로 '레모니아'라는 음료 광고 출연 등으로 화제를 모았다. 한때 어린이용 프로그램에서 "얘들아 안녕? 난 아담이야" 같은 멘트와 함께 등장하기도 했다. 당시 잘나가던 일본계 의류 나이스클랍 한국 측 사업자인 대현 협찬을 받아 왼쪽 가슴에 'NICE CLAUP'이 크게 쓰여진 옷도 종종 입었고, 아담과 함께 활동할 여성 모델을 공개 모집하는 행사도 여는 등 잘나갔다. 데뷔곡이자 대표곡인 '세상엔 없는 사랑'은 그렇게 어렵지 않으면서도 애절한 곡조로 노래방에서 많이 불렸다.

아담이 인기를 끌자 사이버 가수 '류시아' '사이다' 등이 연달아 등장하며 '가상 인간 붐'이 일어났다.

다만 아담은 현재의 가상 인간과는 다소 차이가 있다. 목소리까지 모두 만들어낸 현재의 가상 인간과 달리 아담은 실존하는 인물의 목소리를 이용한 '3D 캐릭터'에 가까웠다. 요즘으로 치면 얼굴을 드러내지 않고 애니메이션 캐릭터를 전면에 내세운 '보컬로이드'와 비슷한 개념이다. 아담 제작사는 배우 원빈을 모델로 만든 캐릭터에 가수 박성철 씨 목소리를 입혀 '아담'을 만들어냈다. 아담은 2집 발표 후 활동이 뜸해지다 홀연히 사라졌다. 나머지 가수들도 스리슬쩍 사라졌다. 이후 한동안 주목받는 가상 인간은 없었다.

사람들 뇌리에서 잊혀져가던 '가상 인간'은 메타버스의 등장과 함께 다시 혜성처럼 등장했다. 20년여 만에 다시 등장한 가상 인간은 실

세계적인 기업들도 가상 모델을 내세운다. 사진은 이케아 가상 모델 이마.
(이케아 제공)

감 나는 외모에 대중과 적극 소통하며 다양한 분야에서 종횡무진 모습을 드러낸다. 로지처럼 일부 가상 인간은 '일회성' 인기를 넘어 '롱런' 조짐을 보이고 있기도 하다.

아담 이후 명맥 끊긴 '가상 인간'
메타버스 트렌드와 함께 화려히 부활

콘텐츠 · 엔터 업계에서는 뉴미디어 콘텐츠 제작사 디오비스튜디오가 눈에 띈다. 2020년 10월 버추얼 휴먼 '루이'를 선보였다. 루이는 한국새생명복지재단 홍보 대사, 한국관광공사 글로벌SNS기자단 명예 홍보 대사로 임명됐는가 하면 의자 전문 업체 파트라가 운영하는 온라인 브랜드 생활지음 모델로도 발탁됐다. CJ온스타일이 보유한 패션 자체브랜드

(PB) 더엣지와 컬래버레이션을 진행하기도 했다. 루이는 더엣지 가을 신상품인 청재킷과 데님을 입고 가수 이무진의 노래를 부르는 영상을 루이 유튜브 채널인 '루이커버리'에 올렸다. 이 영상은 업로드 직후 한 달여 동안 17만 회에 가까운 조회 수를 기록했다.

CJ ENM은 최근 실시간 3D 콘텐츠 제작 스튜디오 에이펀인터렉티브와 전략적 사업 제휴를 맺고 디지털 가상 인간을 개발해 글로벌 시장에 내놓겠다고 선언했다.

게임 업계에서는 스마일게이트, 카카오게임즈 자회사 넵튠이 가상 인간에 관심을 보인다. 스마일게이트는 자사 가상현실(VR) 게임 '포커스온유' 주인공 한유아를 디지털 연예인으로 육성 중이다. 이를 위해 시각특수효과(VFX) · VR 기업 자이언트스텝과 협력한다. 자이언트스텝은 SM엔터테인먼트 소속 그룹 에스파의 아바타를 만든 기업이다. 스마일게이트 측은 "연기, 음반 발매 등 다양한 활동을 계획하고 있다. 유명 브랜드와 컬래버레이션도 추진할 예정"이라고 밝혔다.

넵튠은 2020년 11월 버추얼 휴먼 개발사 온마인드를 자회사로 편입했다. 온마인드는 유니티 엔진으로 제작한 디지털 휴먼 '수아'를 보유했다. 수아는 유니티코리아 홍보 대사로 활동한 이력이 있다. 최근에는 동영상 플랫폼 틱톡을 통해 활발히 소통 중이다. 가장 인기 많은 영상이 조회 수 32만회를 돌파하며 순항

삼성전자는 가상 인간을 활용한 '네온 프로젝트'를 준비 중이다. (삼성전자 제공)

하고 있다. 넵튠은 2021년 8월에는 케이팝 디지털 아이돌을 키우는 AI(인공지능) 기업 딥스튜디오와 펄스나인 지분을 사들였다. 딥스튜디오는 가상 인간 정세진 등을 연습생으로 뒀다. 정세진은 아직 연습생이라 아직 본격 데뷔하지는 못했다. 펄스나인은 '이터니티'라는 디지털 케이팝 걸그룹을 만들었다. 2021년 3월 이터니티는 펄스나인 유튜브 채널에 노래 '아임리얼(I'm Real)' 뮤직비디오를 공개하며 본격 활동을 시작했다.

넷마블 역시 가상 인간 시장에 발을 들이기 위해 채비에 나섰다. 넷마블 개발 자회사 넷마블에프앤씨는 2021년 8월 말 자회사 '메타버스엔터테인먼트'를 설립했다. 버추얼 아이돌 매니지먼트, VR 플랫폼 개발 사업 등을 추진

한다. 서우원 넷마블에프앤씨 공동대표가 메타버스엔터테인먼트 대표를 겸직한다. 서 대표는 "게임과 연계한 메타 아이돌, 메타 월드 등 다양한 콘텐츠를 제작해 메타버스 세계를 만들기 위해 회사를 설립했다"고 설명했다.

IT 업계에서는 삼성전자가 2020년 세계 최대 정보기술(IT) · 가전 전시회 'CES 2020'에서 인공 인간 '네온'을 공개했다. LG전자가 'CES 2021'에서 가상 모델 '김래아'를 선보이며 바통을 이어받았다. '미래에서 온 아이'라는 뜻을 담은 이름이다. 김래아는 전시회에서 살균 로봇 'LG 클로이 살균봇' 등 LG전자 제품을 유창한 영어로 소개했다.

유통 업계에서는 롯데홈쇼핑 전속 가상 인간 '루시'가 눈에 띈다. 루시는 롯데홈쇼핑이 e커

머스 스타트업 스타일셀러와 손잡고 주얼리 전문 브랜드 OST의 100면 커팅 시뮬렛 다이아몬드 목걸이 3종을 판매할 때 직접 모델로 나섰다. 또 루시 공식 인스타그램 프로필 링크를 통해 구매도 유도해 좋은 반응을 얻었다. 루시의 인스타그램 폴로어 수는 2만명을 훌쩍 넘기며 유통 업계 새로운 판매 채널이자 모델 활용 사례로 회자되고 있다.

해외 가상 인간 현황은?
릴 미켈라 · 키즈나 아이 등 대스타 속속

가상 인간은 해외에서는 이미 대세로 자리 잡았다.

대표 가상 인플루언서 릴 미켈라는 현존하는 가상 인간 중 가장 높은 몸값을 자랑하는 모델이자 뮤지션이다. 19세로 미국 LA에 거주하는 것으로 설정돼 있는 그는 컴퓨터가 구현한 완벽한 외모와는 거리가 멀다. 주근깨 가득한, 주변에서도 볼 법한 외모다. 그래서 팬들이 오히려 더 친근감을 느낀다는 후문이다. BMW 미니 전기차 모델로 나서는가 하면 다양한 신곡을 선보이는 등 전천후 스타로 자리매김하고 있다. 2016년 미국 스타트업 브러드가 첫선을 보인 후 2021년 10월 기준 인스타그램 300만여명의 폴로어를 자랑하는 메가 인플루언서로 성장했다. 2020년 한 해에만 미켈라가 올린 수입은 광고 포함 약 130억원에 달하는 것으로 추정된다. 국내 업체와 협업 사례

릴 미켈라는 전 세계를 휩쓰는 인플루언서다. (릴 미켈라 인스타그램 갈무리)

도 있다. 삼성전자는 2019년 릴 미켈라를 마케팅 모델로 기용하기도 했다.

영국 가상 모델 '슈두'도 빼놓을 수 없다. 슈두는 2017년 4월 첫선을 보인 흑인 모델. 2018년 프랑스 패션 브랜드 발망(Balmain)의 가을 컬렉션에서 모델로 등장하면서 주류 모델로 자리매김했다. 이후 패션 모델 업계 블루칩으로 떠오르며 인스타그램 폴로어 수만 20만명을 훌쩍 넘겼다.

아시아에서는 일본이 가상 인간 선진국이다. 2016년 등장한 10대 소녀 '키즈나 아이'가 대표적이다. '키즈나 아이'는 요즘 같은 실제 인간과 흡사한 캐릭터는 아니다. 오히려 만화에서 볼 법한 외양이다. 하지만 3D 기술 발달로 유튜브 등에서 마치 실재하는 듯 활동을 하면서 2018년 일본 관광 홍보 대사로 발탁되는 등

버추얼 슈퍼모델 슈두는 버추얼 인플루언서의 시초 격으로 불린다.
(현대자동차 제공)

사랑을 독차지했다.

일본에서 '로지'와 같은 현실에 가까운 가상 인간 캐릭터로는 지난해 뜨기 시작한 '이마'를 들 수 있다. 이케아가 도쿄 매장을 내면서 메인 모델이 됐고 이케아 하라주쿠 매장에서 3일 동안 먹고 자며 요가하고 청소하는 일상 영상이 유튜브에 공개돼 큰 호응을 얻기도 했다. 2020년 이마의 몸값(광고 수입 포함)은 7억원을 넘긴 것으로 추정된다. 슈퍼스타 반열에 올랐다는 평가다.

중국에서는 '화즈빙'이 인기다. 칭화대 컴퓨터학과와 베이징즈위안인공지능연구원(BAAI), AI 기업 즈푸와 샤오빙이 공동으로 작업해 만들었다. 칭화대의 '화', 즈푸의 '즈', 샤오빙의 '빙'을 따서 이름을 화즈빙이라 지었

다. 2021년 6월 칭화대에 입학한 새내기라는 콘셉트를 내세웠다. 칭화대 측은 학생증과 이메일까지 발급해줬다. 화즈빙이 기타를 치며 노래하는 동영상은 한때 틱톡 인기 순위 1위에 올랐을 정도로 이슈가 됐다.

가상 인간 전망은?
메타버스와 동반 성장 기대

업계 안팎에서는 가상 인간 시장이 당분간 성장세를 이어갈 가능성이 크다고 내다본다.

블룸버그에 따르면 2025년 가상 인간 인플루언서 시장 규모는 14조원을 기록, 실제 인간 인플루언서(13조원)를 추월할 것으로 예상된다. 아직까지는 광고나 뮤직비디오를 비롯해 길이가 짧은 콘텐츠에 주로 활용되지만 앞으로는 드라마나 영화 등 긴 콘텐츠에도 등장할 가능성이 크다. 상담이나 강연 등 마케팅·엔터 이외 분야에서도 활약하며 영역을 넓혀갈 것으로 보인다.

김상균 강원대 산업공학과 교수(책 '메타버스' 저자)는 "과거에 비해 가상 인간 제작 비용이 저렴해졌고 소통에도 무리가 없는 수준에 도달했다. 광고 모델뿐 아니라 활용 가능한 분야는 무궁무진하다. 메타버스 시장이 성장하면서 가상 인간 수요가 함께 늘어날 가능성도 크다"는 의견을 전했다. 넵튠 관계자 역시 "아직까지는 메타버스 플랫폼 대부분은 애니메이션 캐릭터를 활용하지만 앞으로는 가상 인간 캐릭터로 전환될 것으로 본다"는 생각이다. ■

집행검부터 'NFT'까지 무한질주
메타버스 플랫폼 만나 꽃핀 '가상경제'

반진욱 매경이코노미 기자

엔씨소프트의 게임 '리니지'에 등장한 집행검은 가상 경제의 시초로 평가 받는다. (연합뉴스)

암호화폐와 NFT, 그리고 메타버스. 어느새 우리는 실체가 없는 가상자산이 익숙한 세상에 살고 있다. 그러나 가상자산 개념은 갑자기 '뚝' 떨어진 게 아니다. PC 시대부터 꾸준히 등장했던 개념이다. 처음에는 게임 아이템

에서 시작해 가상 부동산, 옷 등 새로운 형태로 발전하고 있다. 이번 장에서는 메타버스 내의 경제, 즉 가상 경제의 역사에 대해 다뤄 보고자 한다.

최초의 가상 경제 '집행검'
게임 아이템 거래의 세계

'진명황의 집행검'을 아시는지.

이름마저 생소한 이 물건은 현실에 존재하는 상품이 아니다. 게임 '리니지' 안에서만 존재한다. 실체가 없다고 해서 아이들이 게임에서나 갖고 노는 물건이라 생각하면 곤란하다. 1개당 가격이 3000만원을 넘는다. 국산 중형 차량 1대 값과 맞먹는다. 시간과 재료를 들여 성능을 강화한 집행검은 가격이 10배가량 뛴다. 집을 팔아야 살 수 있다는 뜻으로 '집판검'이라 불리기도 한다.

메타버스 플랫폼은 기업 홍보 도구로도 유용하게 쓰인다. 사진은 포트나이트서 홍보하는 LG전자. (LG전자 제공)

2000년대 초반 각종 게임이 태동하던 시절, 희소성 높은 리니지 '집행검' 아이템을 실제 돈을 주고서라도 사려는 사람들이 나타났다. 힘들게 아이템을 얻는 대신, 편하게 사려는 수요와 게임 아이템을 돈으로 바꾸려는 사람들의 이해관계가 맞아떨어지면서 거래 시장이 열렸다. 초기에는 개인끼리 게임 내 채팅창에서 소통해 물건을 주고받는 정도에 그쳤다. 그러나 시장이 점차 커지면서 아이템매니아·아이템베이 등 전문 플랫폼 업체까지 등장했다. 가상 경제가 처음으로 현실 경제와 연결되기 시작한 지점이다. 현재도 아이템 거래 시장의 규모는 상상 이상이다. 아이템 중계 업계 1위 아이템매니아에서는 월평균 24만건의 거래가 이뤄질 정도다. 전체 아이템 거래 시장의 연간 거래 규모는 1조5000억원에 달한다.

태초의 가상 경제
아이템 거래 방식은

게임 아이템 거래는 어떤 방식으로 이뤄질까. 결제 방법에 따라 직접·간접 거래로 나뉜다. 직접 거래는 말 그대로 판매자와 구매자가 온·오프라인상에서 직접 만나 아이템과 돈을 주고받는 방식이다. 주로 게임 커뮤니티나 '중고나라' '당근마켓' 같은 중고 거래 플랫폼을 활용한다. 구매 또는 판매를 원하는 사람

로블록스의 등장 이후 가상 경제 생태계 내부에서 '노동'을 통해 돈을 버는 개념이 생겨났다. (로블록스 제공)

이 글을 올리면 상대방이 연락해 거래를 진행한다. 빠른 시간 내에 번거로운 절차 없이 거래가 가능하다는 장점을 갖췄다. 반면 별다른 보호 장치가 없어 사기를 당할 확률도 꽤 있다.

간접 거래는 아이템매니아·아이템베이 등 중계 사이트를 활용하는 방법이다. 게이머가 판매하려는 아이템 정보와 판매 금액을 등록하면 구매자가 이를 보고 구입한다. 이때 구매 대금은 중계 사이트가 보관하다 거래가 안전하게 끝나면 판매자 계좌로 송금한다. 원하는 아이템을 바로 사기 힘들고 중계 수수료도 추가로 내야 하지만 사기를 당할 확률이 낮아 안전하다는 장점이 있다.

거래 가능한 게임 재화는 크게 2가지다. 하나는 캐릭터가 착용하거나 쓸 수 있는 물건인 '아이템', 다른 하나는 게임 내에서 통용되는 화폐 '게임 머니'다. 아이템 거래가 물건을 흥정하는 현실의 경매 시장과 비슷한 양상을 보

인다면 게임 머니 거래는 환율 시장과 비슷한 구조로 운영된다.

시세를 결정하는 요인은 기본적으로 수요와 공급 원칙이다. 아이템이 희귀하고 성능이 좋거나, 인기가 많을수록 비싸다. 개당 가격이 3000만원 넘는 리니지의 '집행검'은 구하기 힘든 아이템인 데다 성능이 월등히 좋아 가격이 높은 사례다.

게임의 인기, 콘텐츠 업데이트, 서비스 지속 여부 등도 주요 변수다. 게임의 인기가 많으면 그만큼 사용자가 늘어난다. 즉 아이템 수요 역시 증가한다는 뜻이다. 게임 콘텐츠 업데이트 여부도 중요하다. 업데이트로 아이템 성능이 갑자기 바뀌는 경우가 많기 때문. 업데이트 이후 아이템 성능이 하락하면 가치도 급락한다. 마지막으로 서비스 지속 여부 역시 중요하다. 통상 게임 회사는 인기가 없는 작품은 운영을 종료하는데 서비스 종료는 주식 시장으로 치면 종목의 '상장폐지'와 같은 개념이라고 생각하면 된다. 게임이 사라지면서 아이템도 덩달아 사라진다. 서비스 종료가 예고된 게임 아이템 가격은 성능, 희귀성에 관계 없이 폭락한다.

투자부터 노동까지
어스2, 로블록스의 등장

게임 아이템 거래가 가상 경제의 태동을 알렸지만, 이때는 '투자'보다는 취미 성격이 강했

다. 게임을 더 잘하고 싶어 투자하는 수준에 그쳤다. 또 게임 아이템을 전문적으로 매매한 뒤 돈벌이로 활용하는 '작업장'은 불법이기도 했다. 원시적인 가상 경제가 새로운 국면에 접어든 것은 가상자산을 활용한 '투자' 개념이 나오면서다. 2010년대 중반 비트코인, 이더리움 등 블록체인 기술이 활성화되면서 '디지털 재화'라는 존재가 사람들 뇌리에 들어오기 시작했다. 그 시작을

NFT는 이제 엄연한 경제적 도구로서 유용하게 쓰인다. (픽사베이 제공)

미래에는 가상의 화폐를 내고, 가상의 물건을 사는 시대가 도래할 것이다. (메타 제공)

알린 게 '어스2(earth2.io)'와 '로블록스'다. '어스2'는 메타버스 내 가상 부동산을 사고팔 수 있는 플랫폼이다. 온라인 공간에 구현한 가상 지구에서 가로·세로 각 10m 크기로 나뉜 땅(타일)을 자유롭게 사고팔 수 있는데, 미국 뉴욕, 프랑스 파리, 한국 서울 등 명소는 지난해 말에 비해 가격이 수십 배나 오를 정도로 인기를 끌고 있다.

물론 가상의 땅을 샀다고 해서 현실 세계에서까지 내 땅이 되는 것은 아니다. 장난스러운

게임처럼 보이는데 실제로 사람들이 쓰는 돈은 장난이 아니다. 올 4월 1일 거래량 순으로 보면 미국 이용자의 자산 가치는 총 3215만달러, 이탈리아가 810만달러, 게다가 한국도 745만달러에 달한다. 개인투자자 중 현재 자산 가치가 가장 높은 사람은 국적을 밝히지 않은 한 이용자로 26만1062달러 상당의 부동산을 소유하고 있다.

어스2 부동산은 초반에는 타일당 0.1달러였는데 지금은 수요와 공급의 법칙에 따라서 나라마다 가격이 제각각이다. 한국 땅은 타일당 14달러대에 거래된다. 미국 땅은 53달러, 일본은 6.69달러다. 부동산 가격이 오르면 시세 차익을 거둬 '수익'도 얻을 수 있다.

로블록스는 한 단계 더 나아갔다. 사용자가 직접 콘텐츠를 만드는 방식으로, 롤플레잉 이외에도 FPS, 탈출, 레이싱 등 다양한 유저들이 만든 게임을 플레이할 수 있다. 또 내가 만든 게임, 콘텐츠를 로블록스 내에서 판매하는

메타버스, NFT 개념을 차용한 블록체인 게임, 이른바 돈 버는 게임도 가상 경제의 핵심이다. (위메이드 제공)

것도 가능하다. 이때 거래는 로블록스 내에서 쓰이는 화폐 '로벅스'로 이뤄진다. 로벅스는 원화로 환산하면 15.49원이다. 단순 투자를 넘어 메타버스 내에서 생산·소비 등 활동이 가능하도록 지원한다.

현실 세계와 다이렉트 연결
P2E 게임 우수수 등장

가상 경제는 단순 거래(게임 아이템), 투자· 생산 등 경제 활동(어스2, 로블록스) 순으로 진화해왔다.

여기에 더해 이제는 현실 세계와의 결합에 도전한다. 이른바 P2E 게임의 등장이다. 'play to earn'의 약자로 게임을 하면서 돈을 버는 시스템이 등장했다.

대표적인 기업이 위메이드다. 위메이드는 미르4글로벌에서 얻을 수 있는 게임 아이템 '흑철'을 암호화폐 위믹스로 바꿀 수 있는 시스템을 게임에 도입했다. 위메이드를 비롯한 국내 게임 업계에서도 블록체인 투자에 박차를 가하고 있다. 컴투스는 최근 블록체인 게임 업체 '애니모카브랜즈'와 NFT 전문 기업 '캔디 디지털'에 대규모 투자를 진행하며 관련 사업 본격화에 나섰다. 모바일 게임사 게임빌도 국내 가상자산 거래소 코인원의 2대 주주 지위를 확보하고 블록체인 기술 기반 신사업 육성에 힘을 쏟고 있다. 플레이댑은 지난 10월 27일 NFT를 접목한 P2E 게임 '신과함께'를 출

NFT 굿즈를 파는 게임사의 움직임도 활발하다. (엔씨소프트 제공)

시, 한국과 중국을 제외한 세계 170여개국에서 NFT 스테이킹 서비스를 시작했다. 모바일 게임사 111%도 최근 블록체인 기반 P2E 게임 시장에 도전장을 내밀었다. 해외 P2E 게임 중에서는 '엑시인피니티'가 대표적이다. 엑시인피니티는 2018년 베트남 스타트업인 스카이마비스가 개발한 게임으로, 캐릭터 수집·교배·육성을 중심으로 플레이하는 방식이다. 생김새와 능력치가 각기 다른 '엑시'라는 NFT 캐릭터를 수집, 육성하면서 AXS(엑시인피니티 샤드)라는 코인을 얻을 수 있다. 이 코인을 통해 엑시(캐릭터)를 사고팔 수도 있고, 가상 자산 거래소를 통한 현금화도 가능하다.

다만, 국내에서는 게임 내에서 얻은 재화를 실제 돈으로 바꾸는 것은 엄연히 불법이다.

게임 아이템의 경우 '이용권'을 거래하는 개념이라 법망을 피했지만, 재화의 '소유권'을 양도하는 것은 여전히 막혀 있다. 현재 P2E를 지원하는 국내 기업들은 법망을 피해 가는 꼼수를 쓰고 있다. 게임 대신 '플랫폼'으로 등록해 규제를 피했다. 문제는 정부의 심경 변화다. 만약 메타버스를 '게임'으로 지정한다면 국내에서 서비스하는 '코빗타운' 등의 P2E 시스템은 모두 막히게 된다. 전문가들은 P2E의 성장성이 높은 만큼 사회 인식의 변화가 필수라고 입을 모은다. 장현국 위메이드 대표는 "P2E는 아무도 거역할 수 없는 패러다임의 변화"라며 "앞으로는 P2E를 사회적으로 어떻게 받아들일 것인지 고민이 필요하다"고 밝힌 바 있다. ■

3 메타버스에 접목되는 기술

'포켓몬고' 통해 대중화
전용 기기 상용화는 난제

박태준 정보통신기획평가원 기술정책단 책임

2020년 메타버스 트렌드의 시작을 알린 젠슨황 엔비디아 CEO의 "메타버스가 오고 있다(The Metaverse is coming)"는 말에서도 알 수 있듯, 메타버스는 현재 진행형이다. 이는 앞으로 메타버스에서 이뤄내야 할 일이 많다는 뜻이기도 하며, 현실 세계와 긴밀하게 연계되는 시도들이 진행되고 있다는 얘기기도 하다. 최근 메타버스 관련 사례를 보면, 앞서 살펴본 기술 발전 3단계(디지털 쇼잉·디지털 비잉·디지털 리얼라이징) 가운데, 첫 번째인 가상 세계(Virtual Worlds)에서 현실 세계의 것들을 디지털로 보여주는(Digital Showing) 시도가 활발하다. 가령, 온라인 서바이벌 슈팅 게임 포트나이트(Fortnite)에서 트래비스 스콧, BTS 등 세계적인 스타들이 공연을 하거나, 새로운 뮤직비디오 안무를 공개했으며, 온라인 커뮤니케이션 게임인

동물의 숲에서는 마크제이콥스나 발렌티노 같은 명품 브랜드가 가상의 패션쇼를 진행하기도 했다.

앞으로 메타버스가 구체화될수록, 현실 세계에 미치는 영향은 보다 확대될 것이다.

이를 위해 두 번째 단계인 디지털 그 자체(Digital Being)로 존재할 수 있도록, 현실 세계의 정보를 디지털 세계에 입히는 시도도 진행될 것이다. 지금의 메타버스 아바타는 3등신의 귀여운 캐릭터로 구현돼 있다. 그러나 가상 세계에서 아바타가 현실 세계에서의 나와 동일한 정보를 포함(디지털 쌍둥이·Digital Twin)하게 된다면 어떨까. 미래의 아바타가 키, 몸무게 등 신체 정보를 포함하고 있다면 메타버스 내에서 직접 입어보고 옷을 구매하는 행위도 가능해진다. 웨어러블로 측정되는 나의 건강 정보가 포함된다면, 원격 진료나

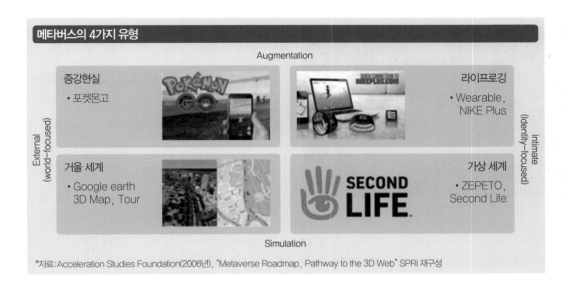

메타버스의 4가지 유형

Augmentation

증강현실
• 포켓몬고

라이프로깅
• Wearable,
  NIKE Plus

External (world-focused)

Intimate (identity-focused)

거울 세계
• Google earth
  3D Map, Tour

가상 세계
• ZEPETO,
  Second Life

Simulation

*자료:Acceleration Studies Foundation(2006년), "Metaverse Roadmap, Pathway to the 3D Web" SPRi 재구성

의료도 가능해질 것이다. 현실 세계 공장 정보가 그대로 가상 세계로 올라가면, 메타버스 내에서 공장이 어떻게 운영되고 있는지 창고에 재고가 얼마나 있는지 확인도 가능하다. 나아가 가상 세계에서 미리 시뮬레이션을 통해 생산 과정에 문제가 없는지 등의 예측도 보다 정교하게 진행될 수 있다.

디지털 그 자체가 되면, 디지털 세계의 것을 현실 세계로 가져올 수도 있게 된다. 메타버스 세계 정보를 혼합현실(Mixed Reality), 홀로그램(hologram) 등의 기술을 통해 현실 세계에서 새롭게 구현하는 것도 가능할 것이다. 이런 사례는 SF영화에서 쉽게 접할 수 있다.

마블스튜디오 영화 '아이언맨(2008년)'에서 주인공 역할을 한 로버트 다우니 주니어가 혼합현실을 통해 아이언맨 슈트를 개발하는 장면을 떠올려보자. 아이언맨 슈트를 직접 분해하지 않고도 내부 구조를 훤하게 보고, 허공에 구현돼 있는 개발 인터페이스를 직접 조작하며 슈트를 개조하는 것이 더 이상 영화에서만 가능한 일은 아닐 수 있다. 스티븐 스필버그의 영화 '마이너리티 리포트(2002년)'에서 아들을 잃은 아버지 역할을 했던 톰 크루즈가 홀로그램 기술을 통해 아들과의 추억을 회상하는 장면도 불가능한 일은 아니다.

마지막으로, 가상 세계가 보다 실감 나게 구현(Digital Realizing)되는 것도 가능하다. 가상 세계에서 오감 인식 기술을 통해 현실 세계와 동일한 경험을 하는 일도 가능해질 테다. 디지털로 구현된 모든 것을 보고, 듣고, 만지는 것이 가능하며, 냄새와 맛까지도 구현이 되면 더 이상 현실 세계와 가상 세계와의 구분이 어

마이크로소프트에서 개발한 홀로렌즈2. (마이크로소프트 제공)

려워질 수 있다. 오히려 현실 세계에서는 물리적인 법칙으로 인해 불가능한 일도 가능해질 것이다. 하늘을 날거나, 물속에서 숨을 쉬는 등의 경험을 하는 것도 가능한 식이다. 가상 세계 자체가 초월적인 현실(Metaverse)이 되는 것이다.

美 미래가속화연구재단 주목
현실 · 가상 뒤섞인 융복합 세계

메타버스가 매력적인 상상으로만 존재한다고 생각하는가? ICT 기술의 기하급수적인 발전과 더불어, 코로나19 대유행으로 인한 비대면 확산 등으로 디지털 기술의 사회적 수용이 강제되면서 메타버스가 다시 주목받지만, 관련 논의는 이미 2000년대 초 · 중반부터 진행돼 왔다.

국내외에서 다양한 연구와 논의가 있으나, 많은 전문가가 메타버스에 대해 가장 체계적으로 접근한 연구로 2007년 발표된 미국미래가속화연구재단(Acceleration Studies Found-ation · ASF)의 '메타버스 로드맵 프로젝트(Metaverse Roadmap, Pathways to the 3D Web)'를 꼽는다.

ASF는 메타버스에 대해, 현실 · 가상 세계 간 교차(junction) · 결합(nexus) · 수렴(convergence)되는 관계로 보고, 강화 · 확장된 현실 세계(Virtually enhanced physical reality)와 현실처럼 지속하며 영구화된 가상 공간(Physically persistent virtual space)의 융복합된 공간으로 정의한다. 연구 보고서기에 어려운 용어로 정리했으나, 너무 어려워 마시라. 앞서 언급한 내용들로 이해해도 큰 무리는 없다. 보고서의 핵심은 메타버스를 '내재적 · 외재적 요소'와 '증강 · 시뮬레이션'의 커다란 두 개의 축으로 나눠 ▲증강현실(Augmented Reality) ▲라이프로깅(Lifelogging) ▲거울 세계(Mirror Worlds) ▲가상 세계 등 4개의 시나리오로 설명했다는 데 있다.

증강현실은 우리에게 너무나 친숙한 분야다. 전 세계를 뜨겁게 달궜던 '포켓몬고(Pokemon Go)'를 모르는 사람은 아마도 없을 것이다. 포켓몬고는 2016년 나이언틱(Niantic)에서 증강현실 기반으로 개발한 스마트폰 게임. 이 게임으로 인해 세계 각지에서 사람들이 진귀한 포켓몬스터를 잡기 위해 스마트폰을 들고 집 밖으로 나섰다. 전설의 포켓몬이 등장했다는 정보가 SNS에 실시간으로 공유되기도 하는가 하면, 뉴스 앵커가 생방송 도중 포켓몬 사냥에 빠져 방송 사고가 일어나는 웃지 못할 해프닝도 연출됐다.

증강현실은 현실 공간에 2D · 3D로 구현된 가상의 이미지를 겹쳐 보이게 하면서 사용자와 상호작용하는 기술. 사용자에게 정보 제공을 통해 편의성을 제공하거나 새로운 즐길 거리를 제공하는 데 주로 활용된다. 물론 머리에 고글 형태 기기를 착용해야 하는 가상현실(Virtual Reality · VR) 기술보다 몰입도는 낮지만, 일상생활에서 이용하기 편리하다는 장점으로 엔터테인먼트, 쇼핑, 인테리어 등 너무나 많은 분야에서 대중적으로 활용된다. 스마트폰을 켜고, 카메라 앱을 켜보자. 얼굴 보정이 되고 있는가? 그렇다면 당신은 증강현실을 이용하고 있는 것이다.

사실 스마트폰 카메라 기술은 이미 단순히 고해상도 이미지를 촬영하는 수준을 넘어섰다. 당신의 스마트폰 카메라는 렌즈가 몇 개인가? 그리고 카메라로 사진을 찍는 데 왜 많은 렌즈가 필요하다고 생각하는가? 정답은 증강현실이다. 아웃포커싱으로 피사체를 돋보이게 하는 심도 카메라, 시야각보다 넓은 화각 제공이 가능한 광각 카메라, 선명한 화질로 줌 인 · 줌 아웃이 가능한 망원 카메라까지 여러 개의 렌즈가 탑재된 다중 카메라 기술은 이미 널리 대중화돼 있다. 그뿐 아니라, 스마트폰 카메라 모듈에는 SL(Structured Light),

뉴욕 센트럴 파크에서 포켓몬고를 즐기는 사람들. (포켓몬고 홈페이지)

포켓몬고로 인해 발생했던 방송 사고. (MBN 제공)

ToF(Time of Flight) 등의 3D 센서가 탑재돼 카메라로 포착한 객체(대상)와의 거리 등을 실시간으로 인식하고 어색하지 않게 2D · 3D의 이미지를 입혀주고 있다. 우리가 단순하게 보고 있는 스마트폰 증강현실은 이처럼 여러 가지 기술들이 얽혀 있는 기술이다.

그러나 갈 길은 여전히 멀다. 증강현실을 위한 전용 기기인 스마트 글라스가 아직 상용화되지 못했다. 2013년 구글에서 공개한 구글 글라스(Google Glass)는 전 세계적인 반향을 일으켰으나, 높은 가격과 부실한 콘텐츠 등의 이유로 시장에 선택받지 못했다. 그 이후로도 몇몇의 스마트 글라스 개발이 진행됐지만 아직 대중적으로 활용되고 있지는 못하다. ∎

아바타들이 활동하는 가상의 공간
현실 세계와 연계…진짜 현실 될 수도

박태준 정보통신기획평가원 기술정책단 책임

1492년 8월 3일 포르투갈 팔로스항, 크리스토퍼 콜럼버스는 지평선 너머의 세계를 꿈꾸며 산타마리아, 니냐, 핀타 등 세 척의 배를 이끌고 서쪽의 바다로 향했다. 험난한 여정 끝에 콜럼버스는 서인도 항로를 개척하며 신대륙을 발견하는 데 성공했고, 이는 유럽인에게 거대한 기회가 돼 서구 중심 문명사 개화를 이끄는 계기가 됐다. 가상 세계(Virtual Worlds) 개척은 콜럼버스의 신대륙 발견 성과와도 비견될 만하다. 메타버스를 디지털 신대륙이라고 부르는 것도 비슷한 이유일 것이다.

가상 세계를 가상현실(Virtual Reality · VR)이라는 개념으로 많이 떠올리고는 한다. 하지만 가상 세계는 보다 단순 명료하고, 우리에게 보다 친숙하다. 디지털 데이터로 구축된 세계며 사용자의 자아가 투영된 아바타들이 서로 상호작용하며 활동하는 공간을 총칭하는 개념으로 가상 세계를 떠올리면 된다.

우리가 흔히 접하는 게임의 세계도 가상 세계에 포함된다. 중세 판타지를 배경으로 펼쳐진 광활한 탐험지에 위협적인 괴수들과 싸우며 성장하는 전형적인 MMO RPG(Massively Multiplayer Online RolePlaying Game · 다중접속 온라인 롤 플레잉 게임)도 가상 세계의 일부일 수 있다.

온라인 게임-가상 세계를 구분하고자 하는 시도들은 2000년대 초반부

> 디지털 데이터로 구축
> 사용자의 자아가 투영
> 아바타들이 서로 상호작용
> 게임의 세계도 가상 세계

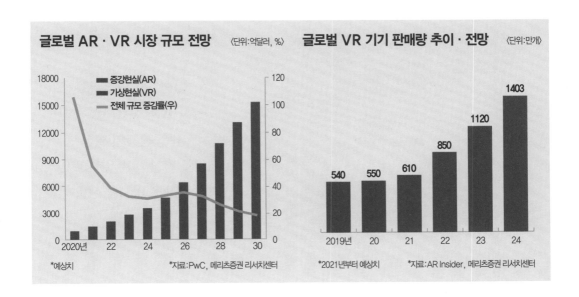

글로벌 AR·VR 시장 규모 전망 〈단위:억달러, %〉

- 증강현실(AR)
- 가상현실(VR)
- 전체 규모 증감률(우)

*예상치 　　　　　　　*자료:PwC, 메리츠증권 리서치센터

글로벌 VR 기기 판매량 추이·전망 〈단위:만개〉

540　550　610　850　1120　1403
2019년　20　21　22　23　24

*2021년부터 예상치 　　　　　*자료:AR Insider, 메리츠증권 리서치센터

터 진행됐다. 먼저 미국 경제학자이자, '메타버스 로드맵 프로젝트'의 핵심 멤버 중 한 명인 에드워드 카스트로노바는 가상 세계를 크게 놀이 공간으로서의 가상 세계와 실재성을 가진 생활 공간의 확장으로서의 가상 세계로 분류된다고 봤다.

게임을 가상 세계의 일부로 인정하되, 가상 세계를 디지털 환경에서의 생활 공간으로 규정했다. 현재 메타버스를 게임형 가상 세계와, 생활형 가상 세계로 구분하는 방식은 카스트로노바의 연구에서부터 비롯됐다고 볼 수 있다.

글로벌 시장조사 업체 포레스트리서치는 온라인 게임과 가상 세계를 보다 체계적으로 구분 짓고 이에 대한 비즈니스 가능성에 대해 연구했다. 이용자의 시간 소비와 방문 빈도를 한 축으로 하고, 나머지 한 축을 온라인 게임과 가상 세계를 구분하며 ▲전통적인 MMO RPG의 세계 ▲온라인 게임의 세계 ▲자유로운 형태의 가상 세계 ▲소셜네트워크의 세계 등 크게 네 가지 형태로 유형화했다. 그리고 각각은 ▲패키지 형태의 판매 수익 ▲서비스 구독료 ▲소액결제 ▲광고·마케팅 ▲미디어 프랜차이즈 등으로 수익성을 실현한다고 봤다.

가상 세계, 여러 세계관 기반해 발전

여기서 언급하고 싶은 부분은 두 가지다.

먼저, 앞선 연구에서는 대부분 사례를 게임 범주 내에서 설명하고 있기는 하지만, 다양한

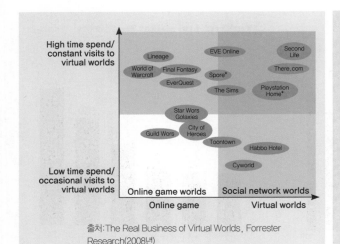

High time spend/
constant visits to
virtual worlds

Lineage

EVE Online

Second Life

World of Warcroft

Final Fantasy

Spore*

There.com

EverQuest

The Sims

Playstation Home*

Star Wors Golaxies

City of Heroes

Guild Wors

Toontown

Habbo Hotel

Low time spend/
occasional visits to
virtual worlds

Cyworld

Online game worlds

Social network worlds

Online game

Virtual worlds

출처:The Real Business of Virtual Worlds, Forrester Research(2008년)

놀이 공간으로서의
가상 세계 실재성을 가진
생활 공간의 확장
게임을 가상 세계 일부로 인정
가상 세계도 디지털 생활 공간

가상 세계의 존재를 인정하고 있다. 메타버스에서 언급하는 가상 세계는 물리적 세계와 같이 단일화된 디지털 환경을 의미하는 것은 아니다.

물론 가상 세계 참여자 수에 따라 그 크기는 달라지겠지만, 각각의 세계는 각자 그들만의 세계관을 갖고 발전해나갈 것이다. 이는 메타버스를 꿈꾸는 많은 기업에 기회 요소로 보이기도 한다.

다음으로, 디지털 환경에서 구현되는 새로운 세계라는 점과 아바타를 통해 소통하고 교류해나간다는 점 등을 고려해보면 메타버스와 온라인 게임은 유사한 부분이 많다. 이에, 우리가 즐겨 하는 온라인 게임의 속성을 가만히 살펴보면 메타버스에서 언급하는 가상 세계에서의 일상에 대한 많은 단초를 엿볼 수도 있다.

게임 세상에 처음 접속했을 때를 상상해보자. 게임 세상을 설명하기 위한 튜토리얼이 진행되며, NPC(Non-Player Character)가 친절히 게임 배경과 조작 등에 대해 설명해준다. 그렇다. 소통의 대상이 더 이상 사람에 국한되지 않을 것이다. 게임상에서는 단순히 NPC가 정해진 대사를 읊어줄 뿐이지만, 나중에는 AI 기반으로 대상과 훨씬 자유롭게 소통하는 미래가 구현될 것이다.

이미 AI는 챗봇 등에 대중적으로 활용되며 많은 사람들과 소통하고 있다. 나아가 인공적인 자아 구현까지는 먼 미래의 개념처럼 보이기는 하지만 가능성에 대한 논의가 진행되고 있는 상태다.

다시 게임의 이야기로 돌아와보자. 플레이어는 게임 세상에 적응하며 성장해나가고 있다. 레벨업을 하면서 나의 스텟도 함께 올라가는

소니 플레이스테이션 VR HMD(시판 중). (Sony, 메리츠증권 리서치센터 제공)

닌텐도 VR HMD(시판 중). (Nintendo, 메리츠증권 리서치센터 제공)

모습을 보며 뿌듯해하기도 한다. 여기서 말하고 싶은 부분은 수치화에 대한 개념이다. 가상 세계에서 일에 대한 숙련도 내지는 업무 능력 등이 수치화돼 표현될 수도 있다. 이를테면 다수에 의한 평가로 수치화하는 방식은 이미 널리 활용되고 있다. 음식점의 맛, 콘텐츠의 재미라고 하는 추상적인 영역에서도 별점이라는 방식으로 이미 그 수준이 수치화돼 표현되고 있다. 물론 새로운 측정 방식에 의해 수치화될 수도 있다. 물리적 세계와는 달리, 디지털 환경에서는 모든 것을 수치화하는 일이 가능하다.

게임에서는 어려운 퀘스트(임무)를 클리어하기 위해 다른 사람들과 함께 사냥을 나가기도 한다. 협업 방식도 목적에 따라 헤쳐 모이는 방식의 긱(Gig · 재즈 연주를 하기 위해 즉흥적으로 모여 진행하는 합주)이 될 것이다. 현실 세계에서 누구인지, 그 사람과 나는 성향이 맞는지보다도 공통의 목적을 공유하고 각자 역할에 맞게 일시적인 형태로 프로젝트를 진행하게 될 것이다. 이미 현실에서도 긱 이코노미, 즉 노동 수요에 따라 유연하게 노동력을 공급해주는 방식이 새로운 경제 협력 체계로 부상하고 있다. 국내에서도 크몽, 숨고와 같은 플랫폼은 노동 수요가 있다면 그때그때 적합한 인력을 추천 · 매칭해주는 방식으로 성장하고 있다.

가상 세계는 다양한 게임과 마찬가지로 어떻게 구현되느냐에 따라 그 모습을 달리할 것이다. 그러나 온라인 게임이 현실은 아니지만, 앞으로의 가상 세계는 현실 세계와 밀접하게 연계된 진짜 현실이 될 가능성이 크다. 이제는 디지털로 구현된 가상의 세계가 '어차피 현실 세계는 아니니까'라며 그 한계를 보기보다는, 현실 세계와 연계됐을 때 그 잠재적 가능성을 보고 미리 준비해야 한다. ■

디지털로 기록되는 인간의 삶
경험과 정보 모두 디지털 속으로

박태준 정보통신기획평가원 기술정책단 책임

기술의 관점에 비춰 메타버스는 무엇일까. 어떤 이는 '디지털 기술을 기반으로 아바타(Avatar)라는 캐릭터를 통해 자유롭게 이용자 간 의사소통 · 교류가 가능한 경계 없는 세계'라고 답변하기도 하고, 어떤 이는 보다 구체적으로 '생활형 가상 세계'와 '게임형 가상 세계'를 구분하며 이를 총칭하는 개념으로 메타버스를 설명하기도 했다. 한편, 게임 내에서 보다 많은 사람과 소통 · 교류하고, 디지털로 구현된 공연 · 예술 등의 문화 활동이 가능하며, 게임이나 아바타 의상 등을 제작하면서 부가적인 수익 창출까지 가능하도록 게임이 진화하는 것이 아니냐는 의견도 있었다.

**일상적 경험과 정보를
기록 · 저장
전송 · 공유도
가능하도록 지원
방대한 양의 정보를 공유**

과거 온라인 게임에서 메타버스 요소로 보이는 흔적들을 찾아내며 '이미 있던 것이다'라는 의견을 주기도 했다.

인류 문명에 있어 기록이라는 행위는 진화의 원동력이 됐다. 사람들 기억 속에서 정보는 불완전하게 존재하고 때로는 휘발되기도 하는데, 이를 보완하기 위해 기록이라는 형태로 정보를 온전하게 보존 · 축적하고 이를 전달 · 공유함으로써 문명을 발전시켜오기도 했다. 디지털 문명에서도 마찬가지일 것이다. 라이프로깅은 '삶의 기록(Life + Log)'에 대한 의미로, 디지털 환경에서 축적되는 정보(데이터)와 이를 활용하는 것에 대한 시나리오다.

라이프로깅은 기술적으로 사람과 사물에 대한 일상적인 경험과 정보를 디지털 환경에서 기록 · 저장하며 전송 · 공유가 가능하도록 지원한다. 그것도 아주 쉽고 빠른 방법으로 방대한 양의 정보를, 오프라인보다 훨씬 많은 사람과 공유하고 있다.

잠깐 우리가 디지털 환경에서 정보를 어떻게 기록했는지에 대해 경험적으로 살펴보면, 우리는 네이버 블로그를 통해 맛집에 대한 정보를 기록하는가 하면, 유용했던 제품, 서비스에 대한 정보를 추천하기도 한다. 트위터를 통해 자신의 짧은 생각을 손쉽게 공유하며 다른 사람과 소통하기도 했고, 인스타그램이나 페이스북을 통해 감성을 자랑하고 맛집 방문과 특별한 이벤트 등을 인증하기도 한다.

라이프로깅은 앞서 언급한 디지털 환경에서 개인이 기록하는 정보에만 국한되지 않는다. 간단하게 예를 들면, 커뮤니케이션 데이터뿐 아니라, 스마트워치 같은 웨어러블 디바이스에서는 심장 박동 수 · 심전도 등의 생체 센서를 통해 건강 데이터가 기록 · 관리된다. 항상 소지하고 다니는 스마트폰의 GPS 기반으로 사용자 위치 데이터가 기록되기도 하며, 온도와 날씨 정보, 공기 오염도 같은 기상 데이터 등도 포함된다. 가정 내 스마트홈 기술을 통한 집 안에서의 행동 패턴, 자율주행차를 운행하는 사용자의 이동 패턴 등도 라이프로깅을 위한 데이터 범주에 포함될 수 있다. 이처럼 일상에서 무수히 많은 센서 · 기기들이 인지하지 못하는 상태에서도 실시간으로 사용자를 위한 데이터를 수집 · 관리하고 있다. 라이프로깅의 시나리오에서는 디지털 환경에서 개인과 사물이 기록 · 수집하는 방대한 양의 데이터가 실시간으로 쏟아진다. 그야말로 본격적인 빅데이터 환경이다.

데이터를 활용해 성공한 사례는 우리 주변에서도 흔하게 접할 수 있다.

메타버스 기술적 혁신의 3단계 진화 과정

Digital Showing

디지털의 가능성을
보여주는 혁신
현실 세계 · 가상 세계 교차

Digital Being

디지털 그 자체로
존재하는 혁신
현실 세계 · 가상 세계 결합

Digital Realizing

디지털이
현실이 되는 혁신
현실 세계 · 가상 세계 수렴

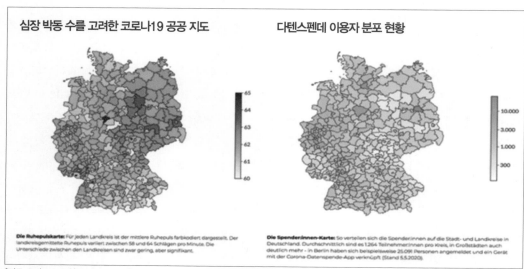

심장 박동 수를 고려한 코로나19 공공 지도

다텐스펜데 이용자 분포 현황

Die Ruhepulskarte: Für jeden Landkreis ist der mittlere Ruhepuls farbkodiert dargestellt. Der landkreisgemittelte Ruhepuls variiert zwischen 58 und 64 Schlägen pro Minute. Die Unterschiede zwischen den Landkreisen sind zwar gering, aber signifikant.

Die Spender:innen-Karte: So verteilen sich die Spender:innen auf die Stadt- und Landkreise in Deutschland. Durchschnittlich sind es 1.264 Teilnehmerinnen pro Kreis, in Großstädten auch deutlich mehr - in Berlin haben sich beispielsweise 25.091 Personen angemeldet und ein Gerät mit der Corona-Datenspende-App verknüpft (Stand 5.5.2020).

*자료 : 로버트 코흐 연구소(2020년 5월 기준)

**무수히 많은
센서 · 기기들이 활용
실시간으로 데이터를
수집 · 관리
본격적인 빅데이터 환경 구현**

대표적인 것이 검색 데이터를 활용한 추천 서비스다. 우리가 인터넷에서 찾아보는 검색어는 관심과 취향, 또는 목적과 필요에 따라 달라진다. 반대로 검색 데이터를 파악하면 우리의 관심이나 취향이 무엇인지, 필요한 정보 또는 콘텐츠가 어떤 것인지 알 수 있다는 얘기다. 그리고 AI 기술의 발전은, 이런 데이터 분석을 보다 효율적이고 체계적으로 진행할 수 있게 해줬다. 최근 유튜브에서는 실시간으로 관심 있는 영상을 추천해준다. 닐 모한(Neal Mohan) 유튜브 최고상품담당자는 사용자 유튜브 시청의 70%가 추천 알고리즘에 의한 것이며, 이로 인해 시청 시간이 20배 이상 증가했다고 밝혔다. 유튜브 외에 넷플릭스에서 유통되는 콘텐츠의 3분의 2가 추천에 의해 시청되고 있으며, 아마존은 전체 매출의 35%가

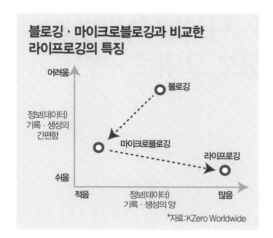

블로깅 · 마이크로블로깅과 비교한 라이프로깅의 특징

어려움

정보(데이터) 기록 · 생성의 간편함

블로깅

마이크로블로깅

라이프로깅

쉬움

적음　　정보(데이터)　　많음
　　　기록 · 생성의 양

*자료:KZero Worldwide

추천에 의해 발생한다.

코로나19 대유행 상황에서 라이프로깅을 활용한 흥미로운 사례도 있었다.

수많은 센서 · 기기들이 일상 기록
AI 기술로 빅데이터 구현 고도화

독일 연방 보건부 산하기관인 로버트 코흐 연구소(Robert Koch Institute)는 2020년 4월 애플워치, 핏비트 등 웨어러블 디바이스에서 수집되는 사용자의 건강 데이터를 기부 방식으로 제공받아, 코로나19 연구를 진행하는 다텐스펜데(Datenspende) 프로젝트를 추진했다. 로버트 코흐 연구소는 웨어러블 전용 앱을 배포해 사용자들이 심장 박동 수를 체크하고 코로나19 감염 의심 여부 등을 확인할 수 있도록 했다. 여기에 그치지 않고 사용자 위치 정보를 기반으로 공공 지도를 생성하여 코로나19 감염 우려 지역을 확인할 수 있도록 했다. 사용자들의 자발적인 참여로 이뤄지는 이 프로젝트는 2021년 6월 기준 독일 시민 53만8000명이 정보 제공에 동의하며 코로나19 연구에 도움을 줬다.

한편, 마크 주커버그 페이스북 CEO는 사명을 메타(Meta)로 바꾸고, 본격적인 메타버스 사업 진출을 선언했다. 언론은 메타(구 페이스북)가 메타버스 사업부인 페이스북 리얼리티 랩스에 100억달러(약 12조원)를 투자하며 증강현실(AR)과 가상현실(VR) 구현을 위한 소프트웨어와 오큘러스 VR 같은 전용 하드웨어 기기, 그리고 신규 콘텐츠 등을 본격적으로 개발한다고 전했다. 그러나 주목해야 할 부분은 따로 있다. 2021년 10월 기준 28억9000만명의 사람들이 페이스북을 이용하며 개인 일상을 기록하고, 13억9000만명의 사람들은 인스타그램을 이용하며 그들의 감성을 자랑하고 맛집 방문과 특별한 이벤트 등을 인증한다. 이처럼 메타는 라이프로깅 관련 데이터를 가장 많이 보유한 회사 중 하나다. 이를 활용하여 어떤 행보를 보일지, 메타가 보여주는 메타버스는 어떤 모습일지 기대되는 바가 크다.

결국 라이프로깅 시나리오가 발전할수록, 우리는 메타버스 세계 내에서 보다 개인화되고, 보다 맞춤화된 서비스를 제공받을 수 있다는 것은 확실해 보인다. 나아가 개인의 취향과 관심사, 원하는 세계관이 반영되는 맞춤형 메타버스가 구현될 수 있을지도 모르겠다. ■

현실 세계 · 디지털 세계…디지털 트윈(twin) 현실의 모든 속성 · 정보 그대로 구현

박태준 정보통신기획평가원 기술정책단 책임

코로나19로 인해 사람들은 보다 적극적으로 디지털 기술을 일상에 활용하기 시작했으며, 기업들 또한 오프라인에서 온라인으로 진출 속도가 더욱 빨라지기 시작했다. 이른바 디지털 대전환(Digital Transformation)이라고 부르는 오늘날의 트렌드로, 우리는 현실 세계 것들이 디지털로 전환되는 시대에 살고 있다. 갑작스레 디지털 대전환을 언급한 이유는, 이제부터 설명할 거울 세계도 현실 세계가 디지털로 옮겨 가는 가상 세계의 개념이기 때문이다.

디지털 트윈은 가상 세계(digital)에 실제 사물의 물리적 특징을 동일하게 반영한 쌍둥이(twin)를 3D 모델로 구현하고, 이

를 실제 사물과 실시간으로 동기화(sync)한 시뮬레이션을 거쳐 실제 사물에 대한 의사 결정에 활용하는 기술이다. 거울 세계는 현실 세계를 그대로 반영(Reflection)하는 세계이자 정보적으로 확장(Informationally−enhanced)된 가상의 세계를 의미한다.

디지털 쌍둥이(Digital Twin)의 예시를 이해하면 보다 쉽게 거울 세계를 알 수 있겠다. 현실 세계 정보를 디지털 환경에서 그대로 구현하는 디지털 트윈은 단순히 대상의 외관만을 그대로 나타내는 것만을 의미하는 것이 아니다. 오히려 정보적 확장, 즉 대상의 속성과 정보까지도 전부 그대로 구현하기 때문에

> **디지털 트윈, 정보적 확장 특징**
> **디지털 예측 제어 · 관리**
> **AI 기반 디지털 솔루션 도출**
> **현실 세계의 대안 제시까지도**

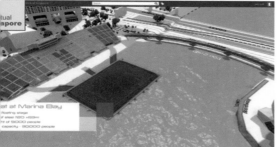

디지털 환경에서 싱가포르와 동일하게 구현된 3D 기반 버추얼 싱가포르(Virtual Singapore). (National Research Foundation Singapore 제공)

디지털 환경에서 시뮬레이션과 정보를 기반으로 예측 제어·관리 등이 가능하고, 나아가 AI 등을 활용하면 디지털 환경에서 미리 최적의 솔루션을 도출하는 방식으로 현실 세계의 대안 제시까지도 가능하다는 것이 핵심이다.

마치 먼 미래의 일처럼 느껴지겠지만, 이미 현실에서도 거울 세계의 시나리오가 진행되고 있다.

우리가 살고 있는 도시가 이미 가상 세계에 그대로 구현돼 있다면 믿을 수 있겠는가? 2018년 싱가포르 정부는 버추얼 싱가포르(Virtual Singapore) 프로젝트를 완성시켰다. 싱가포르 국가연구재단(National Research Foundation Singapore·NRF) 주도로 약 5년간, 7300만달러(약 860억원)를 투입했던 국가 R&D 프로젝트다. 싱가포르 도시 환경을 3차원 모델링을 통해 디지털 환경에 똑같이 구현하고 공공·민간에서의 R&D 연구를 위해 개방해놨다. 연구자들은 버추얼 싱가포르를 통해 실제와 동일한 환경에서 가상의 실험을 진행하기도 한다. 새로운 서비스 검증을 위한 가상 테스트베드로도 활용된다. 현실 세계에서 추진하기 어려운 실험과 막대한 시간과 비용을 요구하는 일도 가상의 거울 세계에서는 얼마든지 간단하게 테스트가 가능하다.

싱가포르, 가상 도시로 주목
국내서도 관련 연구 활발

실제 싱가포르 북부 지역 펀골(Punggol) 타운을 설계할 때 버추얼 싱가포르를 활용했다. 도시 전체에 건물을 어떻게 설계·배치해야 전체 지역에서 통풍이 잘되는지 최적의 방안을 찾아서 발전 계획을 수립했다. 세계 각국에서 버추얼 싱가포르 사례를 벤치마킹하는 사례도 늘고 있다. 2020년 9월, 중국 상하이는 지리 정보 시스템, 위성, 드론과 각종 센서 등을 활용해 도시를 디지털 트윈으로 완성했다. 우리나라도 서울시, 세종시, 대전시 등이 스마트 시티 프로젝트의 일환으로 디지털 트

뉴스를 보도 중인 현실 세계의 김주하 앵커. (MBN 제공)

AI 기반으로 구현된 가상 세계의 김주하 앵커. (MBN 제공)

현실 세계를 있는 그대로
투영보다 확장된 정보와
결합하기도
가상 세계를 현실 세계로
옮겨 온 경우도
새로운 시도가 계속
나타나고 있는 중

원 구축에 앞장서고 있다.

가상 세계에서 만들어진 결과물을 현실 세계로 갖고 오는 시도도 진행되고 있다.

2016년에 설립된 AI 스타트업 머니브레인은 국내 최초로 AI 기반 뉴스 아나운서를 개발해 세간의 화제를 모았다. 실제 존재하는 아나운서의 음성과 말투, 얼굴 모양과 제스처까지 전부 복제해 AI 기반으로 구현해낸 것도 대단한 기술력인데, AI 앵커가 뉴스 현장까지 투입돼 진행을 보는 등의 상용화 성과까지 창출했다. AI 앵커는 스스로 AI라고 밝히지 않으면 실제 모델이 됐던 아나운서와 쉽게 분간이 가지 않는 수준이다. 해당 기술을 도입한 언론사는 기사 스크립트만 입력하면 즉각적으로 음성과 영상으로 변환해 뉴스를 만들어주기에, 영상 촬영에 소모됐던 시간, 인원, 비용 등을 대폭 절감할 수 있었고 빠르게 뉴스를 전달하는 것도 가능해졌다.

또 다른 사례를 보자. 최근 국내 한 보험사는 획기적인 인물을 광고 모델로 채용했다. AI 기술로 완성된 가상의 유튜버 '루이'가 그 주인공. 국내 AI 가상 얼굴 스타트업 디오비스튜디오가 개발한 버추얼 휴먼(디지털 휴먼)이다. 개발사는 AI 기반으로 얼굴 이미지를 합성하는 기술인 딥페이크(Deepfake)를 활용해 7명의 실제 사람을 모델로 가상 얼굴을 만들어내 연기자의 얼굴에 덮어씌웠는데, 기술적 완성도가 높아 현실 세계에 있는 사람과 구분하기는 쉽지 않다.

이처럼 거울 세계는 필요에 따라 메타버스에 현실 세계를 있는 그대로를 투영하기도 하고, 보다 확장된 정보와 결합해 새로운 형태로 투영되기도 한다. 반대로 가상 세계를 현실 세계로 옮겨 오려는 경우도 마찬가지다. 어떤 형태로 발전해나갈지는 아직 아무도 모르고, 또 새로운 시도도 계속 나타나고 있다. 확실한 점은 거울 세계-현실 세계는 서로 끊임없이 교류하며 발전해나갈 것이라는 사실이다. ■

디지털 트윈 성숙도 모델

성숙도 수준	명칭	요구사항	사례
Level 5	자율 디지털 트윈 (Autonomous Digital Twins)	• 현실의 물리 트윈과 디지털 트윈, 또한 다수 디지털 트윈들 간의 실시간, 통합적, 자율·자동 동기화 동작(사람의 개입이 불필요)	
Level 4	상호 작용 디지털 트윈 (Interactive Digital Twins)	• 이종 도메인이 상호 연계되는 디지털 트윈 간의 연합적 동작 모델 • Digital Twins 간의 연계, 동기화·상호 작용 작업 (동작 수행을 위해 사람의 개입이 요구) • 디지털 트윈 간의 데이터 인터페이스 버스(예: Digital Thread)와 동기화를 통해 작용과 반작용의 상호 작용을 할 수 있으나, 최종적인 실행 단계에서 관리자의 확인과 결정을 통한 개입이 필요 • 인터페이스 버스는 물리 트윈의 생애 주기 전체 과정에 걸쳐 디지털 트윈 상호 연동을 위한 데이터 흐름 채널로서 기능함	
Level 3	동적 디지털 트윈 (Dynamic Digital Twin)	• 현실 대상에 대한 동작 모델이 존재함 • 동작 모델에 대한 입력 변수의 변화를 통해 변화되는 동작을 시뮬레이션할 수 있음 • 현실 대상에게 이미 일어난 문제에 대해 로그 데이터를 바탕으로 동작 모델을 통해 문제를 재현하여 원인 분석을 할 수 있음 • 현실 대상과 디지털 트윈은 데이터 링크(예: MTConnect)를 통한 동기화에 따라 작용과 반작용의 상호 작용을 할 수 있으나, 최종적인 실행 단계에서 관리자의 확인과 결정을 통한 개입이 필요할 수 있음 (시스템의 안정성과 신뢰성을 보장할 수 없는 경우에 사람의 개입이 반드시 필요)	CAE, Digital Factory, Virtual Singapore, HILS, CPS 등
Level 2	정적 디지털 트윈 (Static Digital Twin)	• 구축 때 설치되고, 고정돼 있고, 재구축 때 외에는 사실상 영구적인 통신 연결 • 행동·역학 모델은 없지만, 프로세스 논리가 적용돼 운영 • 실시간 모니터링 • 부분 자동 제어, 그러나 주로 인간의 개입을 통한 동작	SCADA, DCS, CAM 등
Level 1	형상 모사 디지털 트윈 (Look-alike Digital Twin)	• 2D 또는 3D로 모델링돼 시각화된 현실	CAD 등

*자료: 한국전자통신연구원

실재감 · 동시성 · 상호 운영성 핵심
함께 어울리며 소통하는 친구들 중요

박태준 정보통신기획평가원 기술정책단 책임

메타버스를 구성하는 ICT 기술 발전은 가속화되고, 산업적인 활용도 빠르게 확산되면서 메타버스는 진화를 거듭하며 급속도로 확장 중이다.

메타버스는 일방향으로 발전하는 것이 아니라, 바닥에 물이 퍼지듯 다방향으로 변화무쌍하게 진화해나가고 있는 것으로 충분히 이해하고 있길 바란다. 폴란드 사회학자 지그문트 바우만(Zygmunt Bauman)이 현대를 예측 불가능한 위험 사회로 보고 '액체 근대(Liquid Modernity)'라는 저서를 내놓으며 거의 무방비에 가까운 절망적 상황에 대해 경고한 바 있지만, 미래로 연결해줄 기술과 관련된 액체적인 혁신의

확산성, 그 유동성 있는 변화 가능성에 대한 대비가 절실하게 필요하다.

기술적으로 진화하는 메타버스 어떤 특징?

지금 당장 물이 어떻게 퍼진다고 예측하는 것이 쉽지 않은 것처럼, 메타버스의 혁신에 대해서 어떤 전문가도 언제까지 어떤 형태로 올 것이며, 어떻게 확산될 것이라 속단하고 그 범위와 한계를 규정하지는 못한다. 오히려 그 반대로 메타버스에 대한 모든 가능성을 열어두며 변화를 맞이할 준비를 하고 있다는 것이 맞는 표현이겠다. 다만, 혁신이 창출되기 위한 여러 가지 메타버스의 특징들이 관측되는 바, 이를 식별하

아바타 형태 고유한 신원
몰입감 · 풍부한 즐길 머리
언제 어디서나 접속
안전한 이용 환경 등

는 데 어느 정도의 공감대는 갖고 있는 것으로 보인다.

국내에서 대표적으로 언급되는 것은 김상균 장원대 교수(2021년)의 SPICE 모델이다. ⓢ 연속성(Seamlessness), ⓟ 실재감(Presence), ⓘ 상호운영성(Interoperability), ⓒ 동시성(Concurrence), ⓔ 경제 흐름(Economy) 등의 앞 글자를 따서 메타버스의 특징을 'SPICE' 모델로 명명했다. 또한 대표적인 메타버스 기업으로 손꼽히는 로블록스의 CEO 데이비드 바스주키(David Baszucki)는 자사의 사례를 들어, 메타버스의 특징을 8가지로 구체화해 설명했다. 그에 따르면, 메타버스 세계는 아바타 형태의 고유한 신원을 갖게 되며(Identity), 함께 어울리며 소통하는 친구들이 있고(Friends), 기술과 참여형 경험으로 몰입감을 제공하고(Immersive), 어디에서나 존재해 원할 때 접속이 가능하며(Anywhere), 손쉬운 이용 경험을 제공하기 때문에 진입장벽이 낮고(Low Friction), 이용자의 즐길 거리가 풍부해야 하고(Variety of Content), 메타버스 세계 고유의 경제 시스템이 작동하며(Economy), 법

메타버스 7대 핵심 요소

1. 메타버스는 영속적이다(Be persistent). 결코 리셋(Resets)되거나, 중단(Pauses)되지 않으며, 종료(Ends)되지 않고 영구히 지속된다.

2. 메타버스는 동시성을 갖고 있으며 실시간으로 진행된다(Be synchronous and live). 사전에 계획된 제한적인 이벤트가 발생하더라도, 메타버스의 세계에서는 현실 세계와 마찬가지로 누구에게나 실시간적이며 일관된 경험을 제공한다.

3. 메타버스는 동시 접속자에게 어떤 제약도 없으며, 각 사용자에게는 개별적인 실재감을 제공한다(Be without any cap to concurrent users, while also providing each user with an individual sense of "presence"). 누구든지 메타버스 세계의 일부가 될 수 있고, "동시에, 또는 독립적으로" 특정한 이벤트나 장소, 활동에 함께 참여할 수 있다.

4. 완전하게 기능을 하는 경제를 구현한다(Be a fully functioning economy). 개인과 사업체는 메타버스 내에서 창작, 소유, 투자, 판매 등의 활동이 가능해야 하며, 다른 사람들에 의해 인정받는 "가치(value)"를 창출하는 "일(work)"은 광범위하게 보상받아야 한다.

5. 메타버스는 확장의 경험이다(Be an experience that spans). 구체적으로 디지털-현실 세계 간의 확장, 사적-공적 네트워크·경험의 확장, 개방-폐쇄적 플랫폼의 확장 등의 경험이라고 할 수 있다.

6. 메타버스는 전례 없는 상호 운영성을 제공한다(Offer unprecedented interoperability). 데이터, 디지털 자산(아이템), 콘텐츠 등은 상호 운영적인 경험을 제공해야 한다. 예를 들면, '카운터 스트라이크' 게임에서 획득한 총 스킨은 다른 게임인 '포트나이트'에서 총을 꾸미는 데 사용하거나, SNS 플랫폼 '페이스북'의 친구에게 선물을 할 수도 있을 것이다.

7. 메타버스는 굉장히 다양한 범주의 기여자들에 의해 콘텐츠와 경험 등이 만들어지고 운영된다(Be populated by "content" and "experiences" created and operated by an incredibly wide range of contributors). 기여자들 중 일부는 독립적인 개인이며, 다른 사람들은 상업적 목적을 가진 기업 또는 비공식 단체일 수 있다.

각 영역 기술 비약적 발전
초고속, 초저지연,
초연결 가능
메타버스 세계 도래
당겨질 듯

과 규범, 최소한의 규제 내에서 작동 가능하도록 안전한 이용 환경을 제공(Safety)해야 한다고 정의했다.

매튜 볼, 美 메타버스 투자의 귀재 그가 제안하는 메타버스의 세계

매튜 볼(Matthew Ball)은 오늘날 메타버스의 선구 주자라고 할 수 있다. 그는 메타버스 트렌드가 전 세계를 강타하기 이전, 메타버스에 대한 에세이 '메타버스 프라이머(The Metaverse Primer, 2018년)'로 누구보다 빠르게 그 가능성을 예견한 인물 중 한 명이자, 세계 최초로 메타버스 ETF(상장지수펀드)를 만들어 주목받은 인물이다. 정확하게는 메타버스의 성과를 추적하기 위해 세계 최초로 'Ball Metaverse Index'라는 기초지수를 설계한 인물

메타버스의 부상 배경

기술적: 기기-플랫폼-네트워크 성장	경제적: 산업 급성장 전망
• 2015년 삼성 기어 VR, 2016년 페이스북 오큘러스와 HTC의 Vive 등을 선두로 VR 기기가 상용화되기 시작했으며, 2010년대 후반 고도화 • 2010년대 중반 이후 유니티(Unity)를 비롯해 아마존 수메리안(Sumerian), 구글 폴리(Poly) 툴킷 등 AR·VR 콘텐츠 개발 플랫폼 증가 • 2019년 5G 상용화로 지연(latency) 문제를 감소시킬 수 있는 네트워크적 환경 마련 • 가트너(Gartner)는 오는 2022년 이후 몰입형 디스플레이에 대한 수요가 급증하여 관련 기술의 대중화 단계에 이를 것으로 예상	• 액센츄어(Accenture)는 2019년 XR 기술이 2023년까지 급성장할 것으로 전망 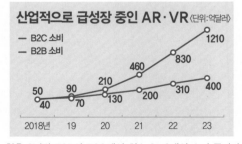 • 향후 3년간 B2B와 B2C에서 최소 2~3배의 소비 증가가 예상되면서 국가·민간 투자 활성화 추세

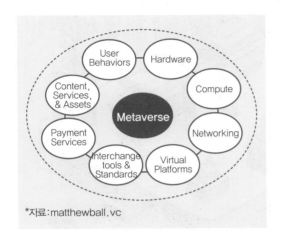

*자료:matthewball.vc

기 위한 네트워킹 기술(Networking), 다양한 경험·콘텐츠 제공이 가능한 가상의 플랫폼(Virtual Platforms), 메타버스의 생성과 운영, 지속적인 개선을 지원하도록 하는 도구·표준(Interchange Tools & Standards), 디지털 페이먼트 서비스의 구현(Payment Service), 사용자 데이터나 ID에 연결된 디지털 자산을 보장하는 시스템(Content, Services, & Assets), 메타버스를 가능하게 하는 원칙·철학을 포함하는 사용자 행동(User Behaviors) 등이 필요하다는 게 그의 주장이다.

그가 제안하는 프레임워크에서 눈에 띄는 부분은, 각 영역에서의 기술이 최근 비약적으로 발전하고 있다는 사실이다. 이를테면, 하드웨어 부문에서는 지능형 반도체 기술이 눈에 띄게 고도화되고 있으며, 이를 생산하는 공정기술도 3나노 단위 수준까지 양산할 수 있는 단계로 진입하고 있다. AI 활용을 통해 엄청난 고성능의 연산까지도 지원 가능한 컴퓨터가 개발되고 있으며, 네트워킹 또한 5G의 상용화가 이뤄지며 초고속, 초저지연, 초연결이 가능한 시대가 됐다. 그 밖에 블록체인이나 가상화 등의 기술도 앞으로 더욱 대중적이며 상업적으로 활용될 것이라 예상된다.

이처럼 다양한 분야에서 복잡다기한 다양한 요소의 기술 발전이 빨라지면 빨라질수록 우리가 예상하는 메타버스 세계가 도래하는 시기도 점점 더 앞당겨질 것이다. ■

이다. 그가 없었다면 메타버스 ETF가 만들어지지 못했을 수도 있다.

그가 생각하는 메타버스는 어떤 것일까? 만약 메타버스에 더욱 관심을 가진 독자라면, 매튜 볼의 개인 홈페이지(https://www.matthewball.vc)에 들어가 그의 에세이를 읽어보기를 권한다. 총 9개 챕터로 구성돼 있으며, 메타버스에 대한 개인적인 견해를 상세하게 설명해놨다. 여기서는 그가 제안한 메타버스를 구성하는 프레임워크와 핵심 요소에 대해 간략하게 살펴보기로 하자.

그는 메타버스 세계를 구성하는 데 있어, 총 8개의 기술적인 인에이블러(Core Enabler)가 있다고 생각했다.

먼저 메타버스를 구현하기 위해서는 메타버스에 접속하기 위한 물리적 장치로서의 하드웨어(Hardware), 메타버스를 구현하기 위한 컴퓨팅 기술(Compute), 가상 세계에 연결하

4 메타버스가 돈 된다

두나무 '세컨블록'서 재능 아이템처럼 거래
아이템 사고파는 거래소 몸값 높아져

박수호 매경이코노미 기자

국내 최대 암호화폐 거래소 업비트 운영사 두나무가 자체 메타버스 서비스 '세컨블록'을 2021년 12월 공개했다. 가상 공간 속 아바타(캐릭터)로 소통하고 가상 공간에서 아바타들이 가까워지면 화상 통화도 가능하다. 함께 유튜브 영상을 시청하거나 화이트보드를 보며 회의도 할 수 있다.

특히 이때 눈여겨볼 점은 아이템 거래다. 세컨블록 서비스에 가입하면 사용자 개인 공간인 '마이블록'이 주어진다. 마이블록의 링크를 공유해 친구를 공간에 초대할 수도 있고 블록 꾸미기 아이템을 사서 선물하거나 거래할 수 있다.

두나무 관계자는 "대체

**메타버스 안에서 아바타로
회사 생활도
NH투자증권도 메타버스
생태계 만들어**

불가토큰(NFT) 거래 서비스인 '업비트 NFT'와 세컨블록 간 시너지도 모색할 계획이다. 이용자가 직접 콘텐츠를 제작하고 이를 판매할 수 있는 시스템을 개발해 세컨블록 내 콘텐츠 생산, 거래, 가치 창출 활동이 이뤄지게 할 예정"이라고 말했다. 마케팅 노하우 등 직무·재테크 강연 등을 거래·공유하는 크몽, 숨고 같은 재능 거래 플랫폼이 메타버스 아이템 거래 플랫폼으로 진화한다고 볼 수 있다.

SK스퀘어는 2021년 11월 국내 암호화폐 거래소 '코빗'에 약 900억원을 투자해 35% 지분을 취득, 2대 주주에 올랐다. 카카오 계열 넵튠의 자회사이

자 3D 디지털 휴먼 제작 기술을 보유한 온마인드에는 약 80억원을 투자했다.

SK스퀘어 관계자는 "NFT를 활용해 자사 메타버스 서비스인 '이프랜드'를 P2E 플랫폼으로 키울 것이다. 코빗은 NFT 거래 마켓과 메타버스 가상자산 거래소 '코빗타운'을 운영 중이다. 이용자의 참여가 중심이 되는 메타버스 서비스인 만큼 가상 공간에서 활동하면서 실제 경제 활동처럼 돈도 벌 수 있는 'P2E' 요소를 접목할 수 있다"고 밝혔다. SK스퀘어는 이프랜드와 코빗타운의 메타버스-가상자산 거래소 연동으로 이프랜드 이용자가 가상 재화를 손쉽게 구매하거나 거래할 수 있게 만들 것이라고 밝혔다.

회사 관계자는 "메타버스 생태계 안에서 이용자들이 아바타, 가상 공간, 음원, 영상 등 다양한 가상 재화를 거래하는 경제 시스템을 만들고, 가상자산 거래소와 연동해 언제든 가상 재화를 현금화할 수 있는 환경을 구축하는 방안도 검토하고 있다"고 밝혔다.

이처럼 메타버스는 하나의 아이템 거래 시장으로서 가능성이 상당히 높다.

암호화폐 '테더' 공동창업자 윌리엄 퀴글리는 "메타버스가 향후 수년 내 인간의 삶을 크게 변화시킬 전망이다. 아이템 판매가 게임의 주요 수익 모델인 것처럼 NFT도 메타버스의 주요 수익 모델이 될 것"이라고 말했다.

이미 해외에서는 이런 사업 모델이 자리 잡은지 오래다. '샌드박스' 게임을 예로 들면 특별히 정해진 규칙 없이 플레이어가 자유롭게 게

국내 최대 암호화폐 거래소 업비트 운영사인 두나무가 자체 메타버스 서비스 '세컨블록'을 2021년 12월 공개했다. (두나무 제공)

임을 하는 가운데 게임상에서 아이템과 토지 등이 NFT 형태로 발행되고 거래된다. 이 와중에 자산 가치 상승과 하락으로 수요와 공급이 조절되고 있다. 아울러 샌드박스에서는 메타버스 내 화폐인 샌드를 스테이킹(코인의 유동성을 묶어두는 대신 이자를 받는 행위)해 각종 보상을 받는 수준까지 진화했다.

금융권으로도 확산

메타버스는 엔터, 게임 업계에 국한될 것이라는 예상과 달리 다양한 분야로 확대되고 있다. 이때 '아이템 거래'가 회원 유입을 독려하는 중요한 요소로 떠오르고 있다.

핀테크 전문 기업 핑거의 금융 메타버스 플랫폼 '독도버스'가 대표적이다. 2021년 11월 말 사전 가입을 시작했는데 하루 만에 3만명을 끌어모았다. 주요 이유 중 하나는 아이템 거래. '독도버스'는 메타버스 환경에 구현된 독도를 배경으로 아바타(고객)가 게임을 하면서 자산을 모으고 이를 투자하거나 거래할 수 있는 최초의 금융 메타버스 플랫폼을 표방한다.

독도버스의 도민권은 NFT가 적용돼 소유권이 확실히 보장되며 재판매도 가능하게 설계됐다. 독도버스 도민권(NFT)을 소유한 이용자는 토지를 보유하고 건물도 지을 수 있다. 판매도 가능하다. 또 독도버스 내 재화인 '도스 (DOS · Dokdo Synchronizer)'를 통해 모든 사용자는 아이템 등을 구매하거나 퀘스트 등을 수행해 적립할 수 있다.

회사 관계자는 "도스는 다른 사용자와 거래할 수도 있고 독도버스와 연계된 금융 서비스와도 연동돼 메타버스가 아닌 실생활에서도 유용하게 활용할 수 있다. 아이템 거래를 고객들이 매력적으로 받아들이는 것 같다"고 밝혔다.

NH투자증권도 자체 메타버스 플랫폼 'NH투자증권 메타버스'를 통해 기본 제공하는 캐시 3만점으로 개성 있는 아이템을 구매해 나만의 아바타를 꾸밀 수 있게 하는 등 금융권 메타버스 경쟁 대열에 참가했다.

아이템 거래 뜨자 몸값 높아진 거래소

더불어 아이템 거래가 메타버스의 중요한 수익 모델로 인식되면서 주요 기업의 거래소 몸값이 덩달아 높아지는 분위기다. SK스퀘어의 코빗 투자 외에도 위메이드가 500억원을 들여 빗썸코리아의 최대주주 비덴트의 2대 주주가 된 것도 이와 무관치 않다. 게임빌도 이 대열에 뛰

두나무, BTS 소속사 하이브 주식 취득 거래소가 NFT 사업 진출에 용이

핀테크 전문 기업 핑거가 만든 금융 메타버스 플랫폼 '독도버스'.
(독도버스 공식 홈페이지 캡처)

어들었다. 게임빌 자회사 게임빌플러스는 코인원 지분을 추가 취득해 2대 주주로 떠올랐다. 코인원은 게임빌이 준비하고 있는 NFT 서비스에 로그인 연동, 채널링, 기술 부분에 협력하기로 했다.

암호화폐 거래소에서는 이미 코인 거래가 되고 있고 여기에 더해 NFT 거래까지 신사업으로 추가하는 분위기다. 메타버스 사업자 입장에서는 거래소에 투자하고 NFT, 아이템 거래 활성화에 거래소 플랫폼을 활용할 수 있도록 미래 사업을 그릴 수 있다. 이미 두나무는 '업비트 NFT'를 통해 원화, 비트코인(BTC)으로 NFT 거래를 지원한다.

김석집 네모파트너즈POC 대표는 "게임 회사는 게임 아이템을 NFT화해 거래를 지원하는 사업 모델을 많이 구상하고 있는데 아무래도 가상자산 거래소들과 협력하면 거래 수단으로 가상자산을 지원하기 용이하고 로그인 연동 등을 통해 빠르게 이용자를 흡수할 수 있다. 또 두나무가 2021년 11월 제3자 배정 유상증자 방식으로 방탄소년단(BTS) 소속사 하이브 주식 230만2570주를 취득한 것도 눈여겨 봐야 한다. 이미 하이브는 BTS 아이템 거래 생태계를 구축해뒀다. 이에 더해 NFT 사업도 전개하고 있다. 그런데 두나무가 하이브 지분 5.57%를 보유하고 하이브도 같은 방식으로 두나무에 5000억원을 투자하면서 하이브 내 아이템 거래가 두나무로 옮겨 올 수 있는 발판이 마련됐다. 이런 사업 모델이 성공하면 앞으로 거래소 몸값은 더욱 높아질 수 있다"고 내다봤다.

비샬 샤 메타(옛 페이스북) 메타버스 총괄 임원은 2021년 말 매일경제와의 인터뷰에서 "앞으로 10년 뒤 10억명의 사람이 메타버스를 이용하고, 수천만 명의 크리에이터가 메타버스 속에서 수천억달러 규모의 비즈니스 기회를 만들어내는 것을 보고 싶다"고 전망했다. ■

'윤스테이' 보고 구례군 매입, 수익률 160%
매매는 잘 안 되고 현금화 어려워 '흠'

박수호 매경이코노미 기자

가상의 지구에서 부동산을 구매한다?

제2의 지구, 즉 'earth2'라는 이름의 게임이 있다. 가상 부동산이지만 그래도 평소 갖고 싶은 땅을 살 수 있다는 얘기에 무작정 접속해봤다. 과연 메타버스 게임이라 할 만하다. 실사와 가상이 딱 적당히 버무려져 있다.

'어스2'는 온라인 공간에 구현한 가상 지구에서 가로·세로 각 10m 크기로 나눈 땅(타일)을 자유롭게 사고팔 수 있게 설계돼 있다. 미국 뉴욕, 프랑스 파리, 한국 서울까지 명소는 1년 만에 가격이 수십 배나 오를 정도로 인기를 끌었다.

물론 가상의 땅을 샀다고 해서 현실 세계에서까지 내 땅이 되는 것은 아니

> 어스2 이용자 국적 1위는 대한민국
> 매경미디어그룹 본사는
> 알고 보니 인도인 소유

다. 장난스러운 게임처럼 보이지만 사람들이 쓰는 돈은 장난이 아니다. 2021년 4월 1일 기준 거래량 순으로 보면 미국 이용자의 자산 가치는 총 3215만달러, 이탈리아가 810만달러, 게다가 한국도 745만달러에 달한다. 개인투자자 중 한 이용자는 26만1062달러 상당의 부동산을 소유하고 있었다.

9월 초가 되면서 이 순위는 완전 바뀌었다.

'어스2' 이용자들의 전체 가상 토지 가산 가치는 2000억원을 훌쩍 넘겼다. 9월 8일 기준 '어스2'의 국가별 자산 규모에 따르면, 한국 국적 투자자의 가상 부동산 자산 규모는 106억9334만원으로 전체 국가 순위 중 2위를 차지했다. 그러더

니 12월 초 국가별 이용자의 자산 규모에서 한국 이용자 자산이 1063만달러(약 125억원)를 돌파하며 기어이 1위에 올랐다. '부동산 불패 신화를 굳건히 믿는 나라'답다.

직접 사볼까?

기자가 이 게임에 접속한 것은 2021년 3월. 어스2의 부동산 가격은 게임 초창기만 해도 타일당 0.1달러였다. 그런데 3월 당시에도 이미 꽤 많이 올라 있었다. 2021년 3월 한국 땅은 타일당 14달러대, 미국 땅은 53달러, 일본은 6달러대에 거래됐다.

매경미디어그룹 본사 건물부터 들여다봤다. 이미 웬 인도인이 매일경제신문사 본사는 물론 일대 171타일(1만7100㎡) 규모 땅을 소유하고 있었다. 2020년 말 99달러였던 이 일대 땅은 3월 말 기준 2491달러까지 올라 있었다. 비슷한 시기 청와대도 찾아봤다. 중국인 소유였다. 560타일(5만600㎡) 가격은 7500달러를 호가했다. 그러던 것이 2021년 12월로 가니 또 가격이 껑충 뛰었다. 매경미디어센터 일대인도 국적의 땅 주인은 횡재를 맞은 듯했다. 12월 초 기준 6735달러로 3월 대비 2배 이상 뛰었다. 청와대 가격 상승세는 말할 필요도 없다. 현실 정권이라면 국민의 비판 여론이 극에 달했을 것으로 미뤄 짐작된다.

다시 시계를 2021년 3월로 돌이켜보자. 당시 접속해서 땅을 사뒀던 기자의 성적표는 어떨까.

kst147799님 외 여러 명이 좋아합니다
metaverse2_kr Seoul,
the main city of South Korea is opening for business

👉More details available at
https://www.metaverse2.com/

8월, 두번째 거래 가능 지역의 오픈

자랑스런 대한민국의 최대 도시,
바로 서울입니다!

8월 사전 예약을 통하여 또 하나의 지구를
가장 먼저 경험해보세요.
'어스2'보다 이용하기 쉽게 만든 가상 부동산 게임 '메타버스2'. (메타버스2 인스타그램 공식 계정)

일단 소심하게 100달러를 어스2의 안내에 따라 신용카드로 긁어 자금을 마련했다. 그러고는 '뭘 살까' 고민했다. 정말 이때만큼은 마음이 뿌듯했다. 헐값에 내가 좋아하는 땅을 살 수 있으니.

당시 TV에서는 '윤스테이'가 인기였다. 윤여정 배우가 다른 연예인들과 한곳에 기거하며 손님상을 차리는 예능 프로그램이었다. 특히 전남 구례 쌍산재에서 외국인 손님을 상대로

가상 부동산을 사고파는 메타버스 게임 '어스2'. (어스2 홈페이지 캡처)

음식을 대접하는데 그렇게 장소가 예뻐 보일 수가 없었다. 쌍산재는 장수마을로 유명한 상사마을에 위치한 고택. 한옥, 정원, 마당이 멋스럽게 어우러져 전통 가옥의 정취를 느낄 수 있다.

일단 구글을 통해 쌍산재를 검색한다. 그럼 구글 지도에서 경도와 위도가 나온다. 이를 어스2 검색창에 옮기고 엔터 버튼을 누른다. 엥? 한국 국적의 누군가가 벌써 일대를 샀다. 방송에 나왔던 기와집과 앞마당까지 다른 사람 소유였다. 기웃거리다가 별채 2칸은 아직 아무도 소유하고 있지 않다는 것을 알게 됐다. 특히 뒤뜰 서당채는 대나무, 동백나무 숲길이 유독 멋졌다.

뛸 듯이 기쁜 마음을 가라앉히고 서당채와 또 다른 별채 등이 담긴 타일을 각각 낙점, 총 2타일을 29.31달러에 매입했다. 그리고 2021년 12월 2일. 다시금 '어스2'에 접속해보고 입

을 다물 수가 없었다. 12월 2일 기준 구례 쌍산재 별채 2타일의 가치는 79.01달러에 달했다. 약 169%가 올랐다는 말이다.

판매는 감감무소식

문제는 거래다.

2021년 연초만 해도 '어스2'에서 거래를 성사하고 돈도 벌었다는 온라인 글을 여럿 봤다. 그런데 최근에는 좀 불길하다. 매입은 쉬운데 거래는 잘 안 된다는 얘기가 여기저기서 들린다. 비슷한 시기 '어스2'에 접속해 부산 해운대 엘시티 정문 진입로 입구 일대에 땅을 조금 사둔 동료 기자도 사정은 마찬가지다. 비슷한 시기 170%의 상승률을 보여 매물로 내놨는데 사겠다고 오는 이들이 전혀 없다고 푸념이다. 15% 이상 가격을 내려서 매물로 내놔도 안 팔린다는 사람도 있다.

재밌는 것은 매물은 소화가 안 되지만 같은 기간 시세, 즉 자산 가치는 또 오르고 있다는 점이다. 그냥 '기대감을 버리고 투자금을 날린 셈 치자'는 사람들이 주변에 하나둘 생기고 있다는 점도 불길하다.

현금화하는 방법을 알아보다가 그냥 '접자' 싶기도 하다. 본사로 이메일을 보내야 하는데 계좌번호 등 그들이 요구하는 것을 하나라도 틀리면 입금이 안 된다는 체험기가 블로그마다 넘쳐난다. 대략 난감이다. '그냥 메타버스 공부했다 치자'라고 마음을 다잡게 되지만 아

까운 100달러를 생각하면 속이 쓰린 것은 어쩔 수 없다.

최근 한국에서는 '어스2' 대항마로 '세컨서울' '메타버스2'라는 부동산 게임이 나왔다. '메타버스2'는 회원가입 후 간단한 인증 절차만 거치면 계좌이체로 가상 계좌에 입금해 부동산

쇼핑(?)을 곧바로 할 수 있단다. '성격 급한 한국 사람에게 딱이다' 싶다. 하지만 '어스2' 악몽이 여전히 있다. 당장 가입하기는 꺼려진다. 혹시 아나? '메타버스2'로 누가 큰돈 벌었다는 소식이 들리면 또다시 회원가입하면서 거기서도 '쌍산재'부터 구매할지? ■

가상 부동산 거래 플랫폼 '세컨서울(2nd Seoul)'도 후끈

사전 신청 접수 하루 만에 타일 6만9300개 완판

11월 18일 사전 신청 접수 개시 24시간 만에 타일 6만9300개 모두 완판.

메타버스 부동산 플랫폼 '세컨서울' 얘기다. 세컨서울은 실제 서울 지역을 수만 개의 타일로 나눈 뒤 소유할 수 있게 만들었다.

회사 관계자는 "투자자 플랫폼을 오픈한 뒤 2022년 6월 소비자 플랫폼, 2022년 말에는 소상공인 플랫폼을 오픈하며 단계적으로 서비스를 확장해나갈 계획"이라고 밝혔다.

이미 사전 신청만으로도 투자 열기는 후끈했다. 현실에서도 인기 지역이자 높은 부동산 가격을 보이고 있는 광화문과 강남·서초 일대, 마용성(마포·용산·성동), 한남동 등 서울 도심지는 빠르게 마감됐다.

회사 관계자는 "세컨서울 프로젝트는 단순히 가상의 서울을 메타버스로 구현한 것이 아닌 실제 서울에 살아가는 서울 시민과 소상공인들이 연결된 플랫폼을 목표로 하고 있다"며 "사전 신청자들과 토지 투자자들은 투자자 플랫폼 오픈 이후에 NFT(대체불가능토큰) 형태의 서울 토지를 거래할 수 있다"고 소개했다.

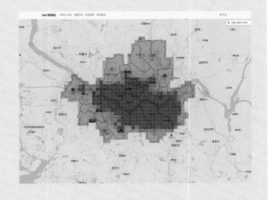

세컨서울의 개발사 엔씨티마케팅은 2021년 8월 설립된 엔비티의 100% 자회사다. 엔비티는 '캐시슬라이드' 등을 만든 곳으로 지난 1월 코스닥에 상장했다.

이상헌 하이투자증권 애널리스트는 "2022년에는 B2B 부문 매출 상승으로 인한 영업 레버리지 효과 본격화로 수익성 개선이 가속화될 수 있을 뿐 아니라 메타버스 플랫폼으로서의 성장성 가시화 등으로 기업가치가 올라갈 것"이라고 분석했다.

NFT 예술 작품 가격 연일 신기록
장콸 순수미술 작품 2억5000만원

박수호 매경이코노미 기자

NFT는 메타버스와 떼려야 뗄 수 없는 존재다. 대체 불가능하다는 장점 덕분이다. 그래서 토큰 이름에도 '대체 불가능(Non-Fungible Tokens)'이라는 뜻이 담겼다. 이는 희소성을 생명으로 하는 예술품의 속성과도 잘 맞는다. 특히 예술품 NFT는 가상현실 속에서도 예술성, 작품성을 인정받을 수 있다는 점에서 메타버스 속성을 지녔다고 볼 수 있다. 그러다 보니 게임 속 캐릭터가 NFT 거래소는 물론 가상자산 거래소에서도 속속 거래가 되는 등 점차 예술품 NFT 자체가 하나의 메타버스 생태계를 이루기 시작했다.

세계 최대 NFT 플랫폼 '오픈씨(OpenSea)'는 20년 7월만 해도 NFT 거래량이 100만달러(약 11억9598만원) 정도였지만 2021년 7월 3억달러(약 3587억원)로 성장했다. 거래량 역시 20배 이상 늘어났다. 예술품 NFT는 물론, 디지털 수집품, 이더리움 기반 게임 아이템 등 다양한 자산을 경매 등의 방식으로 거래한다. 한정된 수량의 디지털 파일(이미지, 음악, 영상 등)도 판매 대상이다.

거래 가격도 상상을 초월한다.

2021년 들어 NFT 디지털 예술 작품은 연일 신기록을 갈아치우고 있다. 2021년 3월 디지털 아티스트 비플이 NFT로 만든 작품 '매일: 첫 5000일'이 6930만달러(약

> **NFT 예술품은 커뮤니티 내에서 서로 자랑하는 '밈 문화'가 주류 실물 작품은 저가로 거래… NFT는 초고가 역전 현상도**

783억원)에 판매되며 신기록을 세웠다. 같은 해 6월 소더비 경매에 나온 작품인 '코비드 에일리언'은 1170만달러(약 139억9000만원)에 판매됐다.

이런 생태계가 만들어지면서 익명의 투자자들이 조합을 이뤄 서로의 소장품을 과시하고 이를 소셜미디어는 물론 커뮤니티에 '인증샷' 형태로 올리는 '밈 문화'가 형성되고 있다. 특히 '비플'의 작품을 소유한 익명의 소장자들은 자신의 소장품 자랑에 전혀 거리낌이 없다.

전통의 경매 업체 소더비, 크리스티 경매 낙찰자가 대부분 비공개를 선호하는 문화와는 대조적이다. 예술품

희소가치가 높은 NFT는 고가에 팔려 나가기도 한다. 사진은 783억원에 팔린 비플 NFT 콜라주 '매일: 첫 5000일' 중 한 작품. (크리스티 경매 제공)

NFT가 확산되는 원인은 이와 같은 '메타버스'스러운 문화 때문이라는 주장이 설득력을 얻는다.

한재선 그라운드X 대표는 "예술품 NFT는 결국 NFT를 거래하는 익명의 사람들 사이에서 '플렉스' 즉 과시할 수 있는 수단으로 자리매김하는 분위기다. 따라서 단순히 종전 미술 작품을 디지털로 변환한 작품보다는 메타버스 속성을 갖춘 커뮤니티 내에서 '남들이 갖지 못할 만한 희소성 있는 예술품' 대접을 받는 NFT를 중심으로 값이 치솟고 있다"고 분석했다.

국내에서도 수억원대 작품 쏟아져

실제 2021년 하반기 업비트에서 NFT 거래 플랫폼 '업비트 NFT' 첫 경매로 내놓은 아티스트 장콸의 순수미술 작품은 낙찰가 2억5000만원을 넘

유명인들도 NFT 제작에 뛰어든다. 사진은 배우 하정우가 제작한 NFT 작품. (표갤러리 제공)

겼다. 장콸의 'Mirage cat 3' 작품은 잉글리시 옥션 방식으로 진행됐는데 시작가 0.0416BTC(비트코인)에서 최종가 3.5098BTC로 마감됐다.

업비트 관계자는 "잉글리시 옥션은 최저 호가에서 경매를 시작해 최고 호가 매수 희망자에게 매도하는 방식이다. 검증된 NFT를 경매하는 '드롭스(Drops)' 부문에서 1호 작품으로 내놨는데 그 상징성 덕분에 높은 가격에 낙찰된 것으로 보인다. 890만 업비트 회원과 창작자를 연결해 창조적 잠재력을 디지털로 실현하는 플랫폼으로서 앞으로 더 많은 창작자들이 잠재적 가치를 인정받게 되는 무대를 제공할 것"이라고 밝혔다.

해외 유명 게임 NFT, 예술품 NFT를 국내에 들여와 경매 방식으로 거래하는 곳도 생겼다. 크립토키니, 엑시인피니티, 크립토펑크 등은 이더리움에 기반한 유명 게임 NFT, 예술품 NFT를 유통하는 곳으로 이름이 높다. 다만 이들 NFT를 수급하기가 쉽지 않다. 또 해외에서 자기 브랜드를 쌓고 싶어 하는 작가와 아티스트가 많은데 이들 작품을 쉽게 거래할 수 있는 터전도 적은 게 현실이다. 국내 NFT 거래소 '미르니'는 이와 같은 해외 NFT 거래소 유통 NFT를 국내에 가져다 거래할 수 있게 한 반면 국내 작가 NFT를 해외 코인을 이용해 팔 수 있도록 하고 있다. 그 덕분에 2021년 출범 6개월 만에 사용자 수 1만3000명을 모았다.

네이버 계열 벤처캐피털(VC)인 스프링캠프로부터는 투자도 유치했다.

미르니 관계자는 "크립토키니와 엑시인피니티, 크립토펑크 등 이더리움에 기반한 유명 NFT를 세계에서 통용되는 이더리움, 솔라나, 샌드박스 등으로 거래할 수 있는 NFT 거래소"라고 소개했다.

인공지능이 NFT 그림 그리는 시대

메타버스 공간에서는 AI(인공지능) 화가의 작품도 조만간 팔리는 시대가 올 가능성이 높다. 2021년 말 CJ올리브네트웍스가 선보인 '에어트(AiRT)'를 통해서다. CJ올리브네트웍스는 예술 작품에 AI 기술을 접목해 새로운 창작물을 만들어내는 AI 아트워크 플랫폼 '에어트'를 선보였다.

회사 관계자는 "AI가 작가의 화풍을 학습해 채색되지 않은 다른 작품에 작가의 특성이 반영된 컬러와 질감을 부여하는 AI 채색 기술 '에어트 페인터(AiRT Painter)', AI가 작가의 연작 작품을 학습해 연작을 새롭게 생성하는 '에어트 프로듀서(AiRT Producer)' 기능이 탑재돼 있다. 에어트를 통해 영상물 형태의 미디어 작품 창작도 가능하다"고

밝혔다.

실제 에어트는 국내 대표 수묵 산수화 작가인 류재춘 화백의 유명 작품을 에어트 기술을 적용해 NFT 발행을 추진하고 있다. 작가 화풍을 유지하면서 AI의 새로운 표현 기법을 더해 독특하고 창의적인 작품이 나올 것으로 예상되는데 이런 기조라면 NFT 공급량은 더욱 늘어날 수 있다는 예상이 가능하다.

NFT 버블 주의보도

장콸의 기존 실물 작품은 작품당 300만~400만원대에 거래되고 있다. 업비트에 등재된 이후 수억원대에 거래되면서 종전 미술계 종사자들은 놀라움과 우려를 동시에 내비치고 있다.

'지금 팔리는 것들의 비밀'의 저자 최명화 블러썸미 대표(서강대 교수)는 "아예 새로운 장르라면 모르겠지만 종전 작품 경향에서 크게 벗어나지 않는데 실물 작품과 가격 차이가 있다면 이는 거품이라고 볼 수 있다. NFT가 초창기다 보니 다양한 시도가 일어날 수 있다는 것은 알겠지만, 투자를 넘어 투기 광풍으로 비쳐지면 향후 작품 거래에도 좋은 영향을 끼치기는 어렵다"고 진단했다. ■

CJ올리브네트웍스, AI 기술 접목해 그림 내놓기도 배우 하정우가 제작한 NFT는 순식간 '완판'

가상 인간 '로지' 메타버스에선 우주대스타
현대차, 제페토에서 '쏘나타 N' 신차 발표

박수호 매경이코노미 기자

메타버스가 또 하나의 거대한 광고 시장이 되고 있다. 가상 공간에서 활동하는 이들 역시 상점에 들어가 쇼핑을 하고 패션쇼에 가고 콘서트에 참석하기도 하기 때문이다. 일단 사람들이 많이 몰리고 또 주목도가 높아지고 있다는 점, MZ세대(1980~2000년대 초에 태어난 세대) 등 잠재 고객군이 많아지고 있다는 점 등도 메타버스 생태계를 거대한 광고 시장으로 인식하게 하는 배경이다. 이를 활용해 새로운 사업 모델을 도모하는 업체도 점차 늘고 있다.

가상 인간 전성시대

2021년 8월 신한라이프 광고 모델이 화제가 됐다. 자유롭게 춤추며 찡긋 미소 짓는 여성 광고 모델이 등장했는데 진짜 사람이 아닌 가상 인간 모델 '로지'라는 사실이 알려지면서 더욱 화제가 됐다. 로지는 그해 모델 수입만 누적 기준 10억원을 넘길 정도로 인기를 얻었다. 골프 열풍에 발맞춰 슈페리어그룹이 MZ세대를 겨냥해 만든 골프 브랜드 '마틴골프'도 새 모델로 그를 발탁했을 정도다.

로지가 자신의 인스타그램 계정에 올린 '마틴골프' 패션 이미지는 '좋아요' 수만 1만2000개 이상이었다. 슈페리어그룹 관계자는 "종전 SGF67이 3040세대를 위한 골프 웨어라면 마틴골프는 좀 더 어린 층에 어필하고자 만들었는데 반응이 뜨거웠다. 로지를 활용한 원포인트 레슨 등 다양한 콘텐츠로

> 2021년 가상 인간 '로지'
> 광고 모델료만 10억
> 슈페리어도 MZ세대 겨냥해
> 과감하게 가상 인간 모델 기용

신한라이프 광고 모델로 이름을 알린 가상 인간 '로지'. (신한라이프 제공)

'골린이(골프 초보)' 고객을 공략할 발판을 마련했다"고 만족해했다.

로지뿐 아니라 국내 광고 업계에서는 다양한 가상 인간이 등장, 메타버스 생태계를 한결 다양하게 만들고 있다.

디오비스튜디오가 2020년 10월 선보인 가상 인간 '루이'는 한국새생명복지재단 홍보 대사, 한국관광공사 글로벌 SNS 기자단 명예 홍보 대사로 임명됐는가 하면 가구 브랜드 생활지음 모델로도 발탁됐다. CJ온스타일이 보유한 패션 자체 브랜드(PB) 더엣지와 컬래버레이션 동영상도 만들었다.

스마일게이트가 자사 가상현실(VR) 게임 '포커스 온 유' 주인공으로 제작한 한유아는 아예 연기자로 데뷔하면서 광고 업계 블루칩으로 떠올랐다. 회사 관계자는 "유명 브랜드와 컬래버레이션도 추진할 예정"이라고 밝혔다.

넵튠의 가상 인간 '수아' 역시 인기 광고 모델 중 한 명이다. '수아'는 유니티코리아 홍보 대사로 활동한 이력이 있다.

블룸버그에 따르면 2020년 인간 인플루언서 시장 규모가 7조6000억원, 가상 인간은 2조4000억원 규모였다. 2025년이 되면 가상 인간이 14조원을 기록하며 실제 인간 인플루언서(13조원)를 추월할 것으로 예상된다.

물론 가상 인간이 최근에 처음 선보인 것은 아니다. 1990년대 말 원조 가상 인간 '아담'이 음반을 내며 왕성한 활동을 벌이기도 했다. 다만 당시에는 3D 기술이 발달하지 못해 현실성이 떨어져 보인다는 평이 많았다. 게다가 팬들과 소통도 더뎠다.

지금 양상은 다르다. IT 기술 발전으로 영상 속에서만큼은 실제 인간 모델과 이질감이 크지 않을 정도로 실감 나게 활동하고 있다.

장성철 성신여대 생활문화소비자학과 교수는 "무엇보다 사생활 문제가 거의 없고 늙지 않고 체력적인 한계도 없다. 하루에도 동시에 서너 곳에서 광고, TV 촬영 스케줄을 진행할 수 있어 효율성, 생산성 면에서도 좋다. 아이돌이나 배우 양성을 위해 들여야 할 시간과 비용을 아낄 수 있다는 점도 장점으로 꼽는다"고 말했다.

사이버 가수 아담을 만든 회사에서 홍보팀장으로 근무했던 정덕현 대중문화평론가는 "소

슈페리어그룹이 MZ세대 전용 골프 브랜드 '마틴골프'를 출시하면서 가상 인간 '로지'를 모델로 썼다. (슈페리어 제공)

비 시장 주축으로 떠오른 MZ세대는 IT 활용도가 높고 가상 공간에 익숙해 가상 인간을 거부감 없이 받아들인다. 기업 입장에서는 스캔들로부터 자유롭고 모델, 가수, 배우 등 다양한 역할을 수행할 수 있어 매력적인 선택지"라고 설명했다.

메타버스 플랫폼은 브랜드 전시장

2021년 연말 영국패션협회(BFC)는 메타버스 플랫폼 '로블록스'에서 패션 디자인 시상식 '패션 어워드 2021'을 열었다. 이 시상식에는 구찌 크리에이티브디렉터로 구찌 디자인을 이끄는 알레산드로 미켈레가 자신을 쏙 빼닮은 아바타로 참석해 화제가 됐다. 유명 모델 칼리 클로스, 패션 잡지 W, 하이스노바이어티 잡지 편집자 등 심사위원들도 모두 아바타로 참석해 열띤 심사를 했다.

메타버스 디자인상 후보도 눈길을 끈다. 로블록스 플랫폼 내에서 인기 패션 매장으로 자리 잡은 'CSAPPHIRE'가 후보에 올랐다는 점은 세상이 바뀌었음을 시사한다.

각 기업의 메타버스 플랫폼 참전도 이제는 새로운 뉴스가 아니다.

네이버제트의 메타버스 플랫폼 '제페토'에 가보면 구찌 · 랄프 로렌 · 크리스찬 루부탱 등 명품 브랜드부터 나이키 · MLB · 푸마를 비롯한 유명 스포츠 브랜드 제품을 한곳에서 볼 수 있다. 쇼핑도 가능하다. 실물 제품의 100분의 1도 되지 않는 가격으로 살 수도 있다.

명품 업체가 속속 제페토 생태계에 입점하는 이유는 자명하다. 제페토나 로블록스의 이용자 수가 계속 증가하고 있는 데다 이용자의 대부분이 MZ세대, 즉 각 브랜드의 주력 고객 혹은 잠재 고객이기 때문이다.

참고로 2018년 8월 출시한 제페토의 누적 이용자 수는 2021년 11월 기준 2억4000만명에 달한다.

장성철 교수는 "2억명이 훌쩍 넘는 소비자를 한곳에서 만날 수 있다면 입점을 안 할 이유가 없다. 메타버스의 영향력이 그만큼 커졌다는 말이다. 또 시공간을 초월해 상시 노출이 가능하다는 점도 장점"이라고 말했다.

현대자동차가 2021년 6월 제페토에 '쏘나타 N' 시승식을 연 것도 이런 이유다. 현대자동차 측은 "메타버스 플랫폼에 쏘나타를 노출해 잠재 고객인 MZ세대와 활발히 소통하겠다"며 입점 취지를 밝혔다.

2021년 8월 편의점 업계 최초로 문을 연 'CU 제페토한강공원점'은 소셜미디어(SNS)에 '제페토한강공원점' 인증샷이 쏟아졌다. 그 덕에 빙그레 '바나나맛 우유'와 협업 마케팅, 추가 매장(교실 매점·지하철역점)을 열면서 기업 이미지를 높였다.

네이버제트 관계자는 "제페토 전체 이용자 중 90%는 외국인, 80%는 10대다. 플랫폼에 입점하면 전 세계 소비자와 Z세대를 대상으로 손쉽게 브랜드 인지도를 높일 수 있다. 플랫폼에서 아이템이 팔리면 업체가 판매금을 가져가니 없던 매출도 생기는 셈"이라고 말했다. ■

인터뷰 | 백승엽 싸이더스스튜디오엑스 대표
"노래 부르고 연기하는 로지 기대하세요"

Q. '로지'는 어떻게 현실 세계에 나올 수 있었나.

A. 원래 광고 회사를 다니면서 광고 마케팅 분야 전문성을 키워왔다. 그러다 3D 애니메이션 기술에 강점이 있는 로커스로 이직했다. 서로의 강점을 살리려고 알아보던 중 미국의 가상 인간 '미켈라'를 알게 됐다. 이미 스타 대접을 받고 있었다. 특히 인플루언서로 활동하며 팬들과 적극 소통하고 있다는 점이 인상적이었다. 한국에는 이런 캐릭터가 없었다. 그래서 직접 시도했다.

Q. 세상에 선보인 후 어떤 점에 특히 신경 썼나.

A. 실감 나는 움직임과 외모도 중요하지만 무엇보다 소통에 신경 썼다. 로지의 인스타 계정 폴로어 수는 1년 만에 10만명을 넘겼다. 그런데 재밌는 건 폴로어 수 대비 '좋아요' 수나 댓글 비율이 다른 인플루언서에 비해 월등히 높다는 점이다. 그만큼 세심하게 댓글에 응답하고 새로운 제안도 잘 받아들인 덕분이다. 광고주도 이런 점에 높은 점수를 줬다. 다른 인플루언서와는 달리 확실하게 반응을 볼 수 있기 때문이다. 댓글, 좋아요 수 등을 바탕으로 마케팅 방향을 설정하거나 추가 아이디어를 내는 데 큰 도움이 된다고 좋아한다. 팬들은 대놓고 이런 브랜드, 저런 브랜드의 광고 모델이 돼줬으면 좋겠다고 제안하기도 한다.

Q. 앞으로의 계획은.

A. 로지는 2022년부터 목소리를 들려주고 더 나아가 음반도 낼 계획이다. 배우로서 드라마 단역 출연에도 도전하는 등 스타로서 할 수 있는 모든 도전은 다 해볼 예정이다. 시공간을 초월한 여행의 MC로 메타버스 세상을 주도해나갈 계획도 있다. '버추얼 로지 트립'이 그중 하나다. 한일 월드컵 때 응원하던 곳을 가본다든지 신라시대 혹은 영국, 하와이로 날아가는 장면도 연출이 가능하다.

매경DB

엑시인피니티 2021년 연 300배 급등
가상 부동산 사고파는 '샌드박스'도 눈길

박수호 매경이코노미 기자

메타버스 관련 암호화폐는 거래소에서도 유망한 코인으로 대접받는다. 메타버스 플랫폼에서 실제 사용되기도 하고 거래소를 통해 현금화하기도 쉽기 때문이다. 대장주 격인 메타버스 코인은 어떤 것이 있을까.

엑시인피니티(AXS)
게임 분야 '대장 코인'

2021년 초 대비 300배 이상 폭등한 코인, 엑시인피니티가 대표적이다. 1월만 해도 5달러대였던 코인이 하반기 들어 150달러를 돌파했으니 말 다 했다.

베트남 개발사 '스카이마비스'가 만든 엑시인피니티가 이렇게 인기를 끄

는 이유는 뭘까. 메타버스 생태계 안에서 소위 '돈 벌 수 있는 기회'를 다수 만들어놓은 덕분이다. '포켓몬'에서 영감을 받아 만들었다는 이 게임은 본인이 보유한 몬스터로 갖가지 미션을 깨거나 다른 이용자와 대결을 펼치는 게임이다.

돈을 버는 방법은 크게 2가지로 요약된다.

우선 게임을 통해 '게임 머니'를 현금화할 수 있다. 엑시인피니티에서 부여한 여러 미션을 완료하면 'SLP'라는 코인을 받을 수 있다. SLP는 전 세계 수많은 거래소에 상장된 어엿한 코인이다. 매일 게임만 열심히 해도 돈을 벌 수 있다는 말이다.

'몬스터 거래'로도 돈을

> 희귀도가 높은
> 엑시일수록 더 비싸
> 더샌드박스, 소프트뱅크가
> 1100억원 투자

선(善)을 지키는 건 어렵지 않다. 악(惡)을 물리치는 것 또한 어렵지 않다

하지만, 무엇이 선이고 무엇이 악인지 당신은 확신할 수 있는가?

당신과 뜻을 같이 하는 영웅들과 함께 새로운 세상을 만들어 가세요
성장 그 이상의 권력, 전투 그 이상의 전쟁
모바일 MMORPG 그 이상의 세계, 미르4

미르4 글로벌 이용자는 게임 내 아이템인 '흑철' 10만개를 채굴하면 게임 내 코인인 '드레이코' 1개와 교환할 수 있다. (위메이드 미르4 공식 홈페이지 캡처)

벌 수 있다. 이를 이해하기 위해서는 게임을 먼저 알아야 한다. 이 게임을 시작하기 위해서는 '엑시'라고 불리는 몬스터가 최소 세 마리가 필요하다. 엑시를 얻기 위해서는 기존 이용자가 시장에 내놓은 엑시를 사는 방법이 가장 빠르다. 이때 필요한 화폐가 이더리움(ETH)이나 AXS 같은 코인이다. 게임에 참여한 이들은 이후 몬스터끼리 교배를 시켜 새로운 몬스터를 탄생시킬 수 있다. 이렇게 태어난 몬스터나 기존에 보유했던 몬스터를 또다시 시장에 내놓으면 또 다른 신규 회원이 이를 구입한다. 희귀도가 높은 엑시일수록 더 비싼 값에 팔 수 있다. 비싼 몬스터는 1000만원을 호가할 정도로 가격이 높다.

참고로 필리핀 이용자들이 가장 참여도가 높은데 이들 평균 수입이 매달 70만~100만원에 달한다는 자료도 있다. 2021년에는 삼성넥스트 등 굵직굵직한 투자사로부터 1억5200만달러(약 1800억원) 규모 시리즈B 투자를 받기도 했다.

샌드박스
가상 부동산 사고파는 코인

샌드박스는 가상 부동산을 사고팔 수 있는 메타버스 기반 게임을 만드는 더샌드박스가 발행한 암호화폐다. 샌드박스는 더샌드박스 생

태계에서 거래 수단 등으로 쓰인다. 더샌드박스는 애초 모바일 플랫폼 설립을 위한 프로젝트로 2012년에 출범했다. 이후 2018년에 블록체인 기반 3D 버전 게임으로 재탄생했다. 플랫폼 안에서 랜드를 사고

미르4 흑철 10만개 채굴하면 드레이코 1개 교환 갈라게임즈, 포티파이드, 미란두스에도 '갈라' 장착

팔 수 있다. 2021년에는 소프트뱅크의 비전펀드가 1100억원을 투자하는 등 유명 기업과 펀드로부터의 투자를 잇따라 유치했다.

스포츠 브랜드 아디다스가 아디다스의 메타버스 공간인 '아디버스(adiVerse)'를 구축하기 위해 더샌드박스와 협력한다고 밝히며 더샌드박스 내에 토지를 구입한 것도 관심도를 높였다. 2022년 더샌드박스가 정식 서비스를 시작하면서 '플레이 투 언(P2E)' 이벤트를 준비하고 있다는 점도 투자자 기대감을 높이는 요인이다.

디센트럴랜드
패션 스트리트 29억원에 팔리기도

심시티. 황무지에 도시를 짓는 게임이다. 이런 방식을 그대로 옮겨 온 게임이 디센트럴랜드다. 심시티와 다른 점은 디센트럴랜드는 블록체인 기술에 기반한 커뮤니티 가상 세계라는 점이다. 이곳에서 사용자들은 처음에는 자신

만의 땅을 모았다. 땅을 사고 그곳에 주택이나 상업시설 등을 올리는 식이다. 이후 거래를 하기 시작했다. 동명 코인 디센트럴랜드(MANA)가 매개체다. 2021년 디센트럴랜드 내 패션 스트리트 구역 116토지(Parcel)는 토큰스닷컴의 자회사 메타버스그룹이 243만달러(약 29억원)에 매입해 화제가 되기도 했다.

이런 메타버스 생태계가 가동되자 2021년 초 1000원 수준이었던 디센트럴랜드의 마나는 2021년 말 한때 1개당 6000원을 돌파하기도 했다. 시가총액은 10조원을 넘겼다.

단순히 땅만 거래되는 게 아니다. 디센트럴랜드 안에서 아바타들이 입는 옷과 신발과 물건도 마나로 사고팔 수 있다. 이 물건들은 모두 고유한 인증값을 지닌 NFT라서 교환이 가능하다. 이런 메타버스 요소 덕에 디센트럴랜드는 계속 주목받고 있다.

위믹스
빗썸에 상장돼 현금화 가능

2021년 8월 위메이드는 MMORPG(다중접속 역할수행게임)인 '미르4'를 해외에서 선보였다. 미르4 이용자는 게임 내 아이템인 '흑철'

10만개를 채굴하면 게임 내 코인인 '드레이코' 1개와 교환할 수 있다. 드레이코 1개는 암호화폐 위믹스 (WEMIX) 1개와 교환이 가능한데 국내 거래소 중 빗썸에서는 위믹스를 현금화할 수도 있다.

"게임 내 흑철 10만개가 위믹스 코인 1개니까 재테크가 가능하다"는 소문에 '미르4' 이용자 수는 더욱 증가하는 분위기다. 게다가 위메이드는 위믹스를 플랫폼으로 보고 위믹스를 거래 수단으로 삼을 블록체인 게임을 추가하고 있다. 장현국 위메이드 대표는 '2022년 말까지 위믹

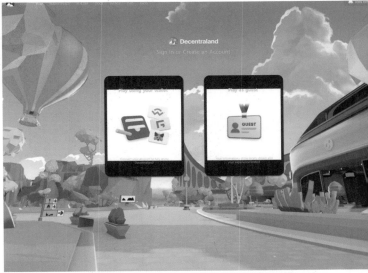

디센트럴랜드는 가상 부동산을 사고파는 것과 별도로 다양한 캐릭터 아이템도 거래가 가능하다. (디센트럴랜드 홈페이지 캡처)

스를 기축통화로 하는 블록체인 게임 100개 출시'가 목표라고 밝혔다. 위믹스 플랫폼에는 '미르4'를 비롯해 '버드토네이도 on WEMIX' '재신전기 on WEMIX' '크립토네이도 on WEMIX', 룽투코리아의 '열혈강호', 조이시티의 '건쉽배틀: 토탈워페어' 등이 있다.

메타버스 구축용 코인도 인기
엔진(ENJ), 갈라도 각광

엔진이라는 코인도 눈길 끈다. 백서를 보면 게임에서 사용되는 캐시나 아이템, 커뮤니티 시스템을 위한 종합 플랫폼이라 설명돼 있다. 쉽게 말해 메타버스 생태계를 구축해줄 수 있는 '엔진' 역할을 해주는 블록체인 플랫폼이

다. 아이템 생성, 게임 내 보상, 거래 등을 쉽게 이용할 수 있게 해준다는 점이 최고 강점이다. 메타버스가 유행하면서 덩달아 코인 가격이 우상향곡선을 그리고 있다.

갈라는 P2E 게임을 만드는 갈라게임즈의 암호화폐. 위믹스처럼 갈라게임즈의 각종 게임에 사용되는 토큰인데 각종 거래소에도 상장돼 있다. 갈라게임즈의 '타운스타'에서 갈라 코인은 NFT 아이템을 구매하고 거래할 수 있는 화폐로 각광받는다. 추가로 개발 중인 미란두스, 포티파이드, 에코스 오브 엠파이어 등의 게임에도 쓰일 예정이라고 알려지면서 갈라 코인은 2021년 초 대비 10배 가까이 올랐다. ■

5 메타버스 세계를 개척하는 기업들

네이버, 제페토 · 아크버스로 선두
세컨블록 · 이프랜드 후발 주자

(두나무)   (SKT)

노승욱 매경이코노미 기자

메타버스 산업의 핵심은 플랫폼이다. 가상 공간은 기술만 있으면 누구나 만들 수 있지만, '사람들이 모이는' 인기 가상 공간을 구축하는 것은 매우 어렵다.

대신 인기 플랫폼이 되기만 하면 메타버스 산업을 주도하며 막대한 이익과 영향력을 얻을 수 있다. 2000년대 초반 싸이월드가 그랬듯이. 오늘날 내로라하는 국내 기업들이 메타버스 플랫폼 구축에 열을 올리는 이유다.

네이버 제페토 회원 2억명 이상…10대가 80%

가장 앞서가는 기업은 단연 네이버다. 네이버는 제페토(Zepeto)를 통해 아직 국내에서는 지배적 사업자가 없던 메타버스 플랫폼 시장을 선점했다.

제페토는 네이버 자회사 스노우가 2018년 8월 출시한 AR 아바타 SNS 플랫폼이다. 제페토에서 이용자들은 얼굴인식, AR, 3D 기술을 활용해 개인화한 3D 아바타를 통해, 3D 가상 공간에서 타 이용자와 함께 소통할 수 있다. 전 세계 165개국에서 2억명 이상이 가입, 활동하며 인기를 끌자 2020년 5월 스노우에서 분사, 네이버제트로 독립했다.

현재 제페토 다운로드 건수는 약 3억건에 육박한다. 가입자 중 해외 가입자가 90%, 연령대로는 10대 이용자가 80%에 달한다.

제페토는 3D 가상 세계 '제페토 월드', 크리에이터 플랫폼 '제페토 스튜디오' 등의 서비스를 제공한다.

현재 제페토는 로블록스와 달리, 3D 가상 공간(맵) 개발과 아이템 제작 등의 콘텐츠 생산 과정에 자사 인력을 투입하고 있다.

제페토의 장기적인 비전은 콘텐츠 생산자와 소비자 간 활발한 교류를 통한 자생적인 생태계

네이버의 손자회사 네이버제트가 운영하는 메타버스 플랫폼 제페토. (네이버제트 제공)

조성이나, 아직 사업 초기 단계인 만큼 플랫폼 주도의 가상 환경 고도화 작업 과정에 있다.

국내에서는 이디야, CU, 롯데월드, 설빙 등 다수 기업이 제페토에 매장을 개설하며 생태계를 키워나가고 있다.

이혜인 유안타증권 애널리스트는 "제페토는 아직 서비스 기간이 약 3년에 불과하고, 안정적인 수익 모델을 구축한 상태는 아닌 단계다. 그러나 매우 빠른 가입자 성장 속도, 글로벌 IP를 활용한 콘텐츠 차별화와 수익 모델 다각화, 상대적으로 타 서비스 대비 현실 세계와 유사도가 높은 그래픽 구현 등의 강점을 지니고 있다. 현시점에 보여지는 MAU 수치 외에 추가로 기업가치를 높일 수 있는 잠재 역량이 있다"고 진단했다.

> 가입자 90%가 외국인…Z세대가 80%
> 아시아 넘어 북미, 남미, 유럽서도 인기
> 제페토 활용한 2차 창작물 만들기 열풍
> 스노우의 정교한 안면인식 기술 밑바탕
> '선한 얼굴' 필터는 국가별 데이터 필요

정호윤 한국투자증권 애널리스트는 "장기적으로는 네이버쇼핑과의 연계를 통해 메타버스 플랫폼과 이커머스의 연결 등 다양한 비즈니스 모델을 확립해나갈 수 있을 것"이라고 전망했다.

현실─가상 잇는 기술 융합 생태계 '아크버스'

내친김에 네이버는 현실과 디지털 세계를 연결하는 기술 융합 메타버스 생태계 '아크버스(ARCVERSE)'로 글로벌 시장에 도전하겠다고 밝혔다.

아크버스는 개별 서비스가 아닌, 온·오프라인의 모든 인프라·서비스가 유기적으로 연결된 기술 융합 생태계 그 자체를 말한다.

석상옥 네이버랩스 대표는 "아크버스는 독립된 가상 공간이 아닌, 기술로 현실 세계와 상호 연동되는 디지털 세계를 형성하고 두 세계를 유기적으로 연결해 사용자에게 공간의 격차 없는 동등한 경험을 제공할 수 있다는 것이 가장 큰 특징"이라며 기존 3D 아바타 가상현실 서비스와 차이가 있음을 강조했다.

즉, 아크버스를 구성하는 솔루션과 시스템이 서비스 로봇, 자율주행 모빌리티, AR·VR, 스마트 빌딩, 스마트 시티처럼 현실 세계의 혁신적 서비스·인프라와 연결된다는 의미다. 연결의 주축은 네이버클라우드와 5G를 기반

네이버제트 제공

으로 빌딩과 로봇들의 두뇌 역할을 대신하는 멀티 로봇 인텔리전스 시스템 '아크(ARC)'와 독자적인 실내·외 디지털 트윈 데이터 제작 솔루션 '어라이크(ALIKE)'다.

이를 위해 소프트뱅크와 함께 일본에서 ALIKE 솔루션을 활용한 도시 단위 고정밀 지도(HD map) 제작 프로젝트를 진행 중이다.

장기적으로는 네이버클라우드와 함께 다양한 비즈니스 기회를 발굴해나간다는 복안이다. 한상영 네이버클라우드 상무는 "증가하는 디지털 트랜스포메이션 수요에 맞춰 향후 ALIKE, ARC와 같은 네이버랩스의 핵심 기술력들을 다양한 파트너들이 활용할 수 있도록 네이버클라우드를 통해 제공할 계획"이라고 밝혔다.

두나무, '세컨블록'으로 가상화폐·공간 '두 토끼'

가상화폐 거래소 '업비트'를 운영하는 두나무도 2021년 11월 '세컨블록(2ndblock)' 오픈 베타를 시작하며 메타버스 플랫폼 시장에 뛰어들었다.

세컨블록은 국내 최초로 메타버스에 화상 채팅 기능을 결합해, 온·오프라인 경계를 흐리고 현실에서의 확장성을 극대화했다.

이용자는 자신의 아바타를 원하는 곳 어디로든 이동할 수 있으며, 아바타 간 거리가 가까워지면 화상 채팅 창이 생성돼 서로 자연스러운 소통과 정보 공유가 가능하다.

두나무의 메타버스 플랫폼 오픈 베타 '세컨블록'. (두나무 제공)

'자연스러움'이 메타버스 몰입감 관건
제페토 월드 한강공원 2천만명 다녀가
점프 마스터, 현대차 드라이빙존도 인기
가이드라인 통해 가상현실 속 질서 유지
'제페토 스튜디오'서 의상 등 아이템 거래

공간 생성 시 사전 설정된 영역 안에서 여러 명의 이용자가 모여 실시간으로 회의나 토론을 진행할 수 있고, 스포트라이팅(Spotlighting·확성기) 기능을 활용해 공간 내 전체 이용자 대상으로 공연도 가능하다. 3D 대신 직관적인 2D 기반 UI(사용자 환경)를 선택한 것이 특징이다. 가상 공간 내 정보들이 2D로 구현되기 때문에 별도 학습이나 복잡한 절차 없이 누구나 쉽게 이해할 수 있으며, 공간 개설이나 아바타 조작 등 이용 방법도 단순해 디지털에 익

이프랜드에서 열린 삼성전자 갤럭시 팬파티 폴더블 데이. (SK텔레콤 제공)

숙하지 않은 세대도 부담 없이 즐길 수 있다는 설명이다.

세컨블록의 한 공간 내 동시 접속 가능 최대 인원은 1000여명에 달한다. 작게는 사적 모임, 대학 강의나 기업 회의에서부터 크게는 전시회, 콘서트에 이르기까지 다양한 용도로 공간을 개설, 모객할 수 있다.

총 20종류 아바타를 제공해 다양한 '부캐'가 가능하다. 오피스, 파티룸, 대강당 등 목적별로 디자인된 5개의 프리세트 블록(프리세트 공간), 이용자 개인이 6가지 콘셉트 중 하나를 선택할 수 있는 마이 블록(개인 공간), 모든 이용자들이 함께 모여 소통하거나 게임을 즐길 수 있는 4개의 공용 블록(공용 공간)도 마련했다. 별도 회원가입 절차 없이 구글, 카카오, 애플, 페이스북 계정과 연동해 간편하게 접속할 수

있다. 세컨블록은 향후 모바일 앱 출시는 물론, 이용자가 직접 콘텐츠를 제작하고 이를 판매할 수 있는 시스템도 개발해 세컨블록 내 콘텐츠 생산·거래, 가치 창출 활동이 활발히 이뤄지도록 할 계획이다. 정식 오픈은 2022년 상반기를 목표로 하고 있다.

SK텔레콤, 이프랜드로 VR 기기 시장까지 확장

통신 업계에서는 SK텔레콤이 메타버스 시장 공략에 먼저 나섰다. 2021년 8월 국내 기업 최초로 메타버스 공간에서 기자간담회를 열고 '이프랜드(ifland)'로 이끌어갈 메타버스 대중화 시대 청사진을 발표했다.

이프랜드는 MZ세대들이 자신만의 메타버스 세계를 만들고 소통할 수 있는 '오픈 플랫폼'을 표방한다. 이프랜드 내 다양한 아이템을

이프랜드에서 열린 세계성균한글백일장. (SK텔레콤 제공)

거래하는 마켓 시스템, 스스로 공간을 꾸미는 공간 제작 플랫폼 등을 적용한다. 이를 통해 다양한 파트너들이 취향과 목적에 맞는 메타버스 공간을 직접 만들어 활용할 수 있을 전망이다.

그간 SK텔레콤은 다양한 메타버스 행사를 선보였다. 2021년 3월 국내 최초 메타버스 신입생 입학식을 통해 메타버스 캠퍼스의 가능성을 제시했다.

같은 해 8월에는 K팝 데이터 플랫폼인 '케이팝레이더'와 함께 메타버스 K팝 팬미팅 행사를 이프랜드 내에서 개최했다.

9월에는 매일경제와 협업해 제22회 세계지식포럼에서 마이크 폼페이오 미국 전 국무장관의 기조연설 중계과 질의응답 등의 소통을 진행했다.

불꽃놀이 행사도 이프랜드에서 관람이 가능할 예정이다. SKT와 한화는 2020년 9월 한화가 주관하는 국내 주요 불꽃놀이 행사를 SKT 혼합현실 콘텐츠로 독점 제공하는 전략적 협약을 체결했다.

SK텔레콤은 이 밖에도 '메타버스 연애코칭' '뮤직토크 콘서트' '인디살롱' 등 이용자들이 일상 생활에서 즐길 수 있는 다양한 콘텐츠를 제공함으로써 메타버스 세상에서 색다른 만남과 소통에 나설 수 있도록 할 방침이다.

SK텔레콤 측은 "이프랜드는 대학교, 공공기관, 지자체부터 유통·제조업, 금융권, 엔터테인먼트, 전시·공연 등 다양한 업계에서 제휴 문의가 이어지며 기업·단체의 새로운 마케팅 채널로도 각광받고 있다. 향후 오큘러스 퀘스트 OS버전도 선보이며, 모바일을 넘어 VR 디바이스까지 메타버스 생태계를 확장할 계획"이라고 밝혔다. ■

안면인식 AI 기술로 아바타 생성
'가상 한강공원' 2천만명 방문 '대박'

노승욱 매경이코노미 기자

제페토에 입점한 롯데월드 매직캐슬. (롯데월드 제공)

국내 최선두 메타버스 플랫폼 '제페토'는 어떻게 개발됐고 현재 어떻게 서비스 중일까. 제페토를 운영하는 네이버제트와의 Q&A를 통해 정리해본다.

Q. 메타버스라는 말도 생소했던 2018년에 제페토를 선보인 계기가 궁금하다.

A. 제페토는 자신의 얼굴을 인식해 아바타로 바꿔주는 딥러닝 기반의 정교한 안면인식 기술에서 처음 출발했다. 또한, 기획 초기부터 의도했던 아바타 생태계를 구축한 플랫폼으로 성장하는 것에 집중하기 위해 스노우에서 분사하게 됐다.

Q. 로블록스의 경우 미국에서 16세 미만 청소년의 절반 이상이 이용한다. 제페토의 MZ세대 비중은 얼마나 되나.

A. 제페토는 글로벌 가입자가 2억명이 넘으며, 이 중 약 90%가 외국인이다. 현재는 한국, 중국, 일본을 필두로 한 아시아 이용자가 제일 많지만 북미, 남미, 유럽 등 지역에서도 꾸준히 성장세를 보이고 있다. 특히, 한류 콘텐츠에 관심 있는 이용자에게 인기가 많다. MZ세대 이용자 수는 80% 수준이다.

Q. 요즘 많은 사람들이 메타버스에 주목하는 이유가 뭐라고 생각하나.

네이버제트 제공

A. 제페토는 Z세대 이용자들이 역할 놀이에 관심이 많다는 점을 이해하고, 그들이 즐길 수 있게 여러 가지 상황극을 위한 재료들을 제공해서 그것들을 마음대로 조합해서 놀 수 있는 환경을 제공하고 있다. 제페토를 활용해 자신만의 2차 창작물을 새롭게 만들어내는 것은 제페토 이용자의 독특한 문화다. 이렇게 이용자들이 만든 콘텐츠는 타 SNS에 많이 공유되고 있다.

Q. 자신의 얼굴을 인식해서 3D 아바타로 만드는 기능이 흥미로웠다. 어떤 기술이 사용되나.

A. 스노우는 스노우, B612 등의 카메라 앱에서부터 플레이리스트 등의 콘텐츠 제작사도 자회사로 두고 있다. 스노우 카메라 앱은 딥러닝 기반 정교한 안면인식 기술을 활용하고 있으며, 제페토 역시 이런 인공지능 기술을 적극 활용한다.

Q. 아바타를 꾸미는 '필터' 기능이 이용자의 '부캐'를 더욱 다채롭게 한다. 이것도 스노우를 통해 얻은 노하우라고 볼 수 있을까.

A. 일단 사용자들이 찾는 필터는 스노우에 거의 다 있다. 하지만 아직 '선해 보이게 나오는 필터'는 없다. 이 필터를 진짜로 선보이려면, '선해 보인다'에 대한 학습과 데이터가 필요하다.

스노우는 한국 외에도 인도, 태국, 베트남 등에 지사가 있고 해외에서도 활발하게 앱을 운영한다. 나라에 따라 선해 보이는 이미지는 달라서 국가별로 데이터를 다르게 모아야 한다.

Q. 맵 내에서 아바타를 이동하거나 게임을 할 때 움직임이 좀 느려지거나 마음대로 움직이지 않을 때가 있다. 좀 더 자연스럽게 움직이게 하

제페토에 입점한 CU 편의점 지하철역점(좌)과 교실 매점(우). (CU 제공)

려면 어떤 기술이 필요한가.

A. 개발자 입장에서 말하자면, '자연스러움'이 메타버스 몰입감의 관건이다. 스노우에 있는 필터 중 이미지의 입꼬리를 인지하고 당겨서 억지로 웃게 하는 필터가 있다. 이 필터는 유머를 위해 조커처럼 과장한 것이지만, 정말로 취업이나 이직에 사용할 정도의 이미지를 원한다면 자연스러운 미소와 좋은 분위기가 필요하다. 이를 위해 딥러닝의 일종인 'GAN(Generative Adversarial Network · 적대적 생성 신경망)' 기술을 써야 할 수도 있다. GAN으로 원본 느낌은 보존하면서도 진짜 같은, 자연스러운 이미지를 만들 수 있다. 하지만 필터가 나온다 해도 정말 자연스러워지기까지는 더 많고 복잡한 처리 과정을 거쳐야 할 것으로 보인다.

Q. 제페토 서비스 시작 이후 가장 많은 이용자가 방문한 맵은 무엇인가.

A. 제페토 월드 중 한강공원은 2000만명의 이용자가 누적 방문했고, 최근 47만명의 이용자가 다녀갔다. 이외에도 점프 마스터(8700만명 방문), 가든웨딩(2200만명) 등의 인기 맵과 현

대차 드라이빙 존, 삼성전자 갤럭시하우스 등 유명한 기업의 공식 월드가 반응이 좋다.

Q. 동시에 많은 사람들이 접속하면 오류가 생길 수 있을 텐데 어떻게 해결하나.

A. 트래픽 분산을 위한 서버 구축이 완비돼 있다. 기존 데이터 분석을 통해 유연하게 대처할 수 있다고 믿는다.

Q. 가상현실이라는 사회에서 질서를 유지하기 위한 규칙이나 법은 어떻게 마련하나.

A. 가이드라인과 이용 약관 등을 통해 엄격하게 이용 제한 등을 적용하고 있다.

Q. 제페토 아이템을 만들어 돈을 버는 이용자가 많은가.

A. 2020년 오픈한 '제페토 스튜디오'는 제페토가 구현하는 가상현실 내에서 착용 가능한 의상 등 다양한 아이템을 직접 제작하고 판매까지 할 수 있는 크리에이터 플랫폼이다. 글로벌 1020세대 이용자가 주축인 만큼, 자신만의 독창적인 패션 아이템을 만드는 것을 넘어 직접 판매까지 할 수 있다는 점이 인기를 끌고 있는 비결이다. ■

메타버스 사무실 메타폴리스 도입
가상 오피스에 임대업도 공략

노승욱 매경이코노미 기자

프롭테크 유니콘 스타트업 직방은 2021년 2월 1일부터 오프라인 출근을 전면 폐지하고 '클라우드 워킹(Cloud Working·원격 근무)' 제도를 전격 도입했다. 본사로 쓰던 사무실은 폐쇄했다. 코로나19 사태로 디지털 전환이 앞당겨지면서 유연한 조직 운영과 근무 환경이 필요하다고 판단했기 때문이다.

또 직방의 모든 서비스가 오프라인 부동산 관련 서비스를 온라인으로 디지털 전환(DX)하는 것인 만큼, 직방 스스로도 디지털 전환에 앞장서겠다는 취지였다.

이를 위해 비대면 근무 환경 구축에 집중했고 다양한 협업 툴을 도입했다. 업무 관련 데이터도 모두 디지털화해 아카이빙(저장) 중이다. 직방은 앞으로도 코로나19 종식 여부와 관계없이 클라우드 워킹을 기본 체제로 삼을 방침이다.

제주도에서 근무하는 직방 직원. (직방 제공)

클라우드 워킹의 정점은 2021년 7월 도입한 메타버스 사무실 서비스 '메타폴리스'다.

메타폴리스는 아바타로 로그인 후 방향키를 조작해 30층으로 이뤄진 가상 건물에 들어가서 일하는 가상 오피스(Virtual Office)이자 업무 협업 툴이다. 층당 정원은 300명. 사무실에 비치된 가상 책상에 앉아 회의하거나 빔프로젝터를 이용해 자료를 올릴 수 있

직방이 개발한 메타폴리스 메인 화면. (직방 제공)

다. 소회의실, 대회의실 등 업무 효율을 높이기 위한 공간도 별도로 마련돼 있다. 팀원과 시선이 마주 닿으면 영상이 연결되는 등 가상 공간이지만 출근하는 것과 다를 게 없다.

메타폴리스의 특징은 3D 게임처럼 생긴 가상 공간에 아바타를 만들어 접속한다는 것이다.

먼저 아바타로 로그인하면 회사 건물 앞에 서게 된다. 방향키를 조작해 로비를 지나 엘리베이터를 타야 하며, 층수를 눌러 자신의 책상을 찾아간다. 가상 공간이지만 출근하는 기분을 느끼게 된다.

책상에 앉으면 팀원들 얼굴을 화상 회의하듯 보면서 대화할 수 있다. 시선이 마주 닿으면 화상이 연결된다.

자리에서 자신의 노트북 화면을 공유할 수도 있다. 구글밋의 프레젠테이션 기능처럼, 자신이 보고 있는 문서를 가까이 있는 직원들, 즉 아바타들에게 보여줄 수 있다. 공유된 화면을 다 같이 살펴보면서 실시간 대화가 가능하다.

오피스 곳곳에 배치된 회의실에 모여서 회의를 할 수도 있다. 메타폴리스에서는 회의실 개수도 정해져 있고 사이즈도 각각 다르다. 8인실, 16인실 같은 개념으로 나뉘어져 있는데, 8인실 룸은 8인의 아바타가 들어갔을 때 최적의 환경으로 회의가 가능하다는 뜻이다. 실제 회사에서처럼 회의 참석 인원을 파악하고 인원수에 맞는 회의실을 찾아야 하며 사용 전 미리 예약도 한다.

최근 직방에 입사한 한 직원은 "100% 원격 근무라고 해서 잘 적응할 수 있을까 걱정했는데, 사실상 오프라인 오피스를 그대로 가상 공간에 옮겨 놓은 식이라 적응에 문제가 없었다. 출퇴근 시간이 사라지고, 동료와 커뮤니케이션할 때 드는 시간·에너지 등 유·무형의 비용을 아낄 수 있게 되니까 업무 효율성이 매우 좋아졌다"고 말했다.

직방의 메타버스 원격 근무 모습. 메타폴리스에서는 가까이 있는 아바타끼리 바로 대화가 가능하다. (직방 제공)

분양이 가능한 가상의 상업용 부동산

메타폴리스는 단순한 프로그램이 아니라 하나의 '가상 공간'이다. 직방은 메타폴리스라는 가상 공간에 현재 30층짜리 건물을 1동 지은 상태다. 해당 건물의 4층, 5층에 직방 오피스를 차렸다. 가상 공간의 개념이므로 직방이 쓰지 않는 나머지 층은 다른 업체에 '분양'이 가능하다. 비어 있는 층은 '공실'인 셈이다. 1개 층에는 최대 300명이 들어갈 수 있다. 따라서 300명의 아바타가 동시 접속이 가능한 것. 만약 500~600명 규모 기업이 메타폴리스를 쓰게 되면 2개 층을 써야 한다. 실제 건물과 같이 각각의 층은 입주 기업만 사용할 수 있다. 실제 오프라인 공간처럼 물성을 부여해야 메타버스에서도 비슷한 몰입감을 느낄 수 있는 것이다.

건물 1층 로비에서는 모든 입주사들이 만날 수 있다. 가령 4층의 직방 직원 아바타와 27층에 입주한 A사 직원 아바타가 로비에서 마주칠 수 있다.

직방은 향후 소리에 거리감을 적용, 아바타가 가까워지면 목소리가 크게 들리고 멀어지면 작게 들리는 기능을 추가할 예정이다.

사무실 창문을 통해 보이는 바깥 풍경도 현실 날씨와 시간을 적용, 실제와 같은 모습을 구축한다. 궁극적으로 '디지털 도시화'를 계획하고 있다. 가상 공간 임대 사업이 활성화되면 수익 모델이 다각화될 수 있다.

"2021년 11월에는 메타폴리스로 상품 특허 출원을 끝냈다. 조만간 미국 법인 설립을 위해 실리콘밸리 지역을 검토 중이다. 스타트업이 대거 포진해 있고 스타트업 기업이 주로 공유 오피스를 이용한다는 점에서 시장성이 충분하다는 판단에서다. 현재 베타 버전인 메타폴리스를 고도화해서 향후 글로벌 진출도 계획하고 있다." 직방 측 설명이다. ■

실재감 높은 가상 환자 활용해
의료용 고도 시뮬레이션 구현

박선영 뉴베이스 대표

새로운 의료 지식을 학습할 때 가장 좋은 방법은 실제 환자를 직접 경험하는 것이다.

그러나 실제 환자를 대상으로 실습을 하는 행위는 환자 안전과 프라이버시 문제가 발생한다.

과거에는 인체 모형을 활용한 실습을 보편적으로 해왔으나, 인체 모형만으로 환자 상태를 관찰하거나 상호작용을 하며 실습하는 데에는 제약이 많다.

최근 VR 시뮬레이션 기술 발달로 '디지털 환자'에 대한 기대가 커지고 있기는 하다. 그러나 의학 시뮬레이션은 복잡하고 방대하며 높은 수준의 실재감이 요구되는 데다 의학적 검증 과정을 거쳐야 하기에 막대한 시간과 비용을 감수해야 한다.

이에 대부분의 VR 의학 시뮬레이션 콘텐츠들은 낮은 수준의 실재감을 제공하며 커버리지(범위)를 높이거나, 높은 수준의 실재감을 제공하되 파트별로 전문화하는 방식을 취하고 있다.

하지만 아무리 높은 실재감을 잘 구현했다 하더라도, 파트별로 전문화돼 있는 VR 시뮬레이션 기술을 의료 현장과 교육에 적용하는 데는 다음과 같은 문제에 직면한다.

첫째, 의료 현장에서

> 환자 대상 실습은 안전 문제 대두
> 인체 모형 활용한 실습은 제약 많아
> VR 시뮬레이션 '디지털 환자' 각광
> 높은 수준 실재감과 커버리지 요구
> 뉴베이스 의료 가상화 기술로 해결

가상 환자 시스템	근거 기반 의료 교육	스마트 피드백	쉬운 접근성
·교육 시나리오에 따라 가상 환자 생성 알고리즘 개발 ·무제한에 가까운 가상 환자 데이터 제공	·의료 빅데이터, 표준 환자 시뮬레이션 지침, 분야별 의료 전문가 자문·감수를 거쳐 완성된 교육 콘텐츠	·각 교육 과정마다 근거 기반 임상 프로토콜을 적용 ·정확한 학습 결과 리포트와 피드백 제공	·스마트폰, 태블릿, 웹 브라우저에서 이용할 수 있도록 멀티플랫폼 지원 ·한국어 지원

뉴베이스의 가상 병원 시뮬레이션 Vulabo 기능. (뉴베이스 제공)

만나는 환자들은 특정 파트에 국한되지 않고 여기저기 다양한 증상을 호소하기 때문에 환자를 중심으로 한 통합적인 시뮬레이션이 여전히 요구된다. 둘째, 사용자 데이터가 파트별로 여러 시스템에 분산돼 있어 일관된 관리가 어렵다. 셋째, 의학 시뮬레이션은 매우 방대한 커버리지가 요구되므로 커버리지가 낮은 시뮬레이션 기술은 활용도가 낮아 경제적이지 않다.

결국, 의료 현장에서 요구하는 환자 중심 통합 시뮬레이션이 가능하려면 높은 수준의 실재감과 커버리지를 모두 만족하는 솔루션이 필요하다.

뉴베이스는 의료 데이터 가상화 기술을 활용해서 이를 해결하고 있다.

의료 데이터 가상화 기술로 개발한 디지털 환자

무수히 다양한 환자의 증상을 구현하기 위해 매번 새로운 환자 캐릭터를 생산해내야 한다면 천문학적인 자원이 필요하다. 개발 비용과 시간이 많이 들 뿐 아니라, 사용자 환경에서 구동하기도 어려워진다. 뉴베이스가 개발한 의료 데이터 가상화 기술은 의학적으로 검증된 알고리즘을 활용해 3D 모델링, 애니메이션, 텍스처, 사운드와 같은 시청각 자료를 의료 데이터와 자동으로 연결해주는 기술이다.

이를 활용해 개발된 가상 환자는 하나의 캐릭터만으로 다양한 체형 변화, 손상 변화, 건강 변화, 스타일 변화를 구현할 수 있다. 즉, 무제한에 가까운 환자 증상을 제공할 수 있는 것이다.

예를 들면, 연령 데이터에 맞춰 노화되거나 젊어질 수 있고, 몸무게값에 맞춰 뚱뚱해지거나 날씬해지기도 한다. 특정 신체 부위에 손상 유형과 중증도에 따른 손상을 적용할 수

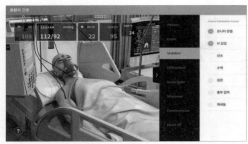

중환자 간호 시뮬레이션. (뉴베이스 제공)

**3D 모델링, 애니메이션, 텍스처 등
시청각 자료와 의료 데이터 연결해
다양한 체형, 증상의 가상 환자 제공
연령 데이터에 맞춰 노화 정도 조절
몸무게 값에 맞춰 비만도 조절 가능**

도 있다.

신경계 이상 징후를 동반하는 경우, 통증 자극에 대한 운동 반응 점수에 적합한 이상 반응뿐 아니라, 동공이 빛 반사에 의해 축소하는 속도의 이상 징후를 파악할 수 있도록 매우 고도화된 실재감을 제공한다.

숙련되지 않은 예비 의료진은 환자에 대한 경험이 부족하기 때문에 이상 징후를 정확하게 파악하는 일이 쉽지 않다. 특히, 수년간 같은 분과에서 근무하더라도 자주 경험하기

어려운 중증이나 희귀 질환 사례에 숙련되는 일 또한 쉽지 않다.

동공 반응 평가 시 빛을 비췄을 때 동공이 축소하는 속도가 정상인 경우와 느린 경우, 어느 정도 느릴 때 이상이 있다고 판단해야 할까. 이상 징후로 판별이 가능한 속도를 찾기 위해 신경외과 전문의, 중환자 간호사들의 자문을 거쳐 200번에 가까운 수정을 거치기도 했다.

환자 상태 평가하고 처치하는 의료 스킬 게임 모듈
의료 데이터 가상화 기술로 생성된 디지털 환자에게 임상 기술을 적용해볼 수 있는 게임 모듈을 활용하면 환자를 진단하거나 검사를 시행하고, 그에 따른 처치를 처방하거나 수행할 수 있다.

그뿐 아니라 처치 결과에 따라 환자 상태가 변화하는 것을 모니터링하고 기록하는 것이 가능해져 실재감 높은 환자 중심 통합 시뮬레이션을 경험할 수 있다.

아직 면허를 취득하지 않은 의과대, 간호대 학생은 의료 행위를 할 수 없고 의료 사고 위험이 높기 때문에, 병원 실습을 하더라도 관찰만 가능하다. 그러나 VR 시뮬레이션 환경에서는 능동적이고 반복적으로 진단과 처치를 수행할 수 있다.

모든 의료 시뮬레이션은 표준 의료 지침을 근거로 개발하고 있어 이를 학습자가 최우

수 사례(Best Practice)에 얼마나 가깝게 수행했는지를 비교 분석해서 리포트를 제공한다.

이를 통해 가르치는 이는 정량적 데이터에 기반한 평가를 할 수 있고 배우는 이는 적합하지 않은 진단과 처치에 대해 스마트 피드백을 확인할 수 있어 보다 높은 점수를 얻기 위해 반복 실행을 하는 과정에서 완전 학습이 이뤄진다.

초연결 병원 구축…메타버스로 원격 진료 제공

뉴베이스에서 추구하는 메타버스는 공간과 생존에 기반한 기존 실재 세계(Real World)의 한계를 넘어 완전하게 사용자 중심으로 재배치되고 무한한 욕망과 기회로 확장 가능한 세계를 의미한다.

사실 비즈니스에서는 우리가 제공하는 제품과 서비스가 메타버스의 요건을 갖추고 있는지를 증명하는 것보다, 강력한 사용자의 문제와 욕망을 얼마나 획기적으로 해결할 수 있는지가 더 중요하다. 특히, 실재 세계에서는 난제로 남을 수밖에 없었던 의료, 재난, 안전 산업 분야가 메타버스의 가능성에 주목하고 있어 획기적인 솔루션에 대한 기대가 커지고 있다.

뉴베이스는 향후 3년 내 메타버스에 '초연결 병원(Hyper connected hospital)'을 구축할 계획이다. 초연결 병원은 디지털 인프

동공 반응 시뮬레이션. (뉴베이스 제공)

> 디지털 환자에게 임상 기술 적용
> 처치 결과 따라 환자 상태 모니터
> 실재감 높은 의료 시뮬레이션 가능
> 표준 의료 지침 기반 프로그램 개발
> 의대생, 반복 실습 통해 '완전학습'

라 위에 사용자 중심으로 디자인된 가상의 병원. 원격 진료 환경에서 환자와 의료진을 안전하게 연결해 프라이버시 문제에서 벗어나 환자의 병변과 주호소(Chief Complain) 데이터를 공유할 수 있다. 또한 개발도상국에서도 선진국 수준의 의료 인프라와 지식에 접근할 수 있어 경제력과 지역에 따른 의료 수준 격차를 줄이는 데 기여한다. 예비 의료진에게는 법적, 윤리적 문제가 없는 자유로운 교육 환경을 제공한다. ■

AI 캐릭터가 영어 과외 선생님
가상 식당서 영어로 주문 · 결제도

노승욱 매경이코노미 기자

코로나19 사태로 비대면 · 온라인 소통이 일상화되며 교육 시장도 메타버스 열풍이 불고 있다. 게임 기반 영어 교육 프로그램 '호두잉글리시'를 운영하는 화상 교육 솔루션 전문 기업 '호두랩스'도 최근 '에듀테크 메타버스 기업'으로 주목받는다.

'에듀테크'란 인공지능이나 빅데이터 등의 최첨단 기술을 활용해 교육 서비스를 제공하는 것을 말한다. 호두랩스는 이를 활용해 현실에 존재하는 다양한 매장을 프로그램 안으로 끌고 들어와 영어로 물건을 사고, 음식을 주문하는 가상 교육 공간을 만들고 있다.

호두잉글리시는 MMORPG(다중접속역할수행게임) 기반 영어 말하기 학습 서비스다. 아이들이 3D 공간에서 이야기 속 주인공이 돼 캐릭터와 영어로 대화하며 학습할 수 있다. 가

김민우 호두랩스 대표

상 공간 안에서는 화상 강의, 영어 도서관 등 다양한 서비스도 제공된다. 3D 공간의 자유로운 이동과 학습자 간 소통 기능을 구현해봤다.

다음은 김민우 호두랩스 대표와의 일문일답.

Q. 호두잉글리시는 어떻게 메타버스로 영어를 가르치나.

A. 호두랩스는 60여명 넘는 메타버스 관련 기술 인력을 바탕으로 호두잉글리시에서 가상 세계를 구축해 교육 서비스를 제공 중이다. 최근 선보인 '땅콩스쿨'에서는 메타버스 요소를 더욱 강화했다. AI 선생님이 화상으로 1:1 교육하는 프로그램이다. 음성인식 엔진 등을 이용한 책 읽기 서비스 등 다양한 콘텐츠를 제공한다. 가상 세계 속 캐릭터 선생님이 실시간으로

책을 읽어주면, 화상 솔루션을 통해 아이들이 답하는 쌍방향 학습 프로그램이다.

Q. 이런 것만으로는 메타버스라고 하기 어려워 보이는데.

A. 메타버스 분야에서 가장 주목하는 부분은 '통합'이다. 2021년 12월에 호두잉글리시 모바일 버전인 '베티아잉글리시'를 선보였다. 기존 PC 버전에서 구축된 호두잉글리시의 배경, 캐릭터, 아이템 등 모든 자원이 메타버스 생태계 속에서 즉시 활용 가능한 형태로 재생산됐다. 호두랩스는 기존의 분절된 교육 서비스를 하나의 가상 공간 안에 통합하는 작업을 추진 중이다. 별개 서비스인 베티아잉글리시와 땅콩스쿨을 '호두캠퍼스(가칭)'라는 3D 메타버스 공간에 진입시켜 학습자끼리 소통할 수 있게 할 것이다. 호두캠퍼스에는 교육 서비스뿐 아니라 제휴를 맺은 파트너사도 진입시켜 통합 경제 체제를 구축할 예정이다. 개별 서비스를 따로 결제하던 기존 방식에서 벗어나, 통합 포인트를 충전해 모든 소비처에 사용할 수 있도록 하는 것이다. 베티아잉글리시에서 번 포인트를 땅콩

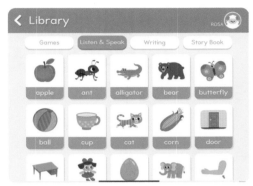

호두잉글리시 학습 화면. (호두잉글리시 홈페이지 캡처)

스쿨의 아이템을 구입하는 데 쓰는 식이다.

Q. 수익 모델은 구독료가 전부인가.

A. 초기에는 그렇다. 개별 서비스 이용료 결제가 가장 주요한 수익 원천이 되고 있다. 그런데 최근 의미 있는 제안이 많이 들어온다. 이를테면 유명 외식 프랜차이즈 기업이 호두잉글리시 가상 공간 안에 입점해 영어로 주문하는 상황을 연출하는 식이다. 아이들은 자연스럽게 실생활 영어를 익히면서 그 브랜드에 호감도 갖게 된다. 이런 걸 노리는 업체 수요가 꽤 많다. 이를 활용해 처음에는 광고 수익으로, 그다음 단계부터는 호두잉글리시 내 가상 공간에서 실제 집으로 주문하는 '옴니 채널' 주문 방식도 도입할 것이다. 나중에는 이런 시스템을 넓혀 NFT와 연계해 수익화하는 방안도 고민 중이다. 이런 접근 방법에 많은 투자사가 관심을 기울여주고 있다. 조만간 투자 유치를 확정 짓고 나면 투자금으로 교육 업계 주요 메타버스 회사로 키울 계획이다. ■

호두잉글리시 캐릭터. (호두잉글리시 홈페이지 캡처)

비대면 근무의 편리함은 환상
소통의 질 · 조직문화 점검 필수

이효석 소풍벤처스 PR디렉터

2021년 중반, 짧게나마 메타버스에서 100% 원격 근무하는 회사를 다녔다. 시작은 우연히 한 회사의 채용 광고를 보게 되면서였다.

"출퇴근 시간 지옥철, 지겨우시죠? 집이든 카페든 원하는 곳에서 근무하세요!"

메타버스 속 근무 화면. (게더타운 제공)

말로만 듣던 메타버스 근무. 편할 것 같았다. 경력직으로 새 직장을 구하던 나는 흔쾌히 지원했고, 합격했다.

입사 첫날, 나는 어떻게 회사 동료를 만나게 될까 궁금했다. 우선 입사 며칠 전, 택배로 노트북을 받았다. 집으로 노트북을 보내주니 편하고 신기했다. 노트북과 함께 받은 이메일에는 내가 출근할 회사 주소가 적혀 있다. 그런데 도로명 주소가 아니라, 메타버스로 접속하는 온라인 주소다.

출근 시간에 맞춰 메타버스로 입장할 시간. 설렘을 안고 메타버스에 입장(접속)했다. 내 아바타의 옷차림을 설정하고, 메타버스 사무실에 들어간 후, 방향키를 눌러 내 자리를 찾아간다.

"○○ 님! 안녕하세요. 반갑습니다."

환하게 웃으며 내 이름(또는 닉네임)을 부르

여러 직원들과 얼굴을 마주 보게 되는 화상 회의 모습. (위키피디아 캡처)

는 팀원들을 만났다. 아바타 위에는 캠 화면 속 실제 직원들 얼굴이 둥둥 떠 있다. 이들이 앞으로 나와 일할 동료들이다.

작은 노트북 화면, 그리고 더 작은 캠 화면 속에서 환하게 미소 짓는 얼굴들. 메타버스 근무의 시작이었다.

상사와 빤히 마주 보며 일한다

근무 시간 내내 동료들 얼굴이 눈앞에 둥둥 떠 있으면 어떤 기분이 들까.

메타버스 근무의 첫 번째 난관은 근무 내내 서로의 얼굴을 마주 봐야 한다는 것이었다. 물론, 서로의 눈을 빤히 응시하는 것은 아니다. 각자의 시선은 자기 노트북 화면 속 서류

따위에 가 있을 테다. 그러나 메타버스 근무의 사용자 경험(UX · User eXperience)은 서로의 얼굴을 몇 시간 동안 마주 보는 불편함이었다.

캠을 끄면 어떨까. 안타깝게도 메타버스 근무에서 캠을 자유롭게 끌 수 있게 하면 문제가 더 복잡해진다.

이유는 이렇다. 우리는 사무실에서 일할 때 옆자리 동료를 "○○ 씨" 하고 바로 부를 수 있는데, 메타버스에서도 이것이 가능해야 한다. 그래야 업무 몰입감이 유지된다.

내가 찾는 동료 A가 동료들에게 알리지 않고 캠을 껐다고 가정해보자.

나는 "A씨, 잠깐 대화 가능하세요?"라는 메

메타버스 근무 첫날, '온라인 출근'
아바타 위에 직원 얼굴 둥둥 떠 있어
근무 중 직원 얼굴 마주 보는 불편함
캠 끄면 불필요한 소통 비용 증가
상사 콧소리 헤드폰으로 듣는 고역

시지를 보내고 회신을 기다려야 한다. 한 명, 두 명 캠을 끄기 시작하면 이런 커뮤니케이션 비용이 늘어난다. 그저 불편하다는 이유로 캠을 끌 수 있게 되면, 머잖아 캠을 켜는 사람이 없어지고 불필요한 커뮤니케이션이 급증할 테다.

결국 원활한 커뮤니케이션을 위해 캠·마이크·스피커(또는 이어폰)를 상시 켜놓는 것이 정답인데, 여기서 오는 스트레스가 상당하다. 이것이 메타버스 근무의 양면성이다.

누군가의 얼굴, 그것도 여러 명의 정면 모습을 화면에 쭉 나열해놓고 일한다는 것은 꽤나 스트레스 받는 경험이다.

마이크와 스피커를 켜놓는 것 역시 고역이다. 상사가 만성 비염이라고 생각해보라. 이어폰을 착용했는데, 상사가 3~5초에 한 번씩 킁킁거리면서 코를 들이마신다면! (헤드셋 착용을 원격 근무 시 강제하는 기업도 있다.)

그래도 표정 관리는 해야 한다. 우리 팀 동료와 상사의 화면에는 나의 정면 얼굴이 근무 시간 내내 떠 있으니까. 누가, 언제, 어디서 나의 얼굴과 표정을 지켜보고 있을지 모르니까.

만나지 않고 화상 회의만 하면 어떤 일이 생길까
우리는 어떤 방식, 매체(medium)를 통해 동료와 커뮤니케이션할까. x축을 그려서 원점에 가까울수록 대면의 정도가 크고, 소통의 깊이가 깊어진다고 하면 어떤 그래프가 그려질까.

왼쪽부터 순서대로 '일대일 미팅' '런치 미팅·커피 챗' '대면 회의' '화상 회의' '메신저' '슬랙 등 협업 툴' '이메일' 순으로 놓일 것이다. 일대일 미팅이 가장 소통의 깊이가 깊고, 이메일이 가장 가볍고 격식을 차린다.

우리가 x축에 나열한 커뮤니케이션 수단들의 '빈도'는 코로나19 이전과 이후에 어떻게 달라졌을까.

y축을 '팬데믹 이전과 이후의 사용 빈도 차이'라고 정의해보면, 우리는 가파른 그래프를 그릴 수 있게 된다. 대면 커뮤니케이션은 급감하고, 비대면 커뮤니케이션이 급증했다.

'대면의 정도'가 곧 '소통의 깊이'와 같다고 보면, 우리는 다소 서늘한 결론에 다다르게 된다. 코로나19 창궐 이후에, 보다 깊이 있는 커뮤니케이션은 급감했고, 깊이가 얕은 비대

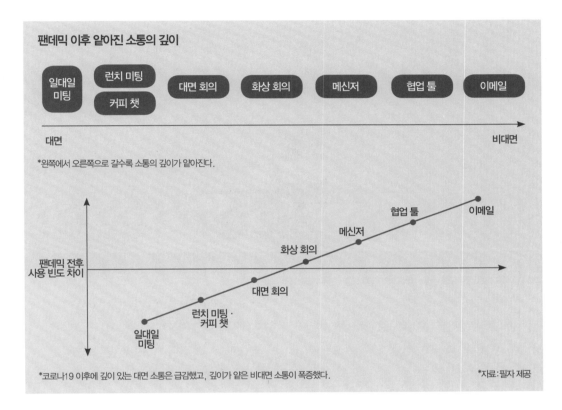

팬데믹 이후 얕아진 소통의 깊이

일대일 미팅 / 런치 미팅 / 커피 챗 / 대면 회의 / 화상 회의 / 메신저 / 협업 툴 / 이메일

대면 ──────────────────────────────→ 비대면

*왼쪽에서 오른쪽으로 갈수록 소통의 깊이가 얕아진다.

팬데믹 전후 사용 빈도 차이

이메일 / 협업 툴 / 메신저 / 화상 회의 / 대면 회의 / 런치 미팅 · 커피 챗 / 일대일 미팅

*코로나19 이후에 깊이 있는 대면 소통은 급감했고, 깊이가 얕은 비대면 소통이 폭증했다.

*자료:필자 제공

면 커뮤니케이션이 폭증했다. '속도 = 혁신'이라고 믿으며 이런 변화가 효율적이라고 감탄했지만, 사실은 소통의 깊이를 치명적으로 잃어가고 있었던 셈이다.

평상시에는 비대면 소통만으로도 괜찮다. 그런데 회사에 이슈가 생기거나 미스 커뮤니케이션이 발생하면 그때부터 문제가 생긴다. 소통이 충분치 않고 때로는 비효율적이라는 생각을 한두 명씩 하게 된다.

인간이라면 당연히 갖는, '사회적 교감'을 향한 갈구가 생긴다. 그런데, 진짜 문제는 이제부터 시작이다.

'지옥철은 이제 그만, 집이든 카페든 원하는 곳에서 근무하라'던 회사였는데, 그런 회사에서 "우리, 만날까요?"라는 말을 꺼내야 하나.

"만나서 얘기 좀 할까요"
그런데 팀원이 제주도에 있다

"메타버스 근무의 가장 큰 장점은 '채용'입니다. 지역이나 거리에 제한 없이 인재를 채용할 수 있습니다. 지금 회사에 있는 인재도 어디서든 근무할 수 있습니다. 제주도에서

코로나19 이후 늘어난 원격 근무가 마냥 좋은 것만은 아니었다. (게티이미지뱅크 제공)

든, 보라카이에서든 근무 가능합니다. 이런 장점은 인재가 회사를 떠나지 않는 요인이 됩니다."

메타버스 근무 툴을 세일즈하는 기업의 담당자들은 언론 인터뷰 때마다 '채용의 원활함'을 강조한다. 이런 말들이 허황된 수사는 아니다. 실제 메타버스 근무의 장점이 맞다. 그런데 조직문화와 커뮤니케이션 관점에서 보면 얘기가 달라진다.

자주 소통해야 하는 동료와 미스 커뮤니케이션이 발생했거나, 팀원 간에 다소 심각한 오해가 생겼다고 가정해보자. 이럴 때는 별다른 도리가 없다. 만나야 한다. 직접 만나서 서로 얼굴을 보며 소통해야 한다. 그런데 팀원끼리 만나려는 순간, 메타버스 근무의 근

본적 고민이 드러난다.

"좋습니다. 그런데, 어디서 만나죠?"

직접 본 사례를 전한다.

메타버스에서 100% 원격 근무하는 팀의 구성원은 총 8명이었다.

팀장과 팀원 한 명은 서울에 살았고, 세 명은 경기도에 살았다. 나머지 세 명은 집은 수도권이었으나 한 명은 강원도 리조트에서, 한 명은 부산 부모님 댁에서, 한 명은 제주도 에어비앤비에서 원격 근무 중이었다.

당신이 팀장이라면, 이들에게 어떻게 모이자고 하겠는가. 팀장은 서울 강남에 사는데 경기도나 지방에 있는 팀원들에게 미팅을 제안하면서 "경기도보다는 서울이 모이기 용이하지 않겠나. 광화문이나 강남에서 모이자"고

말한다면.

팀원들은 그날 아침 오랜만에 6시쯤 기상해 출근 준비를 하고, 7시쯤 집에서 나와 지옥철을 탄 다음, 9~10시까지 서울 중심부의 카페나 공유 오피스에 도착해야 한다.

업무와 미팅을 마친 뒤, 팀원들은 각자 2시간가량 걸려 귀가한다. 그리고 팀원들은 생각한다. '이런 짓 안 해도 된다고 해서 이 회사 온 건데….'

이쯤 됐을 때 가장 큰 문제가 발생한다. 메타버스 근무가 기본값인 회사에서 대면 소통을 하기가 참 힘들다는 사실을 깨달은 사람들은 대면 소통을 '지양'하게 된다. 이후부터는 미스 커뮤니케이션이 잦아지거나 부정 이슈가 발생해도 비대면 소통으로 최대한, 끝까지 해결하려고 하게 된다.

메타버스에서 100% 원격 근무하는 회사에 입사한 사람들은 끈끈한 팀워크 같은 것은 기꺼이 포기할 가능성이 크다. 이들이 회사를 선택한 최우선 이유가 바로 '원격 근무의 편리함'이었기 때문이다.

원격 근무는 팬데믹이 선물한 혁신이 아니다

팬데믹이 장기화되며 공포와 경계도 옅어지고 있다. '위드(with) 코로나' 시대로 넘어가는 이때, 기업들은 조직문화를 한 번씩 점검해야 한다.

전 세계인이 원격 근무를 경험했고, IT 기

메타버스상의 원격 근무 화면. (페이스북 호라이즌 캡처)

코로나 이후 비대면 소통 편해졌지만 소통의 깊이는 얕아지는 부작용 발생 이슈 발생 시 미스 커뮤니케이션 우려 '만나서 얘기하자' 하면 직원들은 불만 끈끈한 팀워크 기대난…원격 근무 단점

업 외 다양한 업계에서도 사무실 출근과 원격 근무를 혼용하고 있는 지금, 조직원들이 커뮤니케이션을 잘하고 있는지, 조직문화가 여전히 건강하고 지속 가능한지 돌아봐야 한다.

수개월간 메타버스에서 100% 원격 근무를 해본 필자의 결론은 다음과 같다.

"코로나19 사태는 새로운 시대와 미래를 여는 멋들어진 제막식이 아니다. 과거의 일상으로 다시 돌아갈 수 없다는 비극적인 종언이다." ■

메타버스 플랫폼 '로블록스' '포트나이트'
가상 부동산 생태계 구축 '디센트럴랜드'

나건웅 매경이코노미 기자

메타버스는 말 그대로 '또 하나의 세상'이다. 새로운 세계를 '창조'하는 일이다 보니 수많은 기술과 노력 그리고 비용이 투입된다. 한 기업이 나 홀로 주도하기에는 여러모로 한계가 있을 수밖에 없다. 현실 세계서 '도시 조성'을 떠올리면 이해가 쉽다. 아파트 건물을 올릴 건설사, 하수도와 전력 공급을 책임질 공기업, 도로망과 대중교통을 설계하는 업체 등 수많은 업계 기업들이 한데 뭉쳐야 도시 하나를 완성할 수 있다.

메타버스도 마찬가지다. 각각의 분야에서 내로라하는 글로벌 기업들이 메타버스 만들기에 뛰어들고 있다. 메타버스 기업은 크게 4가지로 구분할 수 있다. 플랫폼, 콘텐츠, 인프라, 그리고 디바이스 기업이다. 각자 제공하는 기술과 서비스가 한데 모여야 경쟁력 있는 메타버스 구축이 가능하다. 분야별 경쟁

력 있는 글로벌 메타버스 기업을 소개한다.

첫 번째로 소개할 분야는 '플랫폼 기업'들이다. 메타버스 플랫폼 사업자는 가상 세계 속에서 사람들이 모이는 '공간'을 제공한다. 콘텐츠 산업에 빗대면 '유튜브'나 '넷플릭스'와, 인터넷을 대입하면 '구글' '네이버'와 비슷한 역할을 한다. 플랫폼을 중심으로 메타버스 세계가 창조된다. 플랫폼의 핵심 역량은 얼마나 많은 유저를 유입시킬 수 있는지, 또 경쟁력이 뛰어난 각 분야 메타버스 기업과 얼마나 많은 제휴 관계를 맺을 수 있는지로 판가름 난다. 글로벌 메타버스 플랫폼 패권을 놓고 여러 기업이 경쟁하고 있다.

❶ 로블록스(Roblox)
유저가 직접 만들어가는 게임 플랫폼

미국 게임사 로블록스에서 내놓은 '로블록스

로블록스는 전 세계 이용자가 2억명이 넘는 게임 플랫폼이다. NFT 아이템을 구입하면 아바타나 공간을 꾸밀 수 있다. (로블록스 제공)

(Roblox)'는 전 세계에서 가장 잘 알려진 메타버스 플랫폼이다. 2021년 말 기준 전 세계 이용자가 이미 2억명을 훌쩍 넘는다. 플랫폼이 나온 지는 15년이 넘었다. 2006년부터 서비스를 시작해왔다. 로블록스 하루 사용자(DAU)는 2018년 1200만명에서 2019년 1760만명, 2020년에는 3260만명까지 늘었다. 2021년 3분기에는 4730만명을 돌파했다. 미국 9~12세 어린이의 60%가 로블록스를 이용 중인 것으로 알려졌다.

단순히 이용자만 많은 것이 아니다. 실적도 좋다. 2021년 3분기 매출이 6억3780만달러(약 7524억원)에 달했다. 전년 동기보다 102% 증가한 수치다. 여기 힘입어 2021년 3월 미국 뉴욕증권거래소에 상장할 때 시장 가치가 383억달러(약 44조원)에 이르렀다.

로블록스는 원하는 게임을 골라 플레이할 수 있는 '게임 플랫폼'이다. 이용자는 캐릭터(아바타)를 만들어 다양한 게임을 즐기고 다른 이용자와 소통할 수 있다. 기존 게임 회사와 차별점이 많다. 게임사가 만든 게임을 일방적으로 플레이하는 기존 게임과 달리 로블록스에서는 유저가 직접 게임을 만들 수 있다. 로블록스가 제공하는 '게임 생성 툴' 프로그램인 '로블록스 스튜디오'를 이용해서다. 로블록스가 자체적으로 새로운 콘텐츠를 제공하지 않아도 이용자가 신규 게임을 만들어 지속적으로 공급한다. 신작이

나 새로운 게임 IP에 대한 개발 부담이 상대적으로 덜하다.

전문 프로그래머가 아니더라도 비교적 쉽게 게임을 만들 수 있다는 것이 로블록스 스튜디오의 특징이다. 과거 유행했던 '롤러코스터 타이쿤'이나 '심즈' 같은 도시 건설 게임을 떠올리면 편하다. 유저는 클릭 몇 번으로 원하는 곳에 도로를 깔고 원하는 인테리어의 건물을 올리고 상점도 만들 수 있다. 2020년 기준 유저가 로블록스 스튜디오를 이용해 만든 게임이 무려 5000만개, 개발 유저 수도 800만명에 달한다. 이 중 40만명이 로블록스에서 전업으로 게임을 개발하고 있고 상위 300명은 누적 10만달러가 넘는 수익을 냈다.

이처럼 개발자는 게임 머니뿐 아니라 실제 돈을 벌 수 있다. 게임 내에서 상점을 만들어 아이템을 팔거나 게임 머니를 판매해 수익을 내는 식이다. 로블록스는 게임 자체는 무료로 즐길 수 있지만 아이템이나 캐릭터 액세서리, 옷 등을 구입하려면 플랫폼 내에서 쓰

이는 게임 머니 '로벅스'를 구매해야 한다. 현재 로블록스 개발자에는 '100로벅스(R$ · 로블록스 화폐 단위)=35센트'라는 환율이 일괄 적용된다. 로블록스 관계자는 "지난해까지 로블록스가 게임 개발자에게 지급한 돈이 3억2900만달러(약 3800억원) 정도 된다. 일년에 수백만달러 이상 수익을 올리는 개발자도 있다. 단순히 게임을 즐기는 것을 넘어 경제 활동이 가능한 셈"이라고 말했다.

로블록스에서는 누구나 게임을 만들고 즐길 수 있을 뿐 아니라 친구들과 친목을 다지는 SNS 기능도 갖췄다. 단순히 게임 승리만이 중요한 것이 아니라 내 아바타가 어떤 옷을 입고 어떤 아이템을 갖췄는지도 중요한 셈이다. 상황이 이렇다 보니 기업들, 특히 패션 · 명품 기업이 로블록스에 발 빠르게 진입 중이다. 구찌, 루이비통 같은 명품 브랜드는 로블록스 내에 쇼룸을 만들고 플랫폼에서 착용할 수 있는 여러 명품 아이템을 판매하고 있다. 나이키 역시 최근 로블록스에 가상현실 대형매장 '나이키랜드'를 구축했다. 나이키랜드에 조성된 나이키 빌딩은 물론 운동장, 체육관 등에서 사용자들은 자신의 움직임을 스마트폰 등을 통해 아바타의 움직임으로 변환하는 식으로 피구나 달리기 같은 게임을 온몸으로 즐길 수 있다. 또한 자신의 아바타를 나이키 제품들로 꾸밀 수 있는 디지털 쇼룸도 들어선다. 이용료는 무료다. 물론 로블록스에도 단

점으로 지적되는 부분이 있다. 로블록스에서 사용자들이 쓰는 레고 모양 캐릭터 모델이나 게임 그래픽이 투박하고, 상대적으로 질도 떨어진다는 지적을 많이 받았다. 2021년 10월 로블록스는 업데이트 발표를 통해 이런 문제를 개선해나가겠다고 밝혔다. 플레이어 아바타들을 보다 실제처럼 보이도록 그래픽 작업을 진행해왔고, 디지털 아바타 스타트업인 룸닷아이(Loom.ai) 기술을 도입해 말하는 대로 캐릭터 얼굴 입 모양이 바뀌는 '다이나믹 헤드' 기술 베타 버전을 공개하기도 했다.

❷ 에픽게임즈(Epic Games)
포트나이트에서 1200만명 콘서트를

2017년 3인칭 슈팅 게임 '포트나이트(Fortnite)'를 선보인 '에픽게임즈(Epic games)'도 메타버스 플랫폼을 논할 때 빼놓을 수 없는 기업이다. 포트나이트는 원래 아바타를 조종해 상대방과 결투하는 '배틀로얄' 게임이다. 글로벌 이용자 수가 3억명이 넘고 특히 미국은 Z세대의 40%가 매주 한 번 이상은 꼭 접속, 전체 여가 시간의 25%를 쏟아부을 정도로 인기가 높은 게임이다.

포트나이트가 메타버스의 장으로 떠오른 이유는 싸움 없이 친목을 다질 수 있는 가상 공간 '파티로얄' 모드 덕분이다. 에픽게임즈는 이곳에 게임뿐 아니라 SNS, 음악 감상 등 활동을 할 수 있는 기능을 추가했다. 결과는 대

에픽게임즈의 대표작 '포트나이트'의 '파티로얄' 모드는 전투 없이 다른 이들과 친목을 다질 수 있는 가상 공간이다. (에픽게임즈 제공)

성공. 트래비스 스콧 같은 초대형 가수가 콘서트를 여는 장소로 활동할 정도로 인지도를 빠르게 키웠다. 트래비스 스콧이 이 안에서 연 콘서트는 동시 접속자가 1230만명에 이르렀고 무려 216억원의 수익을 기록했다. 방탄소년단이 지난해 히트곡 '다이너마이트' 뮤직비디오를 처음 공개한 공간도 포트나이트였다. 플레이어들의 아바타는 공개 영상을 보며 음악을 감상하고 안무를 따라 하기도 한다. BTS 다이너마이트는 공개 당시 24시간 만에 1억100만뷰를 기록해 유튜브 뮤직비디오 사상 '24시간 최다 조회 수' 신기록을 세우기도 했다. 포트나이트가 개최한 단편 영화제 '쇼트나이트'는 포트나이트의 메타버스로서 가능성을 보여주는 또 다른 사례다. 아바타들은 팝콘을 먹는 동작을 취할 수 있는 아이템을 구입해 극장에 출입, 실제 영화관에서 영화를 보는 것처럼 콘텐츠를 즐겼다. 배틀로얄 모드에 등장하는 각종 사물을 이용해 나만의 섬을 창조할 수 있는 '포크리' 모드 역시 포트나이트의 메타버스화를 더욱 앞당겼다.

포트나이트는 공격적인 M&A로 메타버스 역량을 더욱 높이겠다는 의지도 내보인다. 2021년 11월 에픽게임즈는 음악 게임 스튜디오 '하모닉스'를 전격 인수했다. 하모닉스는 '락밴드' '기타 히어로' 등 다양한 음악 게임 개발로 유명하며, 엔씨소프트 북미 법인 엔씨웨스트를 통해 유통되는 DJ 게임 '퓨저'를 개발한 기업이기도 하다. 에픽게임즈 관계자는 "음악은 이미 '포트나이트' 안에서 글로벌 콘서트, 이벤트 등을 통해 수백만 명을 모으고 있다. 하모닉스 팀과 함께 유저들의 음악 경험 방식에 혁신을 시도하겠다"고 인수 배경을 밝혔다.

디센트럴랜드 · 더샌드박스 등
메타버스 내 아이템 · 화폐 거래를
블록체인 기반으로 운영하는
탈중앙화 메타버스 플랫폼 '각광'
계약 내용 위 · 변조 불가능하고
임대료도 코인으로 주고받아

❸ 디센트럴랜드(Decentraland)
블록체인 기반의 메타버스 플랫폼

디센트럴랜드(Decentraland)는 가상 부동산 메타버스다. 영어 단어 뜻 그대로 '탈중앙화 대륙'을 꿈꾼다. 유저는 블록체인 기반의 암호화폐 '마나(MANA)'를 통해 게임 내 땅을 사고팔 수 있다. 미국에서 쓰는 돈이 '달러', 한국에서 쓰는 돈이 '원화'듯, 디센트럴랜드에서 사용되는 화폐가 '마나'다.

2015년 출범 당시 디센트럴랜드는 격자무늬가 새겨진 황무지일 뿐이었다. 하지만 가능성을 알아차린 초기 유저들이 현실의 돈을 마나로 환전해 땅을 사들였고 그 위에 건물을 올리기 시작했다. 디센트럴랜드에서 운용되는 부동산은 현실 세계 부동산과 다르지 않다. 유동인구가 많은 지역 내 부지는 땅값이 비싸다. 사들인 땅에 상점이나 박물관 같은 건물을 세우고 이곳에서 영업을 하며 추가 수익을 기대할 수도 있다.

예를 들어 상품을 홍보하거나 판매하고 싶은 패션 브랜드가 있다면 땅 주인에게 임대료를 내고 매장을 올려 사업을 운영한다거나, 카지노 사업장을 열어 다른 유저로부터 수수료를 받을 수도 있다. 땅만 잘 사면 매매 차익뿐 아니라 임대 수익도 거둘 수 있다는 얘기다.

땅값은 그야말로 '억 소리'가 난다. 실제 매매 사례를 살펴보면 이해가 쉽다.

토큰스닷컴 자회사 '메타버스 그룹(Metaverse Group)'은 2021년 11월 디센트럴랜드 내 패션 스트리트 구역에 116토지를 61만8000마나를 주고 사들였다. 우리 돈으로 환산하면 30억원이 훌쩍 넘는다. 디지털 부동산 거래 사상 역대 최고액으로 토큰스닷컴은 이 부지에서 아바타 의류를 판매하고 패션 이벤트를 열 계획이라고 밝혔다.

현실 세계와 다른 점은 부동산 거래를 중개하는 '중개업자'가 없다는 점뿐이다. 대신 블록체인 '스마트 계약'으로 당사자끼리 직접 거래를 한다. 블록체인 특성상 계약 내용은 위 · 변조가 불가능하고 거래 이력도 투명하게 공개된다.

토지뿐 아니다. 디센트럴랜드에서 생산 · 유통되는 모든 상품은 각자가 하나의 NFT로, 마나로 사고팔 수 있다. 디지털 아이템임에도 불구하고 유저에게 확실한 소유권이 부여된다. 희소가치가 높은 아이템은 수천만원에도 거래된다.

마나는 전 세계 대부분 가상자산 거래소에 상장돼 있을 정도로 높은 인지도를 자랑한다. 2021년 말 기준 전체 시가총액이 65억달러에 육박할 정도로 규모도 크다. 디센트럴랜드를 플레이할 경우 당연히 돈도 벌 수 있다. 예를 들어 부동산 거래를 통해 얻은 차익은 거래소를 통해 현금화가 가능하다.

더샌드박스(The Sandbox)도 디센트럴랜드와 마찬가지로 블록체인 생태계를 기반으로 운영되는 메타버스다. 디센트럴랜드와 함께 메타버스 코인 '쌍두마차'로 평가받는다. 더샌드박스의 토지(랜드)는 약16만개로 한정돼 있다. 2021년 11월 말 기준 랜드 1개 최저 가격은 3.8이더리움(약 2000만원)이다. 토지를 임대해줄 수 있는 것은 물론, 샌드박스에서 통용되는 화폐 샌드(SAND)를 토지에 예치하면 이자를 받듯 수익을 올릴 수 있다. 최근 소프트뱅크 비전펀드가 주도하는 9300만달러 규모 시리즈B 투자를 유치했다. 삼성넥스트, LG테크놀로지벤처스, 컴투스 등 국내 기업도 투자에 참여했다.

이 밖에도 제페토, 뽀로로, 스머프, 아타리, 소니 등 165개 이상의 브랜드와 파트너십을 체결했다. 기업들은 더샌드박스 내에 토지를 개발해 자신의 건물을 올려 상품·서비스 판매로 수익을 거두기도 한다.

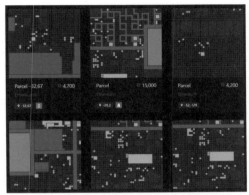

디센트럴랜드는 가상 부동산 메타버스다. 디센트럴랜드 화폐인 마나(MANA)나 이더리움으로 메타버스 부동산을 사고팔 수 있다. 사진은 디센트럴랜드 부동산에 등록된 매물들. (디센트럴랜드 홈페이지 갈무리)

❹ 메타·텐센트·닌텐도…
막강한 플랫폼·콘텐츠로 도전장

아직 구체적인 플랫폼을 내놓지는 못했지만 향후 압도적 메타버스 플랫폼을 갖출 수 있다고 평가받는 기업도 많다. 사명까지 변경하며 메타버스 올인을 선언한 '메타(Meta·구 페이스북)'나 에픽게임즈(플랫폼), 언리얼엔진(소프트웨어 인프라), 스냅(하드웨어 인프라) 등 메타버스 기술 각 분야 핵심 기업의 대주주 지위를 가진 중국 '텐센트'가 대표적이다. 게임 '동물의 숲'으로 메타버스 운영을 간접 경험한 '닌텐도' 역시 언제든 자체 메타버스 플랫폼을 내놓을 수 있는 강력한 후보로 꼽힌다. 기존 유저들의 충성도가 워낙 공고한 데다 '슈퍼마리오' '포켓몬스터' 같은 파워풀한 IP도 많아 향후 메타버스 생태계 '다크호스'로 꼽힌다. ■

실감 100% 메타버스 구축하는 '제작 툴'
게임 엔진 1위 '유니티' · 3D 포토샵 '어도비'

나건웅 매경이코노미 기자

플랫폼만 있다고 메타버스가 돌아가는 것은 아니다. 그 안에 즐길 거리, 즉 뛰어난 '콘텐츠'가 있어야 한다. 중요한 것은 콘텐츠의 '질'이다. 콘텐츠를 실감 나게 구현하기 위한 그래픽 기술, 그리고 가상 공간에서 개발자나 유저가 건물이나 아이템을 비교적 손쉽게 설계하고 제작할 수 있는 기술이 있어야 양질의 메타버스가 운영될 수 있다.

2021년 메타버스 열풍이 불어닥친 이유는 비

유니티소프트웨어 '유니티 엔진'은 전 세계 모바일 게임 시장점유율 70% 이상을 차지한다. (유니티소프트웨어 제공)

단 메타버스에 대한 관심이 커졌기 때문만은 아니다. 메타버스를 만들고 또 원활히 돌아갈 수 있도록 하는 기술 진입장벽이 과거에 비해 현저히 낮아지고 있다. 메타버스 소프트웨어 인프라를 책임지는 기업들을 소개한다.

❶ 유니티소프트웨어(Unity Software)
메타버스 만들기 쉽게 도와주는 '툴'

메타버스는 아직 '가상 세계'라는 거창한 이름과 달리 현실과 동떨어진 다소 조잡한 그래픽이 주를 이룬다. 하지만 앞으로 소프트웨어 인프라 기술이 진화하면 점점 더 실제와 유사한 경험을 제공하는 콘텐츠가 늘어날 것이다. 고도화된 CG(컴퓨터그래픽), 가상현실(VR), 증강현실(AR), 홀로그램 기술 등을 통해서다.

'실감 나는 메타버스'를 논할 때 전 세계에서

가장 많이 언급되는 기업은 단연 '유니티소프
트웨어'다. 2006년에 설립된 게임 개발 엔진
업체로 전 세계 게임 엔진 시장의 절반, 모바
일 게임 시장에서 70% 이상의 점유율을 차지
한다. 시장에 나온 AR·VR 콘텐츠의 60%
이상이 유니티 기술에 기반해 만들어졌다.

유니티는 가상 세계를 구현하는 데 필요한 구
성 요소인 그래픽과 오디오, UI 시스템 등을
통합해 하나의 플랫폼으로 제공한다. 개발자
들은 엔진에서 제공하는 소스 코드를 활용해
게임 장면을 쉽게 구현할 수 있다. 게임 외에
아티스트, 건축가, 자동차 디자이너, 필름메
이커 등 크리에이터들도 3D 콘텐츠를 만들
기 위해 유니티 솔루션을 활용한다. 쉽게 말
하면 '가상현실 제작 툴'이라고 볼 수 있다.

유니티 주력 기술은 역시 '게임 엔진'이다. 실
감 나는 게임 그래픽을 구현하기 위해 필요한
소프트웨어다. 게임 엔진은 게임뿐 아니라
모든 종류의 3D 디지털 콘텐츠 제작에도 활
용된다. 게임에서는 '포켓몬고', 넥슨 '카트라
이더 러쉬플러스', 콘텐츠에서는 디즈니 영화
'코코'와 '라이온 킹' 실사 그래픽이 유니티 엔
진으로 제작됐다.

유니티 솔루션은 게임뿐 아니라 모바일, 태
블릿, PC, AR·VR 기기에 활용되는 3D
콘텐츠 제작에 활용 가능해 향후 성장성이 매
우 높다. 비게임 영역에서도 그 잠재력을 인
정받고 있다. BMW 같은 유수 완성차 기업

오토데스크는 건축가와 엔지니어가 건물이나 제품을 3D로 설계할 때 도
움을 주는 프로그램을 운영하는 회사다. (오토데스크 홈페이지 캡처)

들이 유니티 엔진을 자율주행 시뮬레이션 시
각화에 활용하고 있다. 토요타는 제조 전반
에서 유니티의 RT3D(Real-time 3D) 플
랫폼을 활용한다. 볼보는 유니티로 가상의
세계에서 차량을 설계하고 생산 프로세서를
구축한다. 실제 디자이너와 엔지니어 간 협
업을 개선하고 프로토타입 차량에 대한 의
존도를 줄여 비용을 절감하는 데 성공했다.
2019년 매출 기준 상위 10대 건축 설계 회
사 중 8개사와 10대 자동차 회사 중 9개사에
서 유니티 제품을 쓴다.

메타버스 진출에 필요한 사실적인 그래픽 구
현에도 관심을 기울이는 모습이다. 유니티
는 2021년 11월 '아바타' '왕좌의 게임' '반지
의 제왕' '더 수어사이드 스쿼드' 등의 특수효
과 작업을 맡은 콘텐츠 제작 기업 '웨타디지
털(Weta Digital)'을 인수했다. 웨타디지털
의 툴과 파이프라인, 기술, 엔지니어 인력을
흡수하는 데 16억2500만달러(약 1조9000
억원)를 쏟아부었다. 새로 합류한 엔지니어

'포켓몬고'로 유명한 나이언틱은 AR 콘텐츠를 쉽게 만들 수 있도록 돕는 개발자 키트 '나이언틱 라이트십 플랫폼'을 선보였다. (나이언틱랩스 제공)

만 275명에 달한다.

유니티 외에는 에픽게임즈의 자체 게임 엔진 '언리얼엔진'이 유명하다. 유니티와 언리얼엔 진이 게임 시장을 사실상 양분하고 있다고 해 도 과언이 아니다. 건축, 교육, 쇼핑 등 비게 임 분야에서는 언리얼엔진이 도리어 앞서고 있다는 평가도 나온다. 포트나이트라는 걸출 한 메타버스 플랫폼을 이미 보유한 데다 대주 주 텐센트 영향으로 중국 게임 시장점유율이 높다는 점도 언리얼엔진의 강점으로 꼽힌다.

❷ 오토데스크(Autodesk)
제페토 구현한 건설 도면 시각화 기술

메타버스 시대에서 '오토데스크(Autodesk)' 가 관심받는 이유도 비슷하다. 오토데스크 는 건설 도면 제작을 돕는 소프트웨어 '캐드 (CAD)'를 주력으로 하는 업체다. 즉 건축가 와 엔지니어가 건물과 제품을 설계하고 만드 는 데 사용하는 프로그램으로 3D 시각화에 강점을 갖는다. 1982년 출범해 건설·엔지 니어링 영역에서 독보적인 시장점유율을 갖 고 있다. 2020년 캐드 기준 세계 시장점유

율이 60%에 달한다. 현재는 디자인·게임· 엔터테인먼트 영역까지 사업을 확장했다. 게 임용 솔루션 '3DS 맥스', 애니메이션용 솔루 션 '마야', 제품 설계용 클라우드 솔루션 '퓨전 360' 등 제품군을 넓혔다. 셋 모두 메타버스 설계와도 매우 밀접한 연관이 있다. 3DS맥 스와 마야 기술이 주로 사용돼 구현된 대표적 인 플랫폼이 네이버 제페토다.

❸ 나이언틱(Niantic)
'포켓몬고'로 축적한 AR 기술력

현재 메타버스 플랫폼의 주 무대는 '인터넷', 주인공은 '아바타'다. 하지만 메타버스 플랫 폼들이 AR을 지원하기 시작하면 이야기가 달라진다. 인터넷이 아닌 현실 세계에서, 또 아바타를 조종하는 게 아닌 유저가 본인 몸을 직접 움직여 메타버스를 훨씬 더 생생하게 체 험할 수 있게 된다.

AR 분야에서 가장 이름 높은 업체는 '포 켓몬고'로 글로벌 히트를 기록한 '나이언틱 (Niantic)'이다. 단순히 AR 게임을 만드는 것을 넘어 최근에는 다른 개발자들이 보다 쉽

게 AR 콘텐츠를 만들 수 있도록 돕는 솔루션도 제공한다.

2021년 11월 나이언틱은 증강현실 개발자 키트 '나이언틱 라이트십 플랫폼'을 선보였다. AR 콘텐츠를 만들 수 있는 핵심 기술들이 집약돼 있다. 예를 들어 스마트폰 카메라 센서를 이용해 유저 주변 지형과 표면을 실시간으로 파악해 3D 맵을 생성할 수 있고 디지털 물체가 실제 현실 세계 표면 위에 '안착'할 수 있는 인식 기술도 제공한다. 나이언틱 솔루션을 주로 활용하는 기업들, 이른바 '나이언틱 생태계'를 넓히기 위한 작업도 차근차근 진행 중이다. 나이언틱벤처스(Niantic Ventures)를 출범시키고 라이트십 플랫폼을 쓰는 전도유망한 메타버스 업체들을 대상으로 2000만달러 규모 투자를 단행하기로 했다.

④ 어도비(Adobe)
사진·영상에서 3D·AR 툴로 진화

어도비(Adobe)는 1982년에 설립된 디지털 콘텐츠 제작 툴 소프트웨어 업체다. 이미지를 수정하는 포토샵, 문서를 제작하는 PDF, 동영상을 편집할 때 쓰는 프리미어프로를 운영하는, 우리가 잘 아는 바로 그 어도비가 맞다. 어도비는 이처럼 이미지나 디자인, 문서, 영상 등을 손쉽게 만들 수 있는 소프트웨어를 주로 만들어왔다.

요즘은 어도비가 취급하는 제작·수정의 대

어도비는 2D를 넘어 3D 편집 프로그램도 서비스한다. (어도비 제공)

상이 진화하고 있다. 사진이나 영상 같은 2D에서 메타버스 필수 구성 요소인 3D로 옮겨가고 있는 것이다. 사실 어도비는 전통적으로 2D 툴을 제공하는 업체로 알려져 있지만, 3D 쪽에도 많은 투자를 진행해왔다. 3D 기업 믹사모, 알고리드믹, 미디움 등을 인수했고 픽사 부사장 출신 인력도 영입한 바 있다. 예를 들면 어도비 서브스탠스3D(Adobe Substance 3D)는 마치 포토샵에서 브러시 작업을 하듯 3D 모델에 소재나 텍스처(질감)를 입힐 수 있도록 도와주는 프로그램이다. 3D 장면에서 모델, 소재, 조명 등을 쉽게 조합해 가상 사진을 만드는 기능도 있다.

이 밖에도 AR 제작을 지원하는 툴인 '어도비 에어로(Adobe Aero)', 카메라를 활용해 몸의 움직임과 제스처를 애니메이션화할 수 있는 기능을 갖춘 '어도비 캐릭터애니메이터(Adobe Character Animator)' 등 역시 최근 관심받는 프로그램이다. ■

엔비디아·퀄컴·AMD···반도체 기업
고화질·3D 콘텐츠 안 끊기게 '서포트'

나건웅 매경이코노미 기자

앞으로 메타버스는 현실과 구분이 불가능할 정도의 가상현실(VR), 또는 그에 필적하는 초고화질 3D 영상으로 구현될 가능성이 높다. 이는 엄청난 고화질 영상이나 3D 이미지가 실시간으로 끊임없이 재생돼야 한다는 것을 의미한다. 조금의 버벅거림만 있어도 현실감이 떨어지고 나아가 어지럼증 같은 부작용까지 호소할 수 있다.

관건은 방대한 데이터가 초고속으로, 또 원활하게 처리될 수 있는지다. 여기에 필요한 것이 바로 '하드웨어 인프라'다. 초고성능 반도체 칩, 5G 통신, 그리고 클라우드 컴퓨팅 기술, 데이터 센터 등이 해당된다. 현실 세계에 비유하자면 발전소나 상하수도 시설 같은, 없어서는 안 될 필수적인 인프라다. 플랫폼 하나 없는 반도체·부품 기업들이 메타버스 수혜주로 분류되는 이유도 여기 있다.

엔비디아(NVIDIA)
메타버스 플랫폼 '옴니버스'와 시너지

시가총액 기준 미국 최대 반도체 기업인 '엔비디아(NVIDIA)'가 대표적이다. 삼성전자는 D램 같은 메모리 반도체 시장의 강자라면, 그래픽처리장치(GPU) 등 비메모리 반도체 시장에서는 엔비디아가 세계 1위 기업이다.

엔비디아는 고성능 게임을 즐기거나 고화질 영화를 보는 데 필수 부품인 글로벌 GPU 시장에서 독보적인 위치를 점하고 있다. GPU는 원래 비디오 게임에 주로 활용되는 장치였지만 최근에는 인공지능(AI) 연산, 암호화폐 채굴, 자율주행 자동차 등으로 영역을 크게 넓혔다.

최근에는 메타버스에 필요한 데이터 센터와 클라우드 컴퓨팅, VR·AR 기기에서 반도체 칩 수요가 늘어나며 더욱 주목받는다. 주가도

엔비디아는 고성능 게임을 즐기거나 고화질 영화를 보는 데 필수 부품인 글로벌 GPU 시장에서 독보적인 위치를 점하고 있다. 사진은 엔비디아 개발자 대회 GTC에서 아바타로 분한 젠슨 황 엔비디아 CEO. (GTC 영상 캡처)

고공비행 중이다. 엔비디아는 2021년 3분기에 매출액 71억달러(약 8조3900억원)를 기록했다. 전년 동기 대비 50.3% 급증한 수치다. 순이익은 24억6000만달러(약 2조9000억원)에 달한다.

엔비디아는 단순히 반도체 칩을 넘어 메타버스에서 더 큰 미래를 본다. 2021년 11월 엔비디아 개발자 대회 GTC에서 선보인 개발자용 메타버스 플랫폼 '옴니버스'에서 그 의지를 엿볼 수 있다.

옴니버스는 개발자와 디자이너들이 3차원 이미지나 영상을 함께 만드는 온라인 협업 공간이다. AI, 음성 인식, 그래픽, 컴퓨터 비전, 자연어 이해 등 혁신 기술이 결합된 메타버스 제작 툴이다. 대화형 AI 아바타를 생성하고 3D 건축물이나 아이템을 구현하는 데 도움을 준다.

'옴니버스 엔터프라이즈'는 옴니버스에 기반해 디지털 트윈을 만드는 기업용 소프트웨어다. 디지털 트윈은 현실 속의 기계나 장비, 사물 등을 컴퓨터 속 가상 세계에 구현한 것을 말한다. AI 아바타를 생성할 수 있는 플랫폼 '옴니버스 아바타'도 있다. 젠슨 황 엔비디아 최고경영자(CEO)는 이를 활용해 만든 자신과 꼭 닮은 아바타를 GTC에서 공개하기도 했다.

옴니버스가 대중화될수록 엔비디아 영향력은 이중으로 커진다. 옴니버스를 쓰기 위해서는 엔비디아의 RTX 그래픽 카드가 필수기 때문이다. 이른바 '록인 효과'를 노린 모습이다.

GTC에 나선 젠슨 황 엔비디아 CEO는 "옴니버스는 가상 세계를 시뮬레이션하고 연결할 수 있도록 도와준다. 소셜 플랫폼으로 메타버스를 구축하려는 기업도 있지만, 엔비디아는 기

퀄컴과 AMD는 메타버스 구동에 필요한 웨어러블 기기, 데이터 센터 등에 장착하는 반도체 칩을 제공한다. (각 사 제공)

술 인프라 비즈니스를 통해 이를 이루려고 한다"고 말하기도 했다.

퀄컴(Qualcomm)
스마트폰 · 웨어러블 기기에 탑재된 '칩셋'

퀄컴(Qualcomm) 전략은 엔비디아와 비슷한 듯 다르다. 엔비디아가 메타버스 구현과 운영에 필요한 반도체를 제공한다면, 퀄컴은 메타버스와 연동 가능한 스마트 기기에 장착되는 부품을 만든다. 스마트폰이나 VR 헤드셋, 스마트 글라스 같은 웨어러블 기기에 들어가는 반도체 칩이다. 퀄컴 주력 제품 '스냅드래곤'이 대표적이다.

스냅드래곤은 '스마트폰의 두뇌'라고 불리는 부품인 애플리케이션 프로세서(AP)다. 2021년 11월, 퀄컴은 스냅드래곤 신제품 공개 행사에서 메타버스 키워드를 대대적으로 앞세웠다. 퀄컴은 신제품 '스냅드래곤8 1세대'가 장착된 스마트폰이 메타버스 대중화를 이끌 것으로 예견했다. 스냅드래곤8 1세대는 5G와 무선랜(와이파이)을 결합해 최대 3.6Gbps 속도를 지원한다. 국내 LTE 최고 속도(1Gbps)는 물론 현재 지원 중인 5G(1.1~1.3Gbps)보다도 3배가량 빠르다. 여기에 전 버전 대비 중앙처리장치(CPU), GPU, AI, 음향 성능과 전력 효율을 개선했고 블록체인 보안 기술도 도입했다. 향후 메타버스 접속에 주요 기기가 될 것으로 평가받는 VR 헤드셋에도 퀄컴 칩이 들어간다. 전 세계 점유율 1위 VR 헤드셋인 '메타(페이스북)'의 헤드셋 '오큘러스'에 퀄컴이 만든 칩셋 '스냅드래곤 XR2'가 탑재된다.

2019년 첫선을 보인 퀄컴의 XR2 칩을 사용한 기기는 2021년 기준 50종 이상이다. 칩이 장착된 오큘러스퀘스트2 출하량만 1000만대가 넘는다.

아시가드 퀄컴 부사장은 "세계를 2D에서 3D로 전환하려면 획기적 그래픽과 디스플레이 기술은 물론, 보안 · AI · 카메라 · 게이밍 등 전반적인 영역에서 혁신 기술이 필요하다. 퀄컴은 메타버스에 최적화된 칩셋을 제공할 것"이라고 말했다.

AWS · AMD
메타와 함께 클라우드 · 데이터 센터를

아마존웹서비스(AWS)와 AMD 역시 퀄컴과 비슷한 이유로 주목받는 메타버스 수혜 기업이다. 향후 메타버스 대장주로 발돋움할 가능성이 높은 메타와 부품 · 서버 협력에 적극 나서고 있다.

메타는 2021년 12월, AWS를 전략적 클라우드 공급자로 선정했다. 메타버스와 클라우드는 떼려야 뗄 수 없는 관계다. 복잡하고 용량이 큰 3D 모델을 렌더링하고 초고속·초저지연으로 스트리밍하기 위해서는 클라우드가 필수다. 클라우드를 활용하면 서버 측면에서 보다 효과적으로 메타버스 구축이 가능하고, 사용자가 늘어나도 안정적으로 서비스 제공이 가능하다.

그간 메타는 자체 데이터 센터를 운영하며 일부 업무 시스템에 한해 AWS 클라우드를 활용해왔다. 하지만 이번 협력으로 메타의 AWS 클라우드 사용량이 크게 늘어날 것으로 전망된다. 메타의 글로벌 서비스가 전 세계에 걸쳐 25개의 리전(데이터 센터)을 보유하고 있는 AWS 클라우드에서 운영될 수 있다.

미국 팹리스 반도체 설계 업체 AMD는 메타와 손잡고 'CPU 칩' 공급에 나섰다. 메타의 데이터 센터에 AMD의 EPYC 프로세서가 도입될 계획이다. EPYC 프로세서는 기존 칩 대비 평균 50% 향상된 성능을 제공하는 것으로 알려졌다.

현실 세계 5G 인프라도 필요
AT&T, T모바일, 버라이즌 '관심'

메타버스는 가상현실이지만, 현실 세계의 물리적 인프라도 필요하다. 초고속 인터넷을 지원하는 '광섬유 케이블망' 없이는 메타버스도

AT&T, T모바일, 버라이즌 같은 통신 기업들은 메타버스가 원활히 운영될 수 있도록 돕는 5G 통신망을 담당한다.

돌아갈 수 없다. 통신 업체들의 인프라 지원 사격이 필수적이라는 얘기다.

자연스레 대형 통신 기업들도 메타버스 관련 기업으로 주목받는다. 미국 통신 시장 독보적 1위 업체 'AT&T', 미국 최초로 광섬유 통신망을 활용한 인터넷 서비스를 선보인 '버라이즌', 독일계 글로벌 통신 기업 'T모바일' 등이 대표적이다.

메타버스 트렌드에 더해 미국 바이든 행정부가 강력하게 추진 중인 5G 네트워크망 인프라 구축 정책에 힘입어 전망이 밝다. 특히 AT&T는 통신 인프라는 물론 콘텐츠 역량까지 갖춰 향후 다가올 메타버스 시대에 앞서 있는 통신 기업 중 하나로 꼽힌다. AT&T는 2021년 5월 다큐멘터리 강자 '디스커버리' 채널을 430억달러(약 51조원)에 인수했다. 2018년 '워너브라더스'로 유명한 '타임워너'를 사들인 데 이어 공격적인 M&A를 연거푸 진행 중이다. ■

애플 · 소니 · 스냅챗…IT 공룡 '각축전'
VR은 메타 · AR은 마이크로소프트 '강세'

나건웅 매경이코노미 기자

메타버스와 현실 세계를 이어주는 매개체는 스마트폰과 PC다. 하지만 메타버스 기술과 콘텐츠가 고도화되면서 향후 매개체의 변화도 불가피하다. 수년 내 가상현실(VR) 헤드셋, 그리고 증강현실(AR) 기기가 스마트폰 자리를 대체할 것이라는 게 지배적인 시각이다. 메타버스로 들어가는 '열쇠'나 다름없는 확장현실(XR) 디바이스를 둘러싸고 치열한 경쟁이 펼쳐지는 중이다.

VR 시장 원톱은 '페이스북'
오큘러스 브랜드, 메타로 통합

XR 기기 시장 선두 주자는 다름 아닌 '메타(페이스북)'다. 소셜 SNS로 시작한 메타는 2014년 VR 기기 전문 기업 '오큘러스'를 인수한 후 VR 기기 개발에 박차를 가해왔다.

오큘러스는 전 세계 XR 시장의 독보적인 1위 기업이다. 카운터포인트리서치에 따르면 2020년 세계 XR 시장에서 오큘러스 시장점유

메타버스 차세대 접속 기기로 주목받는 VR 헤드셋을 놓고 시장 경쟁이 치열하다.
사진 왼쪽은 메타 VR헤드셋 '오큘러스퀘스트2', 오른쪽은 소니 '플레이스테이션 VR'. (각 사 제공)

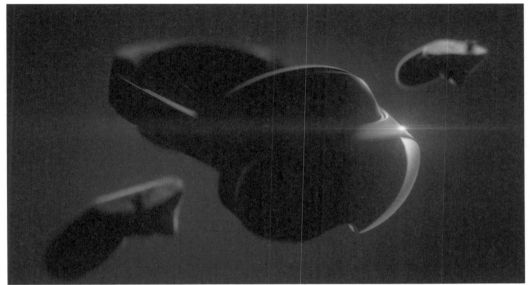

2021년 10월 열린 '페이스북 커넥트' 행사에서 메타가 선보인 차세대 VR 헤드셋 '프로젝트 캄브리아'. (페이스북 커넥트 캡처)

율은 53.5%를 차지했다.

2021년 점유율은 70%를 웃돌 것으로 전망된다. 2020년 9월 공개한 '오큘러스퀘스트2'가 이른바 '대박'을 치면서 판매 1년 만에 누적 출하량이 1000만대를 넘어섰다.

오큘러스퀘스트는 PC에 연결하지 않고 헤드셋에서 모든 콘텐츠를 구동할 수 있는 세계 최초의 '스탠드 얼론(stand alone) VR 헤드셋'이다. 별도의 컨트롤러를 사용하지 않고 이용자의 손을 인식해 VR 콘텐츠에 움직임을 적용하는 핸드 트래킹 기능까지 더해 눈길을 끌기도 했다.

마크 주커버그 페이스북 CEO가 메타버스에 '올인'하겠다고 자신 있게 선언한 배경에는 압도적인 디바이스 점유율이 자리한다.

2021년 10월 열린 '메타 커넥트(Facebook Connect)' 행사에서 향후 메타버스 전략을 엿볼 수 있었는데, 핵심은 역시 디바이스였다. 메타는 이번 행사에서 오큘러스 브랜드를 메타로 통합하고, 2022년부터는 XR 기기에서 페이스북 로그인이 필요 없게 만들 것이라 밝혔다. 또한 오큘러스퀘스트를 이을 차세대 최첨단 XR 기기인 프로젝트 캄브리아(Project Cambria)를 티저 영상으로 공개했으며, AR 글라스인 프로젝트 나자레(Project Nazare)를 소개했다.

특히 차세대 VR 헤드셋 라인업인 프로젝트 캄브리아에 많은 관심이 쏠린다. 기존 제품과

메타 '오큘러스', XR 점유율 70%
히트작 '오큘러스퀘스트2' 이어
차세대 VR 헤드셋도 공개
증강현실은 MS '홀로렌즈2' 우세
스냅은 AR 글라스 '스펙터클스'
애플도 디바이스에 공격적 투자

는 다르게 한 기기로 VR과 AR을 모두 구현 가능할 수 있는 데다 하드웨어 스펙도 월등하다. 4K 디스플레이를 비롯해 사용자 시선과 입술 모양, 전신 움직임까지 감지할 수 있는 카메라 5개가 장착됐다. 여기에 별도의 컨트롤러 없이 두 손으로 게임 등을 즐길 수 있는 '핸드 트래킹', 음성으로 기기를 컨트롤하는 '보이스 SDK' 등 기능도 지원한다.

오큘러스 뒤를 '소니'가 잇는다. 시장점유율 11.9%로 지난 2021년 5월 '플레이스테이션 VR 헤드셋'을 공개하며 기대를 모으는 중이다. 소니의 강점은 두터운 플레이스테이션 유저층과 콘텐츠에 있다. 이런 점을 VR 디바이스 점유율 확장에도 적극 이용한다는 계획이다.

소니는 과거와는 달리 메인 게임 타이틀을 기존 2D 형식은 물론 VR 형식까지 모두 지원하는 하이브리드 형태로 내놓을 전망이다. 이렇게 되면 게이머 사이에서 VR 기기 수요가 폭발적으로 늘어날 것으로 보인다.

스마트 글라스…AR 경쟁도 치열
MS, 애플, 스냅…3파전 양상

페이스북, 소니를 비롯해 XR 디바이스 경쟁은 그야말로 글로벌 공룡들의 각축전이 펼쳐진다.

VR에서 페이스북이 강세를 보인다면 AR에서는 '마이크로소프트'가 1인자다. AR 기기인 '홀로렌즈2(Hololens2)'는 글로벌 AR 시장을 독점하고 있는 상황이다. 홀로렌즈는 세계 최초의 웨어러블 홀로그래픽 컴퓨터로, 스마트폰이나 PC 연결 없이 몰입감 있는 혼합현실(Mixed Reality · MR) 경험을 제공한다. 홀로렌즈는 혼합현실을 3D 홀로그램으로 구현하고 이를 사용자의 손동작이나 음성으로 자유롭게 조작할 수 있게 해준다. 국내 시장에는 2020년 11월에 처음 출시됐다. 기존 산업 · 전문가용 AR 기기가 아닌 일반 소비자용 홀로렌즈 역시 2022년 하반기에 출시할 것으로 예상된다.

HP가 2021년 11월 마이크로소프트 홀로렌즈2와 협력해 만든 차세대 프린터 솔루션 'HP xR서비스'의 예를 들면 이해가 쉽다. 사용자는 MS 홀로렌즈2 헤드셋을 착용한 뒤, HP xR 서비스를 통해 언제 어디서든 가상현실 세계 HP 엔지니어에게 프린팅 관련 문의를 하거나 필요한 조언을 얻을 수 있다. 간단한 교육만 받으면 바로 작업 현장에서 사용할 수 있다. 사용자는 해당 서비스 속 가상의 HP 엔지니

마이크로소프트 '홀로렌즈2'와 협력한 차세대 프린터 솔루션 'HP XR 서비스'(사진 왼쪽). 홀로렌즈 착용 후 가상의 HP 엔지니어가 제공하는 단계별 가이드를 따라가면 기계 문제를 쉽게 찾아낼 수 있다(사진 오른쪽). 2021년 6월 스냅에서 새로 공개한 AR 글라스 브랜드 스펙터클스(Spectacles) 신제품. (HP코리아, 스냅 제공)

어가 제공하는 단계별 가이드를 따라가면 문제가 되는 지점이나 부품에 쉽게 도달하고 문제를 해결할 수 있다.

마이크로소프트 외에 다른 IT 대기업도 XR 기기 시장에 열을 올리는 중이다. '애플'은 아직 본격적으로 XR 시장에 진출하지는 않았지만 2022년 신제품 출시가 확정적이다. 2022년에는 AR·VR을 동시에 구현할 수 있는 차세대 XR 헤드셋을, 2025년에는 AR 안경인 '애플글라스'를 공개하겠다는 계획을 세웠다. 그간 애플은 XR 디바이스 관련 스타트업을 공격적으로 인수하며 미래를 준비해왔다. 2017년 AR 헤드셋 개발 기업 브이알바나, 2018년 AR 특수렌즈 생산 업체 아코니아홀로그래픽스, 2020년에는 AI 소프트웨어 전문 기업 엑스노.ai를 인수했다. 2021년 5월에는 AR·VR 전문 스타트업 넥스트VR을 사들이며 관련 기술을 계속 발전시켜왔다.

모바일 메신저 '스냅챗'의 모기업인 스냅 역시 2021년 5월 '스냅 파트너 서밋 2021'에서 AR 글라스를 선보였다. 행사에서는 스냅챗에 활용할 수 있는 다양한 증강현실 기능과 함께 '스펙터클스(Spectacles)'라는 이름의 AR 글라스를 공개했다.

스냅의 AR 글라스가 하늘에서 뚝 떨어진 것은 아니다. 그동안 AR 기능 개발에 전사 역량을 집중해왔다. 2015년 스마트폰 카메라에 입히는 특수효과 'AR렌즈'가 시작이었다. 유저 얼굴을 아기나 노인으로 바꾸고 인기 영화 캐릭터를 카메라에 등장시킬 수 있는 기능이다. 이후에는 머신러닝과 클라우드 컴퓨팅 기술을 활용해 3D 지도로 구성된 공간에서 유저가 자유롭게 그림을 그릴 수 있는 '로컬렌즈'를 선보였고, 신발이나 안경 등을 스마트폰 화면에서 가상으로 착용해볼 수 있는 서비스도 내놓은 바 있다. ■

비즈니스 미팅을 원하는 콘셉트로
'줌 피로'에 지친 실리콘밸리 접수

진대연 으흠 한국사업 총괄

코로나 팬데믹 이후로 실리콘밸리에도 거대한 변화가 일어났다. 도시는 봉쇄됐고 대부분 회사는 재택근무로 전환됐다. 커피숍에서 투자자들과 대화를 주고받으며 엔젤 투자를 받았다는 실리콘밸리의 전설이 무색하게 모든 IR 피칭은 온라인으로 전환됐다.

그러나 실리콘밸리는 전 세계 IT 심장이 아닌가. 온라인으로 전환돼도 그들이 업무를 진행

으흠이 서비스하는 OOO는 적절한 배경화면과 특수효과, 그리고 포인터 등을 이용해 오프라인 미팅보다도 더 효과적인 연출이 가능하다. (으흠 제공)

하는 데 큰 어려움은 없었다. '줌' 같은 화상 회의 솔루션을 활용한 온라인 커뮤니케이션이 빠른 속도로 확산된 덕분이다.

하지만 시간이 지날수록 온라인 미팅이 갖는 여러 가지 단점이 부각되기 시작했다.

오프라인 세상에서 만나는 풍부한 감정 표현, 함께 노는 즐거움들이 점점 사라져갔다. 사람들은 모두 박스 안에 갇혀 지루한 미팅이 끝나기만을 기다리게 됐다. 실리콘밸리에서는 이런 현상을 이른바 '줌 피로(Zoom Fatigue)'라고 부른다.

전 세계 2억명이 사용하는 노트 필기 애플리케이션(앱) '에버노트' 창업가로도 유명한 필 리빈(Phil Libin) 대표 역시 줌 피로를 느끼기 시작했다. 특히 온라인 미팅에서 발표자가 아닌 슬라이드가 주인공이 되는 세상이 영 못마땅했다. '오프라인에서 말하듯 우리의 표정과 제스

메타버스 기업 으흠(mmhmm)을 설립한 필 리빈 CEO는 메모 앱 '에버노트' 공동 창업자로 유명하다. (으흠 제공)

처를 통해 생동감 있게 이야기를 전할 수 없을까' 하는 고민 끝에 그는 직접 으흠을 만들어 세상에 내놓았다.

으흠이 내놓은 'OOO(Out Of Office)'는 유저가 원하는 대로 가공한 영상을 화상 통화 애플리케이션에 전송할 수 있는 프로그램이다. 화상 통화에서 보이는 뒷배경을 바꿀 수 있는 것은 물론, 자신의 모습 대신 원하는 아바타를 내세울 수도 있다.

유저는 으흠을 통해 손쉽게 자신만의 가상 공간을 만들어낼 수 있다. 마치 뉴스데스크 앵커가 된 것처럼 발표를 할 수도 있으며 만화 속 주인공이 될 수도 있다. 우주복을 입거나 자동차에 타는 등 비디오 속 가상 공간을 손쉽게 꾸미는 것도 가능하다. 간단한 앱만으로 원하는 사무 공간을 만들어낼 수 있게 된 것이다.

으흠은 OOO를 선보인 지 1년 만에 소프트뱅크로부터 1억달러를 투자받았다.

익숙한 화상 회의로 진입장벽 낮춰
포인터 · 화이트보드도 이용 가능

메타버스 경험에 앞서 가장 큰 진입장벽은 바로 '접근성'이다. 설치나 접속이 어려운 새로운 플랫폼, 익숙하지 않은 아바타 조종, 낯선 이들과의 대화가 메타버스로의 진입을 꺼리게 하는 요인이다.

OOO는 3D 공간에서의 메타버스 환경이 아닌 익숙한 화상 통화 방식을 그대로 사용해 접근성을 한층 높였다. 스마트폰만 켜면 되기 때문에 사용이 복잡하지 않고 따로 아바타를 조종할 일도 없다. 카메라 앞에서 누구나 직관적으로 함께 놀고 대화할 수 있다. 기존의 '줌'과 비슷한 방식 덕분에 공식 미팅용으로도 적합하다.

오히려 기존 미팅보다 나은 점도 많다.

개성 있게 꾸민 가상 공간은 지루했던 온라인 미팅에 활력을 불어넣는다. 사람들은 발표에

으흠이 내놓은 'OOO(Out Of Office)'는 유저가 원하는 대로 가공한 영상을 화상 통화 애플리케이션에 전송할 수 있는 서비스다. (으흠 제공)

더 몰입하게 되고, 발표자는 효과적으로 자신의 정보를 전달할 수 있게 된다. 그때그때 적절한 배경화면과 특수효과, 그리고 포인터 등을 이용해 오프라인 미팅보다도 더 효과적인 연출이 가능해졌다. 비싼 스튜디오가 아닌 노트북 앞에서 말이다.

직접적으로 인간의 감정을 담은 커뮤니케이션이 가능하다는 점도 OOO의 장점이다. 실제 표정과 제스처를 그대로 보여줄 수 있기 덕분에 인간의 감정을 담은 효과적인 커뮤니케이션이 가능해졌다. 아바타와 이모티콘을 통한 커뮤니케이션과는 차이가 크다.

기존 화상 통화와도 다른 점이 많다. 기존 '줌'을 비롯한 화상 회의는 저마다 자신만의 '상자' 같은 공간에서 구분돼 존재한다. 그러나 OOO는 같은 공간에서 함께 소통하는 방식의 새로운 화상 통화 솔루션이다. 화상 통화에 참여한 사람들은 마치 한 공간 안에서 함께 있는 것 같은 기분이 들도록 소통할 수 있다. 같

이 영화를 보고 게임을 하는가 하면 업무를 위한 투표를 하거나 화이트보드를 사용하는 등의 액션을 수행할 수 있다.

메타버스 새 문법 '비동기 커뮤니케이션'
동영상으로 소통…시간 제약도 사라져

필 리빈 으흠 대표는 인간의 커뮤니케이션을 세 가지로 나눈다.

첫째 사람과 사람이 직접 만나 소통하는 '실시간 오프라인 커뮤니케이션', 둘째 코로나 팬데믹 이후로 급속히 증가한 '실시간 온라인 커뮤니케이션', 마지막으로는 녹화된 영상을 통해 메시지를 전하는 '동영상 커뮤니케이션'이다. 으흠은 둘째와 셋째, 즉 실시간 온라인 커뮤니케이션은 물론 동영상 커뮤니케이션까지 모두 가능하다. 이미 유튜브 세상에서는 동영상이라는 매개체를 통한 메타버스 세상이 열렸다. 그러나 지금까지의 동영상은 편집 기술을 보유한 이들만의 독점적인 성격이 있었다.

콘텐츠가 있다고 누구나 영상을 제작하기는 어려운 환경이었다.

하지만 으흠은 마치 파워포인트를 다루듯 영상을 녹화하고 편집할 수 있어 누구나 손쉽게 동영상을 제작할 수 있다. 발표 슬라이드마다 녹화·편집할 수 있는 기능을 갖춘 덕분이다. 동영상 제작을 통한 커뮤니케이션이 앞으로 훨씬 더 활발해질 전망이다. 녹화된 영상의 경우 비동기 커뮤니케이션이 가능하다는 장점이 있다. 물리적인 공간뿐 아니라 같은 시간에 함께 있어야 하는 제약도 사라지게 만들어 보다 확장된 커뮤니케이션이 가능하다. 앞으로 등장할 메타버스 시대 속 커뮤니케이션은 이처럼 공간과 시간의 제약으로부터 모두 자유로워지는 방향으로 발전할 전망이다.

새로운 개념의 '메타버스 워라밸'
오피스 비용 절감분만큼 직원 복지 늘려

으흠 스스로부터 메타버스 속 재택근무를 표준 근무 방식으로 삼았다. 현재 전 세계 15개 국가에서 활동 중인 전 직원이 서로 다른 공간과 시간대 속에서 근무 중이다. 으흠의 OOO를 통해 커뮤니케이션을 하며 OOO 제품을 개발하고 있는 셈이다.

으흠에서는 재택근무나 '리모트워크(remote work)'라는 용어 대신 '분산형 업무'라는 용어를 사용한다. 리모트워크는 각자가 떨어져 외롭게 근무하는 인상을 주지만 분산형 업무는 말 그대로 분리된 곳에서 따로 또 같이 일하고 있다는 어감이다. 대부분 직원은 직접 얼굴을 대하고 이야기하기보다는 각자 공간에서 자신만의 업무 공간을 만들어 일한다.

오피스 비용이 절감되는 만큼 각 직원의 집에 그만큼의 혜택이 돌아가는 복지를 제공한다. 전 직원에게 '오피스 사용비' 명목으로 매월 800달러를 지원해 각자 위치에서 최고 업무 공간을 꾸밀 수 있도록 돕는다. 자기 기호에 따라 코워킹 스페이스가 좋은 사람은 오피스를 임대하고, 집에서 재택근무를 희망하는 사람은 집에서 일하면 된다. 그것은 각 직원의 선택이며 회사에서는 영수증을 요구하지 않는다.

그렇지만 직원들의 직접 소통에 대한 필요성도 강조한다.

직원들이 오프라인 공간에서 함께 만나면 식사 비용을 회사에서 제공하고, 1년에 2번 전사 직원이 전 세계 한곳에서 만나 함께 놀고 서로를 알아가는 시간을 갖는 워크숍을 진행한다. 오프라인 미팅을 최우선하는 것은 아니지만, 오프라인 만남을 통해 서로를 이해하는 과정이 다시 온라인 공간에서의 커뮤니케이션에 매우 긍정적인 역할을 한다는 것이 으흠의 생각이다.

비용은 최소화하면서도 각기 다른 공간에서 최대한 즐겁게 일하는 것. 이것이 바로 으흠이 생각하는 새로운 개념의 '메타버스 워라밸'이다. ■

6 메타버스로 돈 벌어볼까

간접 투자

직접 투자

P2E

메타버스 ETF, 위험 ↓ · 분산 투자 효과 ↑
2021년 10월 4종 나오자마자 1조원 모여

류지민 매경이코노미 기자

메타버스라는 거대한 흐름에 올라타고 싶지만, 직접 투자가 망설여지거나 어떤 종목을 골라야 할지 모르겠다면 ETF(상장지수펀드) · ETN(상장지수증권) 등 간접 투자 상품을 활용하는 것도 좋은 방법이다. 여러 기업에 분산 투자할 수 있어 특정 종목 주가 급락으로 인한 손실 위험을 피할 수 있고, 펀드매니저가 지속적으로 메타버스 관련 유망주를 찾아내 대신 투자해주기 때문이다.

무엇보다 지금과 같이 메타버스 관련 시장의 잠재력은 크지만 아직 정확한 개념과 수익 모델 등이 정립돼 있지 않은 상황에서는 관련 산업 전반에 걸쳐 베팅하는 펀드나 ETF 투자가 효과적이다.

메타버스는 긴 호흡으로 보면 연관된 많은 기업이 함께 성장하고 수혜를 볼 것으로 예상된다. 위험을 최대한 분산하고 산업 성장과 함께 하는 안정적 수익률을 노린다면 간접 투자가 유리하다는 얘기다.

메타버스 ETF 인기몰이
출시 두 달 만에 1조원 뭉칫돈

메타버스는 올해 국내 ETF 시장에서 가장 뜨거운 관심을 모은 테마였다. 지난 10월 13일 국내에서 처음으로 메타버스 ETF 4종이 출시된 이래 두 달여 만에 1조원이 넘는 자금이 몰릴 정도로 인기몰이를 했다. 성과도 훌륭하다. 출시 이후 약 두 달간 평균 수익률이 20%를 웃돌아 올 하반기 ETF 테마 가운데 두드러지는 성적을 냈다.

국내 첫 메타버스 ETF 4종은 미래에셋자산운용의 'TIGER Fn메타버스', KB자산운용의 'KBSTARiSelect메타버스', NH아문디자산운용의 'HANARO Fn K-메타버스MZ', 삼성자산운

용의 'KODEX K-메타버스액티브'다. 미래에
셋·KB·NH아문디자산운용은 패시브 ETF,
삼성자산운용은 액티브 ETF를 내놨다. 모두
국내 메타버스 관련 기업에 투자한다.

패시브 ETF는 메타버스 관련 지수를 벤치마크
로 설정해 움직인다. 미래에셋자산운용은
'FnGuide 메타버스테마지수', KB자산운용은
'iSelect메타버스지수', NH아문디자산운용은
'FnGuide K-메타버스MZ지수'를 각각 추종한
다. 반면 액티브 ETF는 기초지수를 그대로 복
제하지 않고, 기초지수와의 상관계수를 0.7 이
상으로 유지하는 수준에서 펀드매니저가 재량
껏 운용한다. 패시브 ETF의 경우 추종하는 기
초지수가 그 상품의 정체성을 결정하므로, 투
자를 결정할 때 각각의 기초지수 특징을 잘 알
아보는 것이 좋다.

FnGuide 메타버스테마지수는 상장사를 대상으
로 '메타버스' 키워드 기반 머신러닝을 통해 연
관도가 높은 20 종목을 유동 시가총액 가중 방
식으로 선정해 지수를 구성한다. 정기 변경은
연 2회 6월, 12월에 시행하는데 수시 변경률을
적용해 정기 변경 외에도 유망 기업을 적기에
편입할 수 있게 했다.

12월 10일 기준 지수 구성 상위 10개 종목은 LG
이노텍, 위지윅스튜디오, 하이브, JYP Ent.,
NAVER, LG디스플레이, 와이지엔터테인먼
트, 카카오, 엔씨소프트, 덱스터 등으로 메타
버스 밸류체인 전반에 걸쳐 균형 있게 투자하

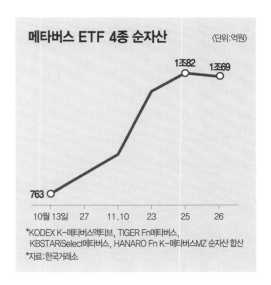

메타버스 ETF 4종 순자산 〈단위:억원〉

*KODEX K-메타버스액티브, TIGER Fn메타버스,
KBSTARiSelect메타버스, HANARO Fn K-메타버스MZ 순자산 합산
*자료:한국거래소

는 것이 특징이다.

iSelect메타버스지수는 코스피·코스닥에 상장
된 종목 중 산업 노출도, 매출 연동률, 미래 성
장성 등을 기준으로 선별해 구성된 지수다. 총
23개 종목에 투자하는데 LG이노텍 비중이 가
장 높고, 하이브, 에스엠, NAVER, 위지윅스
튜디오, 카카오, 넷마블, 엔씨소프트, 와이지
엔터테인먼트, CJ ENM 등으로 포트폴리오를
구성했다.

FnGuide K-메타버스 MZ지수는 메타버스 산업
에 밀접한 관계를 가진 기술과 관련된 종목으
로 구성된다. 메타버스 키워드를 기반으로 유
사도 스코어링을 진행해 메타버스와 관련도가
높은 종목을 편입한다. 펄어비스, LG이노텍,
하이브, NAVER, LG유플러스, 엔씨소프트,
현대모비스, SK텔레콤, JYP Ent., SK스퀘어 등

을 담고 있다. 최종 구성 종목은 30개를 넘지 않도록 하며 신규 상장 종목이 상장일 포함 2주간 유동 시가총액 평균 5위 이내일 경우 매월 특별 편입할 수 있다.

액티브 ETF인 KODEX K-메타버스액티브는 펀드매니저의 판단이 개입되다 보니 패시브 ETF와 비교해 특정 업종을 집중적으로 편입하는 모습을 보인다. 최근 메타버스·NFT 관련 신사업으로 주목받는 게임 업종이 상대적으로 높은 비중을 차지한다.

하이브, LG이노텍, NAVER 등 공통적인 보유 종목 외에도 펄어비스, 크래프톤, 위메이드, 카카오게임즈 등 게임 업종이 다수 포트폴리오에 담겼다.

해외 주식형 ETF 출시 잇따라
액티브 ETF 신속한 대응 강점

국내 메타버스 기업에 투자하는 ETF가 인기를 끌면서 메타(페이스북)와 엔비디아 등 글로벌 메타버스 기업을 담는 해외 주식형 ETF도 속속 선보이고 있다.

삼성자산운용, 미래에셋자산운용, 한국투자신탁운용은 글로벌 메타버스 기업에 투자하는 액티브 ETF를, KB자산운용은 패시브 ETF를 선보인다. 국내에서 해외 메타버스 관련 기업에 손쉽게 간접·분산 투자할 수 있다는 점에서 투자자 관심이 뜨겁다. 특히 글로벌 메타버스 기업에 투자하는 액티브 ETF는 세계 최초라

는 점이 눈길을 끈다.

삼성자산운용은 미국 나스닥 거래소 등과 협업해 지수를 개발하고, 이를 기반으로 40개 메타버스 관련 기업에 투자할 예정이다. 메타버스 플랫폼 업종의 마이크로소프트와 메타, 장비 업종 엔비디아, 콘텐츠 업종 넷플릭스·디즈니 등이 투자 대상이다.

미래에셋자산운용은 INDXX, KB자산운용은 모닝스타, 한투운용은 블룸버그 등 국내 운용사들은 저마다 해외 지수 사업자들과 협업해 해외 메타버스 관련 대표 종목을 포함한 지수를 개발했다.

삼성·미래·한투운용은 펀드매니저가 투자 종목을 선정할 때 어느 정도 자율성을 발휘할 수 있는 액티브 ETF로 내놓을 예정이다. 패시브 ETF를 내놓은 지 두 달여 만에 서둘러 액티브 ETF 출시에 나선 것은 메타버스 산업의 빠른 변화와 불확실성 등을 고려하면 발 빠르게 대응할 수 있는 액티브 ETF의 장점이 뚜렷하다는 판단 때문인 것으로 풀이된다.

증권사가 운용하는 ETN은 신한금융투자의 '신한 FnGuide 메타버스 ETN'이 유일하다. 에프앤가이드 'FnGuide 메타버스지수'를 기초지수로 하며 시가총액 1000억원 이상, 60일 평균 거래대금 10억원 이상 등 기본 요건을 충족하는 상장 종목 중 메타버스와 연관성이 높은 10종목을 선정해 포트폴리오를 구성한다.

위지윅스튜디오, 하이브, 와이지엔터테인먼

국내외 메타버스 ETF				
구분	운용사	종목명	벤치마크 지수	수수료
국내	미래에셋자산운용	TIGER Fn메타버스	FnGuide 메타버스테마지수	0.45%
	KB자산운용	KBSTARiSelect메타버스	iSelect메타버스지수	0.45%
	NH아문디자산운용	HANARO Fn K-메타버스MZ	FnGuide K-메타버스MZ지수	0.45%
	삼성자산운용	KODEX K-메타버스액티브	FnGuide K-메타버스MZ지수	0.5%
해외	라운드힐자산운용	라운드힐 볼 메타버스 (Roundhill Ball Metaverse · META)	볼메타버스지수 (Ball Metaverse Index)	0.75%
	파운트자산운용	파운트 메타버스 (Fount Metaverse · MTVR)	파운트메타버스지수 (Fount Metaverse Index)	0.7%

트, NAVER, 알체라, 청담러닝, 바이브컴퍼니, 씨이랩, 에이트원, 나무가 등이 대표 종목이다.

ETN은 다양한 자산으로 지수를 만들어 해당 지수가 얼마나 오르고 내리는지에 따라 만기(통상 10~30년)에 수익을 지급하기로 약속한 파생상품이다. 정기적으로 지급하는 이자는 없고 주식처럼 거래소에서 자유롭게 거래된다.

메타버스 펀드도 가파른 성장세
리스크 관리와 수익률 두 마리 토끼

ETF와 ETN보다 앞서 나온 메타버스 관련 펀드에도 자금이 빠르게 유입되고 있다. 삼성자산운용 '삼성글로벌메타버스'는 2021년 6월 말 첫선을 보인 이후 4개월 만에 설정액 1000억원을 돌파할 정도로 가파른 성장세를 이어가고 있다. 메타버스 테마와 관련된 글로벌 기업이 투자 대상이다.

삼성글로벌메타버스펀드는 빅데이터 분석을 통해 메타버스 관련 테마와 종목의 시장 관심도를 측정하고 모멘텀을 고려해 투자 비중을 결정한다. 시장 관심도와 모멘텀이 강해지고 약해짐에 따라 종목 편입 비중을 조절한다. 일례로 '모빌리티' 그룹에 포함돼 있는 미국 전기차 기업 테슬라는 지난 8월 초 이후부터 시장 관심이 더욱 높아지는 것에 근거해 비중을 1%대에서 3%대로 높였다.

이 펀드는 집중 투자 그룹 3개와 테마 로테이션 그룹 8개 등 총 11개 테마로 분류해 운용된다. 집중 투자 그룹은 메타버스 산업 성장을 중장기적으로 견인할 핵심 테마를 의미한다. 클라우드 컴퓨팅, 증강현실, 가상현실로 이뤄져 있다.

테마 로테이션 그룹은 모빌리티, 온라인 게임, 온라인 페이먼트, 디지털 월렛, 온라인 플랫폼, 럭셔리 상품, 3D 디자인 툴, 반도체 등으로 나뉜다. 펀드는 테마 로테이션 그룹별 관심도와 모멘텀에 따라 비중을 조절함으로써 리스크 관리와 수익률을 극대화할 수 있다.

KB자산운용의 'KB글로벌메타버스경제'도 5개월 만에 순자산 1000억원을 넘겼다. 메타버스 테마가 본격적으로 유행한 것은 올해지만, KB 자산운용이 지난해부터 꾸준히 리서치를 병행해 준비한 야심작이다.

인프라 · 하드웨어 · 소프트웨어 · 플랫폼 4가지 영역을 메타버스 관련 주요 분야로 압축해 투자한다.

엔비디아를 비롯해 마이크로소프트 · 로블록스 · 애플 · 퀄컴 등 40개 글로벌 기업이 투자 대상이다. 특정 분야나 종목에 대한 쏠림 없이 리스크를 분산하면서도 두 자릿수 수익률을 기록하며 성과를 내고 있다.

美 증시 META · MTVR 눈길
기술 · 하드웨어 분야 비중 높아

서학개미들이 관심을 갖는 해외 메타버스 ETF 로는 미국 증시에 상장된 '라운드힐 볼 메타버스(Roundhill Ball Metaverse · META)'와 '파운트 메타버스(Fount Metaverse · MTVR)'가 있다. 국내 메타버스 ETF가 게임 · 엔터 분야에 집중돼 있는 반면 미국은 기술이나 하드웨어에 조금 더 초점을 맞추는 경향을 보인다.

META는 세계 최초의 메타버스 ETF로 잘 알려져 있다. 운용 규모는 8억7900만달러로 메타버스 ETF 중 가장 크다. 미국 기업이 포트폴리오의 80%를 차지한다. 메타버스와 연관성이 높은 하드웨어, 네트워킹, 가상 플랫폼, 결제 서비스, 콘텐츠 등 분야에 투자한다. 한 분야 최대 비중 25%로, 단일 종목 최대 비중은 8%로 제한하는 것이 특징이다. 포트폴리오 상위 10개 종목을 살펴보면 엔비디아, 로블록스, 마이크로소프트, 메타, 유니티, 애플, 아마존, 퀄컴, 오토데스크, 텐센트 등으로 구성돼 있다.

META는 '볼메타버스지수(Ball Metaverse Index)'를 추종한다. 미국의 벤처 투자자 매튜볼이 자신의 이름을 따서 만든 지수다.

매튜는 메타버스의 특성에 대해 정의하면서 7가지 필수 구성 요소를 제시했다.

하드웨어, 컴퓨트, 네트워킹, 가상 플랫폼, 교환 도구 · 기준, 결제 서비스, 콘텐츠인데 볼메타버스지수는 이 7가지 요소에 대응하는 각 산업 영역에서 메타버스 관련 사업 비중이 높은 종목을 선별하는 방식으로 구성된다.

각 기업 주요 사업 모델이 메타버스와 얼마나 밀접한 관련이 있느냐에 따라 가중치를 매겨 지수 포함 여부를 결정한다. 그래서 업종별 비중을 보면 소프트웨어, 반도체, 인터넷 등의 비중이 상당히 높은 편이다.

볼메타버스지수는 매년 2월, 5월, 8월, 11월 등 연 4회 정기 변경이 이뤄진다. 지수를 결정하는 전문가 위원회가 정해진 기준에 따라 종목을 구성하기 때문에 주가가 부진하다고 곧바로 지수에서 제외될 가능성은 높지 않다. 이에

META는 앞으로도 반도체, 하드웨어, 인터넷, 게임 플랫폼 위주의 종목 구성이 될 것으로 예상된다.

MTVR은 로보어드바이저로 유명한 국내 핀테크 스타트업 파운트가 미국 증시에 직상장한 메타버스 ETF다. 기초지수는 자체 개발한 '파운트메타버스지수(Fount Metaverse Index)'다. 미국의 미래가속화연구재단(ASF)이 제시한 메타버스의 4가지 구성 요소(증강현실, 라이프로그, 거울 세계, 가상현실)를 활용한다. 파운트의 AI가 국내외 기업의 사업 보고서를 분석해 최근 1년간 이 4가지 영역에 해당하는 메타버스 사업 비중이 절반 이상인 기업을 우선 선별한다. 이를 대상으로 전체 시가총액에 메타버스 관련 매출 비중으로 곱한 수정 시가총액을 산출하고, 상위 50개 종목을 지수에 편입하는 방식이다.

포트폴리오 쏠림 현상을 막기 위해 단일 종목 최대 비중은 10%로 제한하고, 비중 5% 이상 기업들의 합이 40%를 초과하지 않게 조정한다. 정기 변경은 매년 6월 1회 이뤄진다. META를 구성하는 상위 종목에는 애플, 메타, 알파벳, 유니티, 카카오게임즈, 펄어비스, 로블록스 등이 있다.

국내 ETF는 데이터 마이닝 기술 활용
메타버스 관련 키워드 언급 빈도가 기준

메타버스 ETF 투자 시 국내와 해외 ETF는 다른

마이크로소프트는 메타버스 생태계를 구성하는 모든 밸류체인에 걸쳐 사업을 진행하고 있어 많은 메타버스 ETF가 편입하는 종목으로 꼽힌다. 사진은 마이크로소프트의 메타버스 플랫폼 '메시'. (마이크로소프트 제공)

전략으로 접근할 필요가 있다. 벤치마크 대상이 되는 기초지수 산출에 있어 차이를 보이기 때문이다.

해외 메타버스 ETF의 경우 메타버스 관련 사업 비중이 얼마나 높은지가 지수 편입의 가장 중요한 기준이다.

반면 국내 ETF는 매출 비중을 따지기보다는 해당 기업이 뉴스나 증권사 보고서 등에서 얼마나 많이 메타버스 관련 종목으로 언급됐는지가 주요 기준이다. 국내 ETF가 추종하는 메타버스 관련 지수는 종목 선정 시 공통적으로 데이터 마이닝 기술을 활용한다. 방대한 양의 텍스트를 대상으로 메타버스 관련 키워드를 추출해 그 언급 빈도가 얼마나 많은지를 살펴보는 것이다.

예를 들어 'TIGER Fn메타버스'의 기초지수인 'FnGuide 메타버스테마지수'는 주요 키워드로 메타버스, 증강현실, AR, VR, VFX 등을 사

현재 출시된 국내 메타버스 ETF 대부분은 하이브를 비롯해 에스엠, 와이지엔터테인먼트 등 엔터테인먼트 기업의 비중이 상당하다. 사진은 하이브의 글로벌 팬 플랫폼 위버스. (하이브 제공)

용한다. 과거 1년간 증권사 보고서를 분석해 해당 키워드 언급도가 높은 종목을 지수에 편입시키는 방식이다.

추종하는 지수는 모두 다르지만 국내 ETF를 구성하는 종목이 대동소이한 것은 이런 까닭이다.

네이버를 비롯해 하이브, 와이지엔터테인먼트, 엔씨소프트, LG이노텍, 위지윅스튜디오 등이 공통으로 들어간다.

국내와 해외 메타버스 ETF는 업종 구성에서도 차이를 보인다. 국내 ETF에 편입된 종목을 살펴보면 엔터테인먼트 기업 비중이 유독 높다. 현재 나와 있는 국내 ETF 대부분이 공통적으로 하이브를 비롯해 에스엠, 와이지엔터테인먼트 등의 비중이 상당하다. 최근 국내 엔터 기업들이 앞다퉈 메타버스 사업에 진출한 영향이 크다.

제페토, 로블록스와 같은 가상 세계에서 아티스트들이 공연을 하고 위버스나 디어유 같은

플랫폼 사업도 점점 확장하면서 국내 엔터 기업이 메타버스 산업의 중요한 하나의 축으로 자리매김하는 분위기다.

액티브 ETF를 활용하면 상대적으로 다양한 종목에 투자하는 효과를 낼 수 있다. 벤치마크 지수를 그대로 추종하는 패시브 ETF와 달리 액티브 ETF는 펀드매니저가 수시로 편입 종목을 변경할 수 있기 때문이다. 특히 메타버스 산업이 아직 명확하게 자리 잡지 않은 상황에서 패시브 ETF는 서로 다른 지수를 추종한다고 해도 편입 종목이 비슷해질 수밖에 없다. 패시브 ETF와 차별화하고, 향후 새롭게 등장하는 관련 상장 종목에 더 빨리 대응하고 싶다면 액티브 ETF를 활용하는 것도 좋은 방법이다.

메타버스 태동기, 장기적인 관점 필요
수수료 · 정기 변경 · 순자산가치 등 잘 살펴야

메타버스 시장은 이제 태동기인 만큼 성장 가능성이 무한한 데다 최근 투자자 관심이 뜨거워 앞으로 관련 신규 ETF는 계속 출시될 전망이다.

특히 과거 스마트폰 · 전기차 시장의 초기 모습처럼 메타버스 관련 기업이 우후죽순 생겨났다 소멸하는 상황이 이어질 것으로 예상됨에 따라 분산 투자로 위험을 줄일 수 있는 ETF는 더욱 각광받을 것으로 예상된다.

다만 메타버스를 언급만 해도 주가가 급등할

정도로 관련 테마가 과열되는 분위기여서 신중하게 투자에 나설 필요가 있다. 일시적으로 주가가 과도하게 오르면 기업 성장성이 보장된다고 해도 주가가 조정받을 수 있기 때문이다.

또 메타버스 관련 시장 잠재력은 유망하나 아직 메타버스의 정확한 개념과 수익 모델 등은 정립돼 있지 않은 상태다. 관련 기업 역시 메타버스 기술을 어떻게 수익으로 연결할지에 대한 구체적인 청사진을 갖고 있지 않은 경우가 대부분이다.

메타버스 지수를 구성하는 종목 중 메타버스 산업과 직접적으로 연결되지 않는 것도 적잖다. 글로벌 메타버스 ETF 가운데 가장 규모가 큰 META의 경우 가장 큰 비중을 차지하는 종목은 엔비디아로 대표적인 메타버스 플랫폼 로블록스보다 편입 비중이 높다.

이 밖에도 상위권을 차지하고 있는 종목을 살펴보면 마이크로소프트, 스냅(SNAP) 등 아직 메타버스 관련 사업의 윤곽이 드러나지 않은 기업이 많다. 국내 주요 메타버스 지수 편입 종목도 사정은 비슷하다.

지금 메타버스 수혜 종목으로 분류된 기업 가운데 가까운 시일 안에 도태되는 곳이 나올 수 있다는 점을 감안하면 메타버스 ETF 수익률이 산업의 성장성을 따라가지 못할 가능성도 있다. 메타버스 산업이 차세대 먹거리가 될 것은 분명해 보이지만, 어떤 종목이 그 과실을 따 먹을지는 아직 불확실한 상황이라는 애기다.

메타버스 생태계가 어떻게 확장되는지를 주의 깊게 살펴보면서 장기적인 관점에서 투자에 나설 필요가 있다.

투자 시에는 수수료와 정기 변경 빈도를 잘 따져봐야 한다. 국내 메타버스 ETF의 경우 수수료가 0.45~0.5% 수준이고, 해외 메타버스 ETF는 0.7~0.75%로 조금 높은 편이다. 패시브 ETF보다는 액티브 ETF의 수수료가 높은 경향이 있다. 정기 변경의 경우 빠르게 변하는 메타버스 산업 환경 속에서 얼마나 빠르게 뜨는 기업을 담을 수 있는지가 결정되기 때문에 자주 이뤄질수록 좋다.

지수를 구성하는 종목 수도 중요하다. 종목 수가 적은 경우 크게 오르는 종목 상승률이 적극 반영될 수 있지만 역으로 보면 급락 시 타격도 더 크게 받을 수 있다.

ETF의 순자산 총액도 중요하다. 국내 증시에서는 상장한 지 1년 이상인 ETF의 순자산 총액이 50억원 미만이면 관리 종목에 지정되고, 다음 반기 말에도 이를 해소하지 않으면 상장폐지된다.

미국 ETF는 거래소가 상폐 기준을 따로 정해놓지 않고 각 운용사 사정에 따라 상폐 여부를 결정한다. 통상 거래가 너무 저조하거나 기초지수 추종에 문제가 생겨서 더 이상 운용하기 어렵다고 판단될 경우 상폐로 이어지므로 주의해야 한다. ■

2022 메타버스 관련주 실적 상승세 계속
플랫폼 · 콘텐츠 · 하드웨어 · 인프라에 투자

류지민 매경이코노미 기자

메타버스는 2021년 하반기 국내외 증시를 가장 뜨겁게 달군 테마다. '제2의 인터넷 혁명'이라는 수식어와 함께 메타버스와 엮였다 하면 주가가 급등했다. 메타버스가 보여주는 무한한 확장성과 성장 가능성에 새로운 투자처를 찾던 사람들은 열광했다.

메타버스는 미래를 주도할 MZ세대가 즐기는 플랫폼으로 각광받았다. MZ세대는 메타버스 안에서 사람을 만나고, 소비하고, 시간을 보낸다. 글로벌 기업들은 대세로 떠오른 메타버스 시장을 선점하기 위해 발 빠르게 움직였다. MS는 2016년 마인크래프트를 무려 25억달러(약 2조9525억원)에 인수하며 미래 플랫폼으로서의 가능성을 확신했다. 페이스북은 아예 회사 이름을 메타로 바꾸고 5년 이내에 모든 페이스북의 기능을 메타버스화해 새로운 플랫폼으로 확장하겠다고 선언했다. 네이

버, 하이브, SM 등 국내 기업도 앞다퉈 메타버스 시장에 뛰어들고 있다.

메타버스 산업은 전례 없는 성장세를 이어가는 중이다. 컨설팅 기업 프라이스워터하우스쿠퍼(PwC)는 글로벌 메타버스 시장 규모가 지난해 957억달러(약 114조원)에서 오는 2030년 1조5429억달러(약 1823조원)로 성장할 것이라고 전망했다.

일각에서는 메타버스 열풍이 1990년대 말 불어닥친 '닷컴 버블'을 연상케 한다며 경고하는 목소리도 나온다. 하지만 실적이 받쳐주지 않은 기업들의 주가가 기대감만으로 폭등했다가 붕괴한 닷컴 버블과 달리 이번 메타버스 열풍은 실적이 나오는 기업을 중심으로 상승세가 이어지고 있다는 점이 다르다. 실제 메타버스 산업에 적극적으로 뛰어든 미디어, 게임, 엔터테인먼트 등 관련 업종들의 2022년

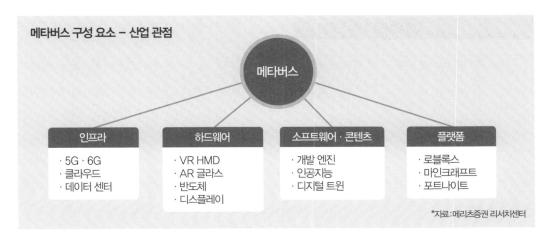

메타버스 구성 요소 - 산업 관점

메타버스

인프라	하드웨어	소프트웨어 · 콘텐츠	플랫폼
· 5G · 6G · 클라우드 · 데이터 센터	· VR HMD · AR 글라스 · 반도체 · 디스플레이	· 개발 엔진 · 인공지능 · 디지털 트윈	· 로블록스 · 마인크래프트 · 포트나이트

*자료:메리츠증권 리서치센터

실적 전망은 대체로 올해보다 더 좋을 것으로 예상된다.

무엇보다 이제 막 성장기에 들어선 메타버스 산업은 앞으로 발전 가능성이 무궁무진하다. 닷컴 버블 폭풍 속에서 태동한 마이크로소프트나 애플, 구글, 아마존 등 당시 벤처 기업들은 새로운 패러다임을 제시하며 세계적인 기업으로 성장했다. 메타버스를 만드는 수많은 기업도 치열한 적자생존 과정을 거쳐 다음 세대 선두 기업으로 발돋움할 것이다. 산업 헤게모니가 대이동하는 흐름 속에서 눈을 돌리지만 않는다면 투자 기회는 얼마든지 열려 있다.

메타버스 생태계 동반 성장
실적 · 주가로 언제 어떻게 이어질지 주목

메타버스와 같이 다양한 분야에 걸쳐 있어 파편화가 심하고 초기 산업에 투자하는 경우 더욱 명확한 투자 판단이 필요하다. 아직 미지의 영역이 넓고 점유율 측면에서 시장 주도권을 가진 기업이 현저히 적기 때문이다. 다양한 기업이 모여 메타버스 생태계를 구성할 뿐, 순수한 메타버스 기업이라고 부를 만한 곳이 거의 없다는 점도 감안해야 한다.

투자 관점에서 메타버스 연관 기업을 분류하면 플랫폼, 소프트웨어 · 콘텐츠, 하드웨어, 인프라 등 크게 네 가지 분야로 나눌 수 있다. 메타버스 플랫폼은 제페토, 로블록스, 마인크래프트와 같이 사람들이 모일 수 있는 공간이다. 소프트웨어 · 콘텐츠는 개발 엔진이나 인공지능, 디지털 트윈, 가상 쇼핑 등 메타버스 세계에서 즐길 수 있는 다양한 요소를 아우른다. 하드웨어는 VR HMD(헤드마운트 디스플레이), AR(가상현실) 글라스, 디스플레이 등 메타버스 세계에서의 경험을 더 실감 나게 만드는 장비들을 포괄한다. 인프라는 5G, 클라우드, 데이터 센터 등 향후 고도화될 메

메타버스 분야별 수익원	
분야	수익원
플랫폼	광고, 아이템 거래 수수료, 오프라인 브랜드 입점, 자체 화폐 거래 수수료 등
소프트웨어·콘텐츠	라이선스 사용료, 플랫폼·서비스 구축료, 추가 솔루션 이용료 등
하드웨어	디바이스·부품 판매 등
인프라	5G·클라우드·솔루션 이용료 등

타버스 플랫폼이 원활하게 작동할 수 있게 하는 기반이다.

메타버스 산업이 성장하면 그 수혜는 메타버스 생태계를 구성하는 플랫폼, 소프트웨어·콘텐츠, 하드웨어, 인프라 네 분야가 모두 누리게 된다. 넷 중 하나라도 빠지면 메타버스는 존재할 수 없고, 각 분야가 미치는 영향력은 광범위하기 때문이다. 초기 메타버스 산업은 게임 업체가 토대를 마련했고, 소프트웨어 기업의 기술 개발과 투자로 꾸준히 성장해왔다. 이후 애플, 구글, 페이스북, 아마존, 마이크로소프트 등 글로벌 빅테크 업체가 참여하면서 시장이 본격적으로 확대되기 시작했다.

한국 기업도 앞다퉈 투자에 뛰어들고 있다. 방시혁 하이브 이사회 의장은 NFT 기술을 보유한 돈나무와 합작하면서 5000억원을 투자하겠다고 선언했고, 이수만 SM엔터테인먼트 프로듀서도 SM을 최고 NFT 기업으로 키우겠다고 발표했다. 금융사도 메타버스 관련 투자를 앞다퉈 발표 중이다. 제페토에 점포를 열어 고객을 유인하는가 하면 메타버스 특별 투자펀드를 조성하고, 주요 은행들은 독자 플랫폼 개발을 추진 중이다. 건설업도 예외는 아니다. 새로운 아파트 모델하우스를 메타버스 공간에 마련해 고객에게 소개하고 VR 기기로 실감 영상을 제공한다. 직방을 비롯한 많은 기업이 재택근무 플랫폼으로 메타버스를 활용하기도 한다. 첨단 기술 집합체인 메타버스 산업은 다양한 기술력을 보유한 수많은 기업이 진입해 있다. 그 많은 기업 가운데 어느 곳이 향후 메타버스 산업 헤게모니를 차지하게 될지 시장 관심이 높다. 투자 관점에서는 메타버스 관련 기업이 어떻게 수익을 낼지도 관심사다. 메타버스 생태계가 본격적으로 성장하는 과정에서 수혜의 정도 파악과 함께 언제 개별 기업 실적 상승으로 이어질지, 또 주가 반영 시기는 언제가 될지 짚어봐야 한다.

메타버스의 중추 역할, 플랫폼 기업
메타·MS·로블록스 선두…국내는 네이버

로블록스, 마인크래프트(모장스튜디오), 포트나이트(에픽게임즈)와 같은 플랫폼 기업은 메타버스의 중추적 역할을 한다. 플랫폼 없이는 메타버스를 경험할 공간이 제한적이기 때문이다. 플랫폼 구축에 가장 중요한 요소는 '동시 참여 인원의 무제한성'이다. 이를 충족하려면 많은 투자와 기술 개발이 뒷받침돼야 한다. 자본력과 기술력을 갖춘 대기업의 메타버스 플랫폼 출시가 상대적으로 빠를 수밖에 없다. 현재 전 세계 많은 기업들은 그야말로 열풍이라고 할 정도로 메타버스 신규 플랫폼을 앞다퉈 내놓고 있다. 페이스북에서 사명까지 바꾼 메타는 VR 플랫폼 '호라이즌 월드'를 최근 공개했다. 호라이즌 월드는 마크 주커버그 최고경영자(CEO)의 메타버스 비전을 담은 첫 시도로, VR 기술이 적용된 확장형 멀티 플랫폼이다. 이용자들은 호라이즌 월드 안에서 메타가 제공한 콘텐츠를 체험하거나, 직접 커뮤니티 생산 공간을 탐색하고 만들 수 있다.

마이크로소프트는 2022년부터 업무용 협업 툴 팀즈(Teams)에서 3D 아바타를 통해 회의할 수 있는 기능을 제공할 예정이다. 마이크로소프트는 마인크래프트(게임 플랫폼), 메시(AR·VR 플랫폼), 홀로렌즈2(하드웨어), 애저(인프라) 등 메타버스 생태계를 구성하는 모든 밸류체인에 걸쳐 사업을 진행하고 있다. 특히 마이크로소프트는 업무 환경과 산업 현장 등 B2B 기반 메타버스를 구축할 것으로 예상된다.

가장 대표적인 메타버스 플랫폼 로블록스는 꾸준한 성장세를 이어가고 있다. 로블록스의 올해 3분기 매출액은 전년 동기 대비 두 배 넘게 증가한 5억9300만달러(약 7012억원)를 기록했으며, 일일 이용자(DAU) 수는 지난 1분기 4210만명에서 4730만명으로 늘었다. 로블록스가 빠른 성장을 하고 있는 이유 중 하나는 플랫폼 내에서 경제 활동이 가능한 '크리에이티브 이코노미'를 구현하고 있기 때문이다.

국내에서는 네이버의 제페토가 두각을 나타낸다. 3년도 안 돼 2억명에 달하는 글로벌 이용자를 끌어모은 제페토는 입점 광고 효과를 노리는 기업들의 러브콜을 연달아 받고 있다. 더불어 이용자가 아이템을 판매할 수 있는 '좌판'을 깔아주는 대가로 받는 수수료 수익도 나날이 확대되고 있다. 제페토는 해외 이용자가 90%, 10대 이용자가 80%가량을 차지하는 등 글로벌 MZ세대가 주요 이용층이라는 것도 강점이다.

SKT는 2021년 7월 자체 메타버스 플랫폼인 '이프랜드(ifland)'를 내놓고 메타버스 시장을 선점하기 위해 적극적으로 나서고 있다. 이프랜드는 제페토와 비교하면 조금 더 생산성, 비대면 모임에 특화된 플랫폼으로 회의나 콘퍼런스 진행에 특화돼 있다. 최근에는 송년 이벤트로 K-POP 스타들의 공연을 실시간으로 중계하는 'K-POP 페스티벌 위크'를 여는 등 차별화된 콘텐츠를 선보이고 있다.

이 밖에 두나무의 '세컨블록(2ndblock)', 이투스교육의 '엘리펀(ELIFUN)' 등 업종을 가리지 않고 다양한 메타버스 플랫폼이 속속 출시되고 있어 눈길을 끈다.

매력적인 플랫폼 만드는 건 콘텐츠
메타버스 세계 구축하는 소프트웨어도 각광

메타버스 세계를 구축하는 데 필요한 기술을

호라이즌 월드는 마크 주커버그 메타 최고경영자(CEO)의 메타버스 비전을 담은 첫 시도로, 가상현실(VR) 기술이 적용된 확장형 멀티 플랫폼이다. (메타 제공)

제공하는 기업도 관심을 모은다. 양질의 콘텐츠가 없는 플랫폼은 살아남을 수 없다. 과거 AR 글라스와 VR 기기가 확장성이 부족했던 것도 콘텐츠의 양과 질 측면에서 매력도가 낮았기 때문이다. 매력적인 메타버스 세계를 가능하게 만드는 기업으로 유니티소프트웨어와 에픽게임즈, 엔비디아가 꼽힌다.

유니티소프트웨어와 에픽게임즈는 디지털 콘텐츠를 만드는 데 쓰는 개발용 소프트웨어(게임 엔진)를 제공하는 기업이다. 메타버스에서 경험이 가능한 3D·XR과 같은 양질의 콘텐츠는 개발자들이 사용하는 개발 엔진 수준이 중요한데, 유니티소프트웨어와 에픽게임즈는 시장을 선도하는 기술력을 갖췄다고 평가받는다. 포켓몬고와 배틀그라운드가 각각 유니티소프트웨어의 개발 엔진 '유니티'와 에픽게임즈의 '언리얼 엔진'으로 만들어진 대표적인 게임이다.

지금까지는 개발용 소프트웨어가 주로 게임을 만드는 데 활용됐으나, AR·VR 콘텐츠 제작, 영화, 애니메이션 등 다양한 분야에서 활용이 가능하다. 메타버스 시장 진출을 노리는 많은 기업들이 유니티소프트웨어와 에픽게임즈에 손을 내밀고 있는 것으로 알려졌다.

호텔, 사무실, 공장 등 현실 세계 공간을 디지털화하는 매터포트는 '프롭테크' 시장을 선도하는 혁신적인 기업이다. 360도 3D 카메라를 이용해 바닥부터 천장까지 세세한 공간 정보를 확보한 뒤, 디지털 평면도 위에 실제 공간을 그대로 구현해내는 기술을 보유하고 있다. 매터포트는 세계 최대 확장현실(XR) 기반 건축물을 보유하고 있을 뿐 아니라 새로운 시장을 빠르게 선점한 효과로 경쟁사 대비 100배 이상의 건물 스캔 자료를 확보하고 있는 것으로 알려졌다.

이 데이터는 메타버스 시장이 성장함에 따라 더욱 큰 가치를 낼 것으로 기대된다.

컴퓨터그래픽(CG)을 비롯한 시각특수효과(VFX) 기업 역시 수혜가 기대된다. 국내 기업인 자이언트스텝과 위지윅스튜디오가 이 분야 대표 종목이다.

자이언트스텝은 메타버스 핵심인 실감형 콘텐츠를 제작하는 VFX 전문 기업이다. 탄탄한 기술력을 바탕으로 2016년 디즈니, 2018년 넷플릭스, 2020년 NBC유니버설 공식 협력사로 지정됐다. 국내 기업과도 굵직한 협업 프로젝트를 여럿 진행했다. SM엔터테인먼트 걸그룹 에스파 아바타 제작에 참여했고 네이버와 협력해 비대면 실시간 콘서트 'XR 콘서트'를 선보였다. 위지윅스튜디오는 영화 '승리호' '뮬란' '신비한 동물들과 그린델왈드의 범죄' 등 인기 작품에 참여하며 이름을 알렸다. 영화뿐 아니라 드라마, 공연, 전시 등 다양한 분야에서 CG·VFX를 적용한 콘텐츠를 만들어낸다.

현재 메타버스를 구성하는 콘텐츠 대부분은 게임과 엔터테인먼트다. 향후 쇼핑, 광고 등으로 메타버스 플랫폼의 외연이 확장됨에 따라 헬스케어, 교육, 패션, 유통 등 다양한 오프라인 사업자 유입이 예상된다. 메타버스 콘텐츠 경험이 더욱 풍부해질 요소다.

국내에서는 하이브, 에스엠, 와이지엔터테인먼트 등 엔터 기업들이 발 빠르게 메타버스 시장에 진출하면서 선두 주자 역할을 하고 있다. 전 세계에 불고 있는 K-POP 열풍을 메타버스 세계로 어떻게 끌고 들어와 접목해나갈 것인지가 관전 포인트다.

현실과 가상 세계를 연결시켜줄 하드웨어
메타·애플의 VR·AR 기기 대중화 박차

메타버스 생태계에서 빼놓을 수 없는 것이 바로 하드웨어 기업이다. 플랫폼, 콘텐츠, 인프라가 최고 수준으로 갖춰진다 해도 현실과 가상 세계를 연결해줄 매개체가 제대로 기능하

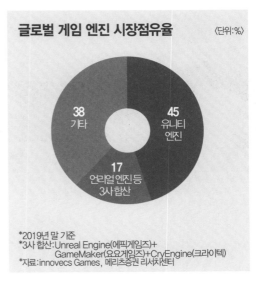

글로벌 게임 엔진 시장점유율 〈단위:%〉

38 기타

45 유니티 엔진

17 언리얼엔진등 3사합산

*2019년 말 기준
*3사 합산:Unreal Engine(에픽게임즈)+ GameMaker(요요게임즈)+CryEngine(크라이텍)
*자료:innovecs Games, 메리츠증권 리서치센터

지 못한다면 메타버스 경험은 한계를 가질 수밖에 없다. 메타버스 콘텐츠가 진화함에 따라 그것을 더 실감 나는 경험으로 만들어줄 하드웨어 발전이 중요하다.

2021년에는 PC와 스마트폰을 통해 메타버스 세계에 접속하지만, 앞으로 수년 안에 VR·AR 기기가 대중화될 것으로 예상된다. 기존 디바이스로 3D까지는 구현할 수 있지만 VR과 AR은 별도 장치 없이는 제대로 구현할 수 없다. 플랫폼과 콘텐츠가 고도화할수록 디바이스도 혁신이 필요한 이유다. 무엇보다 하드웨어 업체는 메타버스 영향이 실적에 반영되는 시기나 정도를 점치기 수월하다. 무형의 상품을 판매하는 업체와 비교해 매출 인식이나 비용 구조 측면에서 가정의 여지가 적기 때문이다.

메타버스의 등장과 함께 VR·AR 시장의 폭발적인 성장이 기대된다. 사진은 전 세계에서 가장 많이 팔린 VR 기기인 오큘러스퀘스트2 시연 모습. (SK텔레콤 제공)

VR·AR 시장은 2030년 약 1700조원 규모로 성장할 전망이다. 무려 지금의 15배 규모다. VR·AR 시장의 폭발적 성장 뒤에는 메타와 애플이 있다. 메타가 2014년 2억3000만달러에 인수한 VR 기기 제조사 오큘러스(Oculus)는 2021년 1분기 기준 전 세계 VR 기기 출하량의 75%를 차지했다. 2020년 9월 출시한 '오큘러스퀘스트2'의 흥행으로 2020년 4분기부터 주문량이 급증한 결과다. 풍부한 자체 콘텐츠와 더불어 로블록스 VR 기능 지원 등 뛰어난 범용성이 흥행 비결로 꼽힌다. 오큘러스는 메타버스 VR 시장에서도 가장 앞서 있다고 평가받는다.

애플은 2022년 출시 예정인 AR 글라스로 또한 번의 도약이 점쳐진다. 애플의 AR 글라스는 점진적으로 현재의 스마트폰을 부분 혹은 전면 대체할 기기로서 주목받는다. 팀 쿡 애플 CEO는 '포스트 아이폰(post iphone)'으로

AR 글라스를 제시하며 그동안 구축해온 애플 생태계에 AR 글라스가 접목될 것이라고 밝혔다. 아직 정확한 스펙이나 실체가 드러나지는 않았지만, 라이다 센서를 적용해 동작을 인식할 수 있고, 무선 충전과 QR코드 스캔 기능을 제공하는 것으로 알려졌다. 미국 월가에서는 올 들어 30% 이상 상승한 애플 주가가 AR 글라스 출시에 힘입어 시가총액 3조달러를 넘어설 것이라는 전망이 나온다.

미국 AR 글라스 제작사 뷰직스는 산업용 AR 글라스를 주력으로 삼는 기업이다. 메타와 애플이 개인용 AR 글라스에 집중하고 있는 반면 뷰직스는 제조업·의료·물류 등 특정 산업에 특화된 제품이 주력이다. 산업 분야에서 AR 글라스 활용도가 더욱 커질 가능성이 높다는 점이 긍정적이다.

국내 증시에서는 디스플레이 관련주가 주목받는다. 메타버스 발전과 함께 스마트폰, 태블릿, 모니터 등 전통적 IT 기기의 경계가 무너지면서 개인의 사용 환경과 필요성에 따라 분화되고 맞춤화한 기기들이 등장할 것으로 예상된다.

이에 따라 초대형 월마운트 디스플레이, 투명 디스플레이, 미러 디스플레이 등 몰입도를 극대화하고 현실 영역을 넓히는 제품은 물론 폴더블(접히는), 롤러블(말리는), 슬라이더블(미는), 풀스크린과 같은 여러 종류의 디스플레이 폼팩터(형태)가 필요해지면서 디스플레

이 기업에 새로운 기회가 될 전망이다.

특히 LG디스플레이와 LG이노텍은 애플의 AR 글라스에 핵심 부품을 공급할 것이라는 예상이 나오면서 단숨에 메타버스 최대 수혜주 중 하나로 떠올랐다.

생생한 메타버스 위해선 5G 인프라 확대 필수
클라우드 · 반도체 · CDN · 보안주 수혜

향후 고도화될 메타버스 플랫폼의 원활한 구동과 더 현실감 있는 경험을 위해서는 5G 등 인프라 확대가 필수적이다. 사용자들이 언제 어디서나 초고속, 초연결, 초저지연 환경에서 플랫폼에 접속할 수 있어야 하기 때문이다. 또 동일한 콘텐츠를 3차원으로 구현하기 위해서는 데이터 트래픽이 3~5배로 증가한다. 이를 처리하기 위한 데이터 센터 수요가 폭발적으로 늘어나고 서버용 D램, CPU(중앙처리장치), GPU(그래픽처리장치) 수요가 급증할 수밖에 없는 구조다.

일차적으로는 5G 사용 확대에 따른 통신사(버라이즌 · AT&T)들의 수혜가 예상되고, 이후 트래픽 증가에 따라 데이터 센터 추가 설치로 인한 메모리 반도체 기업, 클라우드 컴퓨팅 기업도 수혜를 볼 것으로 기대된다. 엔비디아, AMD, 인텔, 퀄컴 등이다.

엔비디아는 반도체 설계 전문 기업(팹리스)이다. 고품질 그래픽 콘텐츠를 처리하는 데 필수 부품인 GPU 부문에서 독보적인 지위를 자랑한다. 시장조사 업체 존페디리서치에 따르면 2020년 4분기 엔비디아는 글로벌 GPU 시장점유율 82%를 기록했다. 메타버스가 고도화될수록 데이터 센터 수요가 늘어날 가능성이 크다는 점도 엔비디아에 긍정적인 요인이다.

규모가 어마어마하게 큰 3D 콘텐츠를 저장하고 빠르게 전송할 수 있는 소프트웨어 인프라도 중요하다. 클라우드(아마존 · 마이크로소프트 · 스노플레이크), CDN(패스틀리 · 클라우드플레어), 보안(팔로알토 · 크라우드스트라이크 · 포티넷 · 지스케일러) 등이 대표적이다. 콘텐츠 전송 네트워크를 뜻하는 CDN은 트래픽 병목 현상이 발생하지 않도록 중간 데이터 센터에 임시 서버를 설치해 데이터를 분산하는 역할을 한다. 클라우드, CDN, 보안 기업들은 상호 보완적인 관계인 셈이다.

국내 증시에서는 메타버스 시장 형성에 5G 통신망이 필수적이라는 점이 부각되면서 장비업체들이 수혜주로 떠올랐다. 이루온, 와이어블, 라이트론, 기가레인, PI첨단소재, 쏠리드, RFHIC, 에치에프알, 와이솔, 서진시스템 등 5G 장비주도 메타버스 수혜를 볼 것으로 기대된다. 또 데이터 센터 업체가 본격적으로 투자를 시작하면 메모리 반도체 수요도 급증하는 만큼 메모리와 비메모리 반도체 장비를 함께 만드는 저평가된 장비 기업으로도 메타버스 수혜가 확장될 것이라는 분석이다. ■

'가상 세계에서 투잡 뛰어볼까' 열풍
메타버스 속 활동 현실 경제로 이어질까 '관건'

류지민 매경이코노미 기자

메타버스는 NFT, 게임과 만나 또 다른 투자의 기회를 만들고 있다. 바로 'P2E(Play to Earn)' 모델이다. 열린 경제 체계를 만들고 게임 내 아이템과 게임 머니를 '코인화'하면서 이용자들이 게임 플레이를 통해 수익을 얻을 수 있도록 한 것이다.

P2E의 핵심은 메타버스 내 활동이 현실 경제로 이어질 수 있는지다. 그 과정에서 '디지털 콘텐츠 인증서'로 불리는 NFT가 활용된다. 과거 게임 내 재화는 게임 안에서만 유효했다. 내 캐릭터가 갖고 있는 자산이기는 하지만, 게임사 정책에 따라 하루 만에도 가치가 급등락할 수 있는 불안정한 자산이었다. 더욱이 게임 내 재화의 최종적인 소유권은 게임사에 귀속돼 있어 만약 게임사가 문을 닫는다면 내 캐릭터와 아이템도 순식간에 허공에 날아갈 수 있다.

하지만 블록체인 기술의 발달과 NFT 개발이 게임 산업에 전혀 다른 패러다임을 불러왔다. 땅을 사고팔 때 인감증명서를 요구하듯 게임 콘텐츠 거래에서도 소유권을 증명할 수단이 생겨난 것이다. 그렇게 거래를 통해 얻은 재화는 가상화폐를 매개로 현실의 돈으로 교환된다. NFT를 활용한 콘텐츠 거래의 도입은 현실 세계 외에도 내가 경제 활동을 할 수 있는 공간이 수없이 많이 생겨날 수 있다는 것을 의미한다.

로블록스 이용자 억대 소득만 300명
엑시인피니티는 필리핀 국민 게임으로 부상

게임을 잘 모르거나 P2E를 처음 접한 사람이라면 '게임하면서 버는 돈이 얼마나 되겠어'라고 생각할 수 있다. 하지만 섣부른 판단은 금물. 메타버스 산업이 초기임에도 불구하고 게임 내 경제 활동 규모는 급격하게 몸집을 불려가고 있다.

대표적인 메타버스 플랫폼 로블록스는 이용자들이 스스로 게임을 만든다. 회사는 게임을 직접 만들 수 있는 판(플랫폼)만 깔아주고, 이용자가 그 안에서 직접 게임을 설계하고 다른 사람이 만든 게임을 즐기는 독특한 구조다. 지난해 말 기준 로블록스에 '개발자'로 등록한 이용자 수는 800만명, 개발된 게임 수는 5500만개가 넘는다. 자신이 만든 게임을 사고팔며 수익도 낸다. 게임을 팔면 보상으로 게임 내 재화인 '로벅스'를 얻을 수 있는데, 10만로벅스 이상이 되면 현금화가 가능하다.

이렇게 번 로블록스 개발자들의 누적 수익은 2억5000만달러(약 2965억원)에 달한다. 지난해 로블록스로만 억대 소득을 거둔 사람이 300명을 훌쩍 넘었다. 수익 규모는 메타버스 열풍이 커지면서 매년 가파르게 증가하고 있다.

베트남 스타트업 '스카이마비스'가 개발한 '엑시인피니티'도 P2E가 가능한 대표적인 사례다. 게임 방식은 비교적 단순하다. 게임 내에서 '엑시'라고 불리는 캐릭터를 수집하고 키우면서 다른 유저와 전투를 벌여 승리하는 것이 목적이다. 그 과정에서 엑시 간의 교배를 통해 더 높은 등급의 엑시를 만드는 것이 핵심이다. 엑시에 대한 소유권은 이용자에게 있기 때문에 해당 캐릭터를 시장에서 거래할 수 있

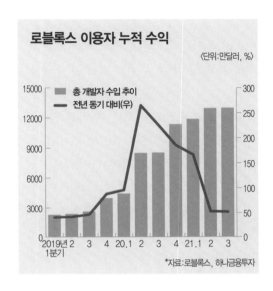

로블록스 이용자 누적 수익

〈단위:만달러, %〉

■ 총 개발자 수입 추이
— 전년 동기 대비(우)

*자료:로블록스, 하나금융투자

다. 실제 거래는 가상화폐인 AXS(엑시인피니티샤드)로 이뤄진다. 엑시 캐릭터 NFT 보유자만 4만명 이상, 매달 1200만달러 이상 규모의 NFT 거래가 이뤄진다.

직접 만든 콘텐츠가 돈이 된다
이프랜드 · 제페토도 P2E 도입 검토

2022년 정식 출시를 앞두고 연일 화제를 모으고 있는 '더샌드박스'는 한 단계 진화한 '크리에이터 이코노미'를 선보인다. 더샌드박스는 게임 출시 전부터 자체 코인 샌드(SAND)가 가상화폐 시가총액 규모 상위 100위권에 진입했고, 최근 알파 시즌을 출시한 이후에는 30위권까지 치고 올라올 정도로 주목을 받았다. 더샌드박스는 그 안에서 누구나 쉽게 게임을 포함한 다양한 콘텐츠를 만들고 소유하며, 이

를 통해 수익을 낼 수 있도록 한 메타버스 플랫폼이다.

이미 전 세계적으로 인기를 끌고 있는 마인크래프트와 유사한 게임성과 그래픽 때문에 '블록체인판 마인크래프트'라는 평가를 받는다. 두 게임의 가장 큰 차이는 P2E 방식 도입 여부다. 더샌드박스는 게임 내에서 제작하는 아이템과 부동산과 같은 모든 재화를 NFT로 만들었다. 이를 자체 코인 샌드를 매개로 현금화할 수 있다는 점이 특징이다.

더샌드박스는 직접 만드는 콘텐츠를 강조한다. 실제 더샌드박스 플랫폼 내에는 이용자들이 제작한 재화를 사고팔 수 있는 마켓플레이스가 마련돼 있다. 더샌드박스에 존재하는 토지의 소유권을 비롯해 게임 아바타, 건물, 장식품 등이 거래된다. 마켓플레이스에 올라온 '크로코 포코'라는 공룡은 약 6000만원에 해당하는 가격인 1만500샌드에 판매 중이다. 플랫폼 내 부동산도 비싼 값에 거래된다. 불과 1년 전만 해도 30만원가량에 거래되던 3×3 크기의 게임 내 부동산의 경매 평균 판매가는 현재 2억9000만원에 달한다.

국내 메타버스 플랫폼 사업자도 P2E 방식 도입을 적극 추진 중이다. SK스퀘어는 SKT가 운영하는 이프랜드를 P2E 메타버스 플랫폼으로 성장시켜나간다는 계획이다. 이프랜드 내에서 획득한 캐릭터·아이템 등을 NFT화하고, 이를 가상화폐 거래소에 상장된 일명 '이

프랜드 코인'과 연계해 거래할 수 있도록 하는 방식이 유력하다.

네이버 '제페토'는 아바타용 의상이나 헤어스타일을 직접 디자인해 가상 세계 안에 마련된 숍을 통해 다른 유저에 판매할 수 있다. 인앱결제를 통해 지불된 돈은 상대방 이용자에게 게임 내 화폐로 전달되고, 일정 금액 이상이 모이면 현금화가 가능하다. 네이버는 최근 일본 '라인'을 통해 NFT를 발행하기도 했다. 제페토 월드 내 벚꽃정원 이미지 12종에 대한 토큰을 총 1200개 발행해 일본 NFT 거래소에서 개당 500엔에 판매하는 방식이다. 암호화폐와 연계하지는 않았지만 메타버스 플랫폼 내 NFT 거래 가능성을 타진한 셈이다.

거품 논란 주의 옥석 가리기는 필수
국내에선 관련법 미비로 서비스 불가

P2E를 도입한 메타버스 플랫폼은 공통적으로 이용자가 직접 만드는 생태계, 콘텐츠를 강조한다. 핵심은 이용자들이 만든 콘텐츠의 소유권을 확실히 하고, 거기에서 파생되는 수익을 돌려주겠다는 것이다. 기존 온라인 플랫폼이 정보 전달의 공간이었다면 메타버스는 가치 전달의 공간이 될 것이라는 전망도 나온다. NFT를 통해 이용자 사유재산을 증명해 자유로운 거래를 보장하고, 메타버스는 프로토콜 경제의 기반이 될 것이라는 주장이다.

다만 장밋빛 미래만 예상되는 것은 아니

대표적인 메타버스 플랫폼인 로블록스는 이용자들이 직접 개발한 게임을 통해 수익을 올릴 수 있다. 이용자들의 누적 수익은 지난해까지 2억5000만달러에 달한다. (로블록스 제공)

다. 아직 넘어야 할 산도 많고 불안 요소도 적잖다.

최근 게임 업계의 NFT 도입과 P2E 시장 진출은 열풍이라고 해도 과언이 아닐 정도다. 다만 국내에서는 관련법 미비로 서비스가 불가능한 실정이다. 현재 게임물관리위원회는 '사행성'을 이유로 관련 게임의 등급 분류를 거부하고 있다. 암호화폐 발행도 국내 규제를 피해 해외에서 주로 이뤄진다. 카카오게임즈 '보라 코인'의 기반이 되는 카카오 암호화폐 '클레이튼' 또한 싱가포르에 법인을 두고 발행한 경우다. 네이버 제페토와 SK텔레콤 이프랜드는 게임이 아닌 '플랫폼'이라는 이유로 게임위 등급 심사를 받지 않았지만 NFT 기능과 코인 거래 등이 이뤄진다면 제재를 받을 가능

성이 높다.

거품 논란도 주의해야 한다. 관련 실적이 아직까지 현실화되지 않은 시점에서 NFT 도입이나 P2E 시장 진출 계획만으로 주가가 급등하는 기업이 속출하는 분위기다. 게임 내 화폐나 아이템 거래에 블록체인을 연동하는 것은 고도의 기술을 요하지 않는다. 진입장벽이 낮아 수년 내 대부분의 게임에서 NFT 개념을 도입할 수 있다. 이렇게 되면 지금 조금 앞서 나갔다고 해서 큰 수혜를 보지 못할 가능성이 있다. 블리자드, 닌텐도, EA 등 쟁쟁한 IP를 지닌 게임사가 NFT에 뛰어들면 기존 P2E 게임에 대한 관심이 시들해질 수 있다. 무차별적인 투자를 지양하고 게임 또는 플랫폼의 본질을 살펴야 한다.

돈을 버는 데 중점을 둔 '쌀먹' 유저들이 게임 생태계를 흐트러뜨릴 수 있다는 우려도 나온다. 쌀먹 유저가 과도하게 늘어나면 게임 내 재화 분배가 양극화되고 이를 현금화하는 과정에서 게임 화폐와 아이템 시세가 교란될 가능성이 없잖다. 해당 게임과 연동된 암호화폐 시세 불확실성으로도 이어질 수 있다.

메타버스 세계에서 NFT화된 재화를 사는 것도 현실 소비의 연장선상이다. 정말 즐길 만한 메타버스 플랫폼인지, 그리고 그 안에서 내가 진짜 소유하고 싶은 대상인지를 따져본 후에 투자를 결정한다면 성공적인 P2E가 될 것이다. ■

7 메타버스가 만드는 미래

아바타 만들어 게임하듯 공부…몰입도 '쑥'
학생 각자 원하는 캐릭터 앞세워 출석

김기진 매경이코노미 기자

메타버스는 교육 현장에서도 큰 역할을 하고 있다. 특히 코로나19 국면에서 빛을 발했다. 대면 수업을 최소화하고 대규모 인원이 모이는 행사를 자제하는 분위기 속에 메타버스가 오프라인 수업과 행사를 대체하며 빠르게 존재감을 키웠다. 팬데믹을 계기로 메타버스가 지닌 장점이 알려지며 미래에는 교육 현장에서 메타버스 활용도가 높아질 것이라는 전망이 나온다.

전문가들은 교육 현장에서 메타버스를 활용하면 학습자 몰입도를 끌어올릴 수 있다고 분석한다. 메타버스를 이용하면 학생은 각자가 원하는 캐릭터를 선택해 꾸미고 게임을 하듯 공부할 수 있다. 교실 안에서 획일화된 수업이 진행되는 것과 달라 학생이 자연스럽게 흥미를 느끼게 된다는 주장이다. 교사는 정보를 전달하고 학생은 이를 받아들이고 암기하는

일방적인 방식이 아니라 학생이 직접 다양한 활동을 하면서 학습하는 능동적인 방식이라는 것도 장점으로 언급된다. 증강현실(AR), 가상현실(VR) 등의 기술을 활용해 제작한 콘텐츠를 교육에 활용할 수 있다는 것도 돋보인다. 책, 일반 동영상 등 그간 교육 현장에서 주로 쓰인 참고 자료에 비해 관심 유발, 생생한 정보 전달 등에서 강점을 보일 것으로 기대된다.

시간, 공간 제약이 없고 자유도가 높다는 것도 큰 장점이다. 매일 학교에 등교하기 어려운 학생도 얼마든지 친구, 교사와 교류하고 공부할 수 있다. 국내는 물론 해외 석학 강의까지도 어디에서든 편하게 수강할 수 있다. 다른 지역, 다른 국가에 사는 학생과 소통하고 토론할 수도 있다. 실제 모습과 똑같이 혹은 비슷하게 구현된 장소로 견학을 가거나 현

교원 빨간펜이 2021년 10월 선보인 메타버스 학습 플랫폼 '아이캔두'.
(교원그룹 제공)

실 세계에서 구현할 수 없는 새로운 공간을 만드는 것도 가능하다. 콘텐츠를 소비하는 데 그치지 않고 창작까지 할 수 있다는 뜻이다. 창의력을 키우는 데에도 도움이 될 것으로 보인다. 지식을 공유하고 전파하는 속도도 빨라질 것으로 예상된다.

미네르바대와 비슷한 방식으로 운영되는 교육기관이 늘어날 수 있다는 관측도 나온다. 세계적인 명문대로 평가받는 미네르바대는 캠퍼스가 없다. 수업을 100% 온라인으로 진행한다.

서울시교육청, 메타버스 구축에 12억원 투자

잠재력이 크다는 분석에 학교와 교육청 등 공공 부문은 물론 교육 관련 사업을 하는 기업 중에도 메타버스 플랫폼과 콘텐츠 개발, 활용에 속도를 내는 곳이 많아졌다.

공공 부문에서는 부산시교육청 행보가 돋보인다.

2021년 8월 부산시교육청은 유니티코리아와 '메타버스 기반 인공지능·데이터 교육 생태계 구축'을 위한 업무협약(MOU)을 체결했다. 2021년 11월에는 가이드북 '교육에서의 메타버스, MIE'도 발간했다. MIE는 'Metaverse in Education'을 줄인 말로 가이드북은 메타버스가 무엇이고, 메타버스 플랫폼은 어떤 것이 있는지, 메타버스를 교육 현장에서 어떻게 활용할 것인지 등을 안내한다. 사회 전반에서 메타버스가 중요한 주제로 떠올랐지만 교육에 활용하는 방법과 적용 사례에 대해서는 잘 모르는 사람이 많다는 지적이 나와 만든 안내서다. 유니티코리아, 부산대 등 주요 기업과 교육기관 소속 전문가 17명이 집필·검수위원으로 참여했다. 부산시교육청은 이 책자를 관내 초·중·고교와 교육기관 등에 배부했다.

부산시교육청은 2021년 11월 메타버스 교육 시범학교 12곳을 선정하기도 했다. 더불어 학교 현장에서 메타버스를 본격적으로 활용하려면 교원 역량을 강화하는 것이 필요하다고 보고 메타버스 콘텐츠 모델링 연수와 크리에이터 교원 양성 과정 연수도 시작했다. 2022년에는 '부산형 메타버스 교육 플랫폼'을 구축할 계획이다. 김석준 부산교육감은 "4차 산업혁명 등 급변하는 교육 환경에서 교육 혁신의 한 방법으로 AI와 메타버스 등 최신 기술을 적극 활용하기로 했다. 이런 기술을 활용함으로

메타버스 플랫폼 내 세계시민교육 콘텐츠 개발을 위한
아시아교육협회 · NHN에듀(주) 업무협약식
일자 | 2021. 11. 30.(화)

NHN에듀는 아시아교육협회와 업무협약을 맺었다. 아시아교육협회는
NHN에듀 메타버스 플랫폼에 가상 교육 공간을 만들 예정이다.
(NHN에듀 제공)

써 시간 · 공간 제약 등 교육적 한계를 극복하고 학생들의 몰입도를 높여 학습 효과를 극대화할 수 있을 것으로 기대한다"고 설명했다.

서울시교육청도 서울형 메타버스 교육 플랫폼을 구축하기 위해 2022년 12억원을 투자할 예정이다. 경상북도교육청은 2022년도 예산 중 2억원을 메타버스 선도학교 운영 사업에 쓴다.

개별 학교 중에도 메타버스 활용에 적극 나서는 곳을 쉽게 찾아볼 수 있다. 예를 들어 서울대 · 연세대 · 고려대 · 서강대 · 성균관대 · 한양대 등 6개 대학은 2021년 9월 공동으로 메타버스를 활용한 취업박람회를 열었고 연세대 글로벌인재대학은 2021년 11월 가상 모임 공간 플랫폼 게더타운을 통해 MT를 개최했다. 숙명여대는 LG유플러스, 신한은행, VR 콘텐츠 개발사 맘모식스와 함께 전용 메타버스 공간 '스노우버스'를 만들었다. 2021년 11월 스노우버스를 통해 축제를 연 바 있다. 학생 간 전공서적 중고 거래, 의류 중고 거래 등

을 지원하고 학교 주변 상권을 연계한 서비스를 선보이는 것을 검토 중이다.

교원에듀 '아이캔두' 한 달 만에 5만명 몰려

교육 사업을 하는 기업 중에는 NHN에듀, 야나두, 교원에듀, 웅진씽크빅 등이 앞서 나간다는 평가가 나온다.

에듀테크 기업 NHN에듀는 2022년 상반기 교육 전용 메타버스 플랫폼을 내놓는다. 이를 위해 한국교원단체총연합회와 손잡았다. 2021년 11월 카이스트와 교육용 메타버스 플랫폼 활성화 · 지식재산 교육 고도화를 위한 업무협약을 체결하기도 했다. NHN에듀 자체 메타버스 플랫폼 내에 카이스트 교육 서비스를 위한 가상 캠퍼스를 만들고 교육 콘텐츠를 제공한다는 것이 협약 핵심 내용이다. 두 기관은 초등 · 중등 교육을 1차 목표로 콘텐츠를 만들고 이후 고등 교육과 전문 교육까지 영역을 넓힐 계획이다.

NHN에듀는 교육혁신 사업 단체 아시아교육협회와도 MOU를 맺었다. MOU 체결로 아시아교육협회는 NHN에듀 메타버스 플랫폼 내에 가상 교육 공간을 만들어 교육 콘텐츠를 제공할 계획이다. 기후 변화를 비롯한 환경 교육 콘텐츠, 팬데믹 관련 보건 교육 등 다양한 콘텐츠를 선보이기 위해 준비 중이다. 초등학생, 중학생 대상 콘텐츠로 시작해 향후에는 고등 교육 콘텐츠도 내놓고 해외 거주 학습

자를 겨냥한 프로그램도 제공할 계획이다.

카카오 에듀테크 계열사 야나두 역시 메타버스에 뛰어들었다. 가상 세계에서 게임하듯 운동할 수 있는 메타버스 홈트레이닝 서비스 '야핏 사이클'을 운영 중이며 자사 영어 교육 서비스에 메타버스를 도입할 계획이다. 이를 위해 2022년 500억원을 투자한다.

교원에듀는 2021년 10월 선보인 디지털 학습지 '아이캔두(AiCANDO)'에 메타버스 기능을 넣었다. 학습자는 가상 공간 '아이월드'에서 활동하는 아바타를 만들고 가상 교실 '아이클래스'에서 친구들과 함께 접속해 공부할 수 있다. 아이클래스에서는 인공지능 튜터 '마이쌤'이 공부할 내용을 알려준다. 마이쌤은 학생과 대화를 나누기도 하고 질문에 답도 해준다. 학생이 "마이쌤, 지구 온난화가 뭐예요?"라고 물어보면 마이쌤이 "지구의 평균 기온이 올라가서 지구가 더워지는 현상입니다"라고 답변하는 식이다. 질문과 연관된 다양한 학습자료도 제공한다. 학습 데이터 분석 결과를 바탕으로 성취도를 평가하고 학습 코스를 추천하는 기능도 있다.

교원에듀는 아이캔두를 내놓기 위해 2019년부터 개발 비용 약 500억원을 투자했다. 교육용 콘텐츠 개발 전문가와 IT 전문가 350여명이 기획, 개발 과정에 참여했다. 사전 공개 한 달 만에 5만명이 넘는 회원을 모으는 등 초기 성과가 돋보인다. 초등학교 1~4학년을 대상

으로 콘텐츠 서비스를 시작했는데, 2022년에는 초등학교 5~6학년과 4~6세 유아에 수준을 맞춘 프로그램을 제공할 계획이다.

웅진씽크빅은 2021년 4월 인공지능 학습 플랫폼 '스마트올'에 아바타 기능을 넣었다. 이후 11월 플랫폼을 개편하면서 메타버스 기능을 본격 접목했다. 이를 위해 서울대, 카이스트, 성균관대, 건국대 등 국내 대학 교수진으로 구성한 전문가 위원회 도움을 받았다. 스마트올 메타버스 서비스를 이용하면 3차원 아바타를 만들어 친구들과 대화도 나눌 수 있고 교실을 돌아다니며 탐험하면서 학습할 수 있다. 서비스를 시작한 지 열흘 만에 누적 방문 건수 100만건을 넘어섰다. 재방문율은 95%나 된다. 웅진씽크빅은 2021년 11월 말 메타버스 기술 기업 아티젠스페이스와 교육용 메타버스 플랫폼 개발을 위한 MOU를 맺기도 했다.

이 밖에 천재교육이 문화 교육 플랫폼 '코버스(Koverse)'를 개발하고 있다. 외국인과 다문화 가정을 겨냥한 플랫폼으로 유튜브 영상을 활용하는 Y-Class, VR로 한국 문화를 체험하는 K-Class, 메타버스를 활용하는 VRC(VR Classroom) 등 세 가지 카테고리로 구성된다. VRC는 전 세계 어디에서나 접속 가능한 가상 수업 공간이다. 학습자는 아바타를 만들어 수업에 참여할 수 있다. 청담러닝도 메타버스 교육 플랫폼 '바운시'를 선보이기 위해 준비 중이다. ■

지옥철 이제 그만…해외서도 원격 근무
채용설명회·신입사원 연수도 메타에서

김기진 매경이코노미 기자

2020년 코로나19가 전 세계로 확산되면서 국내외 수많은 기업이 재택근무를 도입했다. 백신 접종률이 오르고 '위드 코로나' 체제를 가동하면서 일부 기업은 사무실로 복귀했지만 팬데믹 이후에도 기업이 모두 과거와 같은 100% 오프라인 근무로 회귀할 가능성은 적다. 시장조사 업체 가트너는 직장인 48%는 코로나19 바이러스가 종식된 후에도 업무의 일부분은 원격 근로를 통해 처리할 것이라 내다본다. 코로나19 이전에는 원격 근로를 하는 직장인 비율이 30%에 불과했다. 메타버스는 재택근무가 보편적인 근무 형태로 자리 잡는 데 중요한 역할을 할 것으로 예상된다.

슬랙테크놀로지스 '슬랙'이나 마이크로소프트 '팀즈'를 비롯한 협업 툴은 업무 일정과 진행 사항, 관련 파일 등을 공유하고 일에 관련된 대화를 나누는 데는 효과적이다. 하지만 회사 조직 구성원 간 유대감을 형성하거나 사무실에 출근해서 일하는 것과 같은 분위기를 만드는 데에는 한계가 있다. 일반적인 회사 생활과는 다르다. 메타버스는 이런 단점을 보완할 수 있다는 기대다. 메타버스를 활용하면 온라인 공간에 사무실을 구현할 수 있고 직원이 업무 공간과 아바타를 꾸미며 개성을 드러낼 수 있다. 다른 직원과 교류하는 것도 가능하다.

직장을 선택할 때 공간 제약이 없다는 것도 큰 장점이다. 회사 위치는 직장인에게 중요한 포인트다. 회사가 대도시에 있다면 거주 비용이 부담돼 근처로 이사 가기 꺼려질 수 있다. 연고가 없는 지역, 생활 인프라가 열악한 지역에 있는 회사 역시 선호도가 떨어진다. 메타버스를 이용한 근무가 확산되면 직원은 물가가 저렴한 지역, 가족이나 지인이 많은 지역 등 원하는 곳에 살면서 근무할 수 있다. 통근 시간이 줄어들고 이동 비용을 아낄 수 있다는 것도 장점으로 언급된다. '지옥철' 혹은 만원 버스에 올라타 이리 치이고 저리 치이며 회사에 도착하기도 전에 지치는 고통을 겪지 않아도 된다는 뜻이다. 이 시간을 활용해 식사를 하거나 운동 등 자기개발을 할 수 있다.

거주하는 국가와 아예 다른 나라에 있는 직장에 다니는 것도 가능해진다. 특히 시차가 크게 나지 않는 권역 내에서는 가상 사무실을 활용한 해외 근무를 비교적 쉽게 현실화할 수 있을 것으로 보인다. 구직자는 선택할 수 있는 회사가 많아지고 회사는 인재를 유치하는 데 장벽을 낮출 수 있다.

물론 메타버스를 활용한 근무에도 단점은 있다. 아무리 아바타를 활용해 소통할 수 있다고 해도 오프라인에서 직접 만나 대화하는 것에 비해 효율성이나 정확도가 떨어질 수 있다. 소속감, 유대감이 대면 근무를 할 때보다 덜할 가능성도 크다. 하지만 온라인 소통에 익숙해지고 전화를 비롯한 보조 소통 수단을 활용하고 주기적인 오프라인 미팅 등을 열면 해결할 수 있다.

메타버스 사무실 만드는 기업 하나둘 등장

아직까지 대다수 기업은 오프라인 근무 방식을 유지하거나 협업 툴을 이용한 원격 근무를 한다. 하지만 메타버스를 이용하는 기업이 하나둘 등장하고 있다.

부동산 거래·정보 제공 플랫폼 직방이 대표 사례다. 직방은 메타버스를 활용한 원격 근무가 기본 업무 방식이다. 2021년 2월 오프라인 출근을 전면 폐지했다. 다른 직원과 만나서 논의할 일이 있을 때에는 분당 서현역과 서울 영등포구 당산역 근처에 있는 직방라운지를 활용할 수 있다. 한 달에 한 번 직원 간 교류를 위한 행사도 연다. 하지만 기본 근무 형태는 원격 근무다. 대표와 임원을 포함한 모든 직원이 직방 자체 개발 메타버스 플랫폼 메타폴리스로 출근한다.

LG유플러스는 유니티코리아와 협약을 맺고 2022년 가상 오피스를 선보일 예정이다. (LG유플러스 제공)

각 직원이 본인 아바타로 로그인하면 30층짜리 오피스 건물이 눈앞에 보인다. 방향키를 이용해 로비를 지나 엘리베이터를 타고 원하는 층에 내려 자신의 책상을 찾아간다. 직원들은 사무실 책상에 앉아 업무를 보거나 다른 사람들과 한 테이블에 앉아 회의를 할 수 있다. 사무실 내에는 회의실 등의 공간이 마련돼 있으며 빔프로젝터와 같은 도구를 이용할 수 있다. 온라인이라는 점만 빼면 일반적인 회사 생활과 크게 다르지 않다.

서울시 주요 인프라 관리와 운영을 맡은 서울시설공단은 2021년 6월 가상 사무실을 구축했다. 공공 부문에서 메타버스 오피스를 만든

곳은 서울시설공단이 처음이다. 미국 스타트업 게더가 만든 게더타운에 업무 공간, 회의실, 휴게 공간 등을 만들었다. 코로나19 대책 회의, 임원 회의, 사내 강연 등을 게더타운을 이용해 진행했다. 구성원 의견을 모아야 할 때에는 익명 대화 서비스 '슬라이도'를 함께 이용한다. 이를 통해 직원들은 눈치 보지 않고 자유롭게 의견을 낸다.

서울디지털재단 역시 2021년 11월 말 메타버스 오피스 '메타피스'를 만들었다고 발표했다. 외부 강사, 전문가 등을 초빙하는 자문 회의를 열거나 재택근무 중인 직원들 간 현안 회의를 할 때 메타피스를 활용하겠다는 계획도

직방은 메타버스를 활용한 원격 근무가 기본 업무 방식이다. 가상 공간 '메타폴리스'에는 사무실과 회의실 등이 마련됐다. (직방 제공)

전했다. 주간 회의도 한 달에 한 번은 가상 오피스에서 열기로 했다.

메타피스는 서울 상암동 본사 사무실을 그대로 구현했다. 사무실부터 이사장실, 회의실, 직원 휴게실은 물론 사무실 내부 홍보 포스터까지 그대로 배치됐다.

아직 업무에 메타버스를 전격 도입하지는 않았지만 채용설명회, 신입사원 연수 등 주요 업무에 메타버스를 쓰는 기업도 많다. 예를 들어 네이버는 2021년 초 신입사원 입문 프로그램을 자사 메타버스 플랫폼 제페토를 이용해 진행했다. 코로나19 이전에는 춘천 연수원과 데이터 센터, 광주 파트너스퀘어, 일본 라인 사옥 등 네이버 주요 공간을 방문하는 오프라인 과정을 열었지만 팬데믹이 확산되면서 메타버스를 활용한 행사로 전환했다. 삼성전자는 2021년 하반기에 진행된 신입사원 공채에서 메타버스 플랫폼을 활용해 구직자와 일

대일 직무 상담을 했다.

가상 사무실에 관심을 보이는 기업이 하나둘 등장하자 IT · 통신 업체들은 관련 서비스 시장을 선점하기 위해 열을 올린다. LG유플러스와 유니티코리아는 2021년 11월 기술 협력을 맺고 가상 오피스 구축에 나서겠다고 발표했다. 원격 회의 솔루션, PC 원격 제어 솔루션 등을 만드는 알서포트도 2022년 메타버스 기반 가상 오피스 서비스를 선보이기 위해 준비 중이다. 게더타운을 운영하는 게더와 미국 증강현실(VR) 스타트업 스페이셜 등도 예의 주시할 만한 기업으로 언급된다. ■

이커머스+메타버스…쇼핑은 '아바타'가 디지털에 기반 둔 가상 '인플루언서' 각광

김기진 매경이코노미 기자

이커머스는 메타버스 도입으로 큰 변화가 예상되는 분야 중 하나다. 이커머스와 메타버스가 결합되면 온라인과 오프라인의 경계가 사라진다. 소비자는 오프라인 매장에 방문하지 않아도 소비 활동을 할 수 있다. 온라인 공간에 구축된 가상 매장에 방문해 아바타를 이용해 쇼핑을 하면 된다.

기존 일반 이커머스에서는 상품, 서비스에 관련된 정보를 얻는 데 한계가 있다. 제품을 판매하는 업체가 작성한 설명문, 사진이나 동영상, 다른 소비자가 작성한 리뷰 등 제한된 정보만을 제공한다. 메타버스 이커머스는 증강현실(AR)이나 가상현실(VR) 같은 몰입 현실 기술을 활용해 생생한 정보를 제공한다. 소비자가 제품이나 서비스를 구매하기 전 체험해볼 수 있다는 것도 차별화 포인트다. 아바타를 이용해 쇼핑몰과 매장 이곳저곳을 이동하면서 오프라인 매장에서 쇼핑하는 것과 비슷한 느낌을 연출해낼 수 있다. 가상 매장 내에 게임이나 이벤트 등 소비자 흥미를 유발하는 요소를 배치하는 것도 가능하다. 소비자는 제품과 서비스를 체험하고 게임, 이벤트 등에 참여하면서 자연스럽게 브랜드에 익숙해진다. 제품, 서비스 관련 상담도 가상 세계에서 진행할 수 있다. 유통 업

> **가상 매장에 게임·이벤트 설치**
> **자연스럽게 고객 흥미 유발**
> **AR·VR 활용한 커머스 산업**
> **2026년까지 연평균 28.4% 성장**
> **후각·촉각 구현하는 기술 나오면**
> **관심 보이는 소비자가 더 많을 듯**

롯데하이마트가 제페토에서 진행한 마케팅 행사. (롯데하이마트 제공)

체는 현실 세계에서 사용하기 위해 만든 상품은 물론 가상 공간에서 쓰는 것을 목적으로 제작된 상품도 판매할 수 있다. 아바타가 입는 옷이나 가상 공간을 꾸미는 데 쓰는 소품 등이 대표적이다.

메타버스 이커머스는 잠재력이 크다고 평가받는 분야다. 시장조사 업체 인더스트리아크에 따르면 AR, VR을 활용한 커머스 산업은 2021년부터 2026년까지 연평균 성장률 28.4%를 기록하며 32억달러 규모로 커질 전망이다. AR, VR, 아바타 기술이 고도화되고 보편화되면 메타버스 이커머스 확산에 기여할 것으로 예상된다. 수년 후에는 후각이나 촉각을 구현하는 기술도 상업화되면서 성장세에 힘을 실어줄 수 있다. 기대감을 반영하듯 '메타커머스'라는 신조어도 등장했다. 메타버스와 커머스를 합친 말이다.

구찌, 로블록스에 가상 공간 '구찌가든' 선보여

메타커머스가 각광받자 국내외 유통 기업은 메타커머스 시대에 대비해 관련 플랫폼이나 서비스 구축에 속도를 낸다. 아직까지 본격적으로 메타버스 플랫폼을 구축했거나 가상 매장에 크게 의존하는 업체는 등장하지 않았지만, 플랫폼을 개발 중이거나 AR, VR 등의 기술을 기반으로 초기 버전 서비스를 선보인 곳은 어렵지 않게 찾아볼 수 있다. 국내 기업 중에는 롯데백화점이 적극 나서고 있다.

2021년 11월 롯데백화점은 빅데이터·인공지능(AI)·디지털트윈 전문 기업 바이브컴퍼니와 업무협약(MOU)을 체결했다. 두 기업은 함께 메타버스 커머스 플랫폼을 개발할 계획이다. 2022년 상반기 서비스를 시작하는 것이 목표다. 플랫폼이 완성되면 소비자는 오프라인 매장에 전시된 상품이나 서비스를 가상 공간에서 구경하고 구매할 수 있다. 롯데백화점 측은 "메타버스 시대에 맞는 미래 백화점의 모습을 선제적으로 구현하고자 빅데이터와 디지털트윈에 전문 역량을 보유한 바이브컴퍼니와 업무협약을 체결하게 됐다. 메타버스 가상 공간에서 커머스와 롯데백화점의 다양한 콘텐츠를 적용하는 성공적인 모델이 될 수 있도록 노력하겠다"고 말했다. 롯데백화점은 앞서 2021년 5월에는 VR 백화점 'VR 판교랜드'를 선보인 바 있다. 휴대폰을 이용해 50여개 매장을 360도로 둘러볼 수 있는 가상 백화점이다. 코오롱FnC가 운영하는 여성 의류 브랜드 럭키슈에뜨도 VR 메타버스 플랫폼 '럭키타운'을 보유했다. 모델 한소희가 럭키슈에뜨 의상을 입은 모습과 다양한 스타일링을 360도로 볼 수 있다. 패션그룹형지의 골프웨어 브랜드 까스텔바작은 2021년 11월 메타버스 패션쇼를 진행하며 관심을 모았다. 이랜드 주얼리 브랜드 '로이드'는 AR 기술을 활용한 시착 서비스를 제공한다. 패션 이외 분야에서는 롯데하이마트가 2021년 11월 메타버스 플랫폼 제페토를 통해 마케팅 행사를 열며 관심을 모았다. 제페토에 매장 쇼룸, 게임 공간 등을 구성하고 백화점 상품권 등을 증정하는 이벤트를 진행했다.

스타트업 중에서는 에프앤에스홀딩스가 눈길을 끈다. 2018년 설립된 업체로 모바일 패션 플랫폼 '패스커'를 운영한다. 패스커는 '디지털 네이티브를 위한 패션 놀이터'를 표방하는

롯데하이마트 제공

플랫폼. 모바일에서 오프라인 매장을 방문한 것과 같은 경험을 제공하는 VR 스토어, 제품을 구경할 수 있는 3D 쇼룸 등 다양한 서비스를 제공한다. 펜디, 롱샴, 스와로브스키 등 여러 브랜드와 협업을 진행했다. 향후에는 메타버스 패션몰로 서비스를 고도화하겠다는 청사진을 그린다. 2021년 7월 41억5000만원 규모 시리즈A 투자를 유치했는데 이 자금을 활용해 메타버스 서비스 개발에 총력을 기울일 계획이다. 성남산업진흥원, 카이스트(KAIST)와 인공지능 공동 연구개발 협약도 맺었다.

해외 기업 중에는 이케아, 구찌 등이 주목받는다. 이케아는 매장에서 판매하는 가구를 소비자 집에 가상으로 설치해볼 수 있는 AR 서비스 '이케아 플레이스'를 보유했다. 제품을 구매하기 전 이케아 플레이스를 이용하면 소비자가 구매 결정을 한결 쉽게 할 수 있다. 사이즈를 잘못 측정하거나 가구 색, 스타일 등이 집과 잘 맞지 않아 반품하는 빈도도 줄어든다. 반품 횟수가 줄어들면 그만큼 기업은 비용을 절감할 수 있다. 고객이 가구를 가상으로 설치한 장면을 SNS 등에 공유하면 마케팅 효과도 누릴 수 있다.

구찌는 메타버스 플랫폼 로블록스와 손잡고 2021년 5월 2주 동안 가상 공간 '구찌가든'을 선보였다. 이 공간에서 소비자가 알레산드로 미켈레 구찌 크리에이티브디렉터의 디자인 철학을 느낄 수 있도록 전시회를 열었다. 구찌는 2021년 5월 로블록스에서만 이용 가능한 디지털 전용 가방 '구찌 퀸 비 디오니소스'를 판매하며 주목받기도 했다. 구찌가 처음 이 제품을 내놨을 때에는 판매 가격이 475로벅스(약 5.5달러)에 불과했다. 하지만 이후 구매자들이 재판매에 나서며 가격이 35만로벅스(약 4115달러)까지 뛰었다. 발렌시아가 역시 메타버스 게임을 통해 2021 가을·겨울 컬렉션을 공개했다.

한쪽에서는 메타버스 이커머스가 확산되면 가상 인플루언서가 각광받을 것이라는 관측이 나온다. 가상 인간은 컴퓨터가 만들어낸, 실존하지 않는 사람을 가리킨다. 최근 국내외 광고 시장에서 인기를 끈다. 사생활 문제가 생길 확률이 낮고 늙지 않으며 체력적인 한계가 없다는 장점이 부각된 덕분이다. 2021년 8월 신한라이프 광고 모델로 등장하며 화제가 된 로지가 국내 시장을 대표하는 가상 인간이다. 로지는 신한라이프 외에도 골프 브랜드 마틴골프, 질바이질스튜어트, 쉐보레 등 다양한 브랜드 모델로 나섰다. 로지 외에 브라질계 미국인으로 설정된 릴 미켈라, 영국 가상 모델 슈두, 일본 이마 등이 시장을 선도하고 있다. 메타버스 이커머스가 성장하면서 태생적으로 디지털에 기반을 둔 가상 인간을 광고 모델로 기용하려는 수요가 늘어날 것이라는 전망이 나온다. ■

해외여행도 공부도 안방에서 OK
'제페토'서 한강 구경 '로블록스'로 수업

김기진 매경이코노미 기자

코로나19가 전 세계로 확산된 후 해외여행은 꿈같은 일이 됐다. 항공사들은 해외 노선 대부분을 취소하거나 축소 운항하기 시작했다. 2021년 하반기에는 주요 국가가 '위드 코로나' 체제를 도입하면서 규정이 완화되는 듯했다. 그러나 오미크론 변이 바이러스가 변수로 떠오르며 언제 해외여행이 팬데믹 이전 수준으로 회복될 수 있을지 불투명한 상황이다.

여행뿐 아니라 유학 산업도 직격탄을 맞았다. 미국 내 유학생 관련 통계를 제공하는 IIE 오픈도어스에 따르면 2020~2021학년도 미국에서 공부하는 한국 유학생 수는 3만9491명을 기록했다. 전년도 대비 20.7% 급감한 숫자다. 미국 내 한국인 유학생 수는 2010년대 초를 기점으로 꾸준한 감소세를 이어오기는 했으나 2019~2020학년도까지만 해도 감소폭은 한 자릿수에 그쳤다. 2020~2021학년도에는 감소폭이 두 자릿수로 늘었다.

국내에 공부를 하러 찾아오는 외국인 학생 숫자 역시 줄었다. 교육부에 따르면 2021년 1월부터 6월까지 한국에 입국한 외국인 유학생은 3만3826명으로 집계됐다. 코로나19 발생 전인 2019학년 1학기 18만4595명보다 81.7%(15만769명) 감소했다. 2020년 1학기와 비교해도 61.6% 적다. 이 밖에 뉴질랜드와 호주, 영국 등 다른 국가에도 외국인 유학생 수가 급격히 줄어들며 재정에 비상등이 켜진 대학이 많다.

국가 간 이동이 제한되면 이처럼 여러 가지 부작용이 나타난다. 하지만 메타버스를 이용하면 충격을 줄일 수 있다. 코로나19 국면에서도, 코로나19 종식 이후 새로운 바이러스가 등장하거나 다른 이유로 하늘길, 뱃길이 막혀도 여행과 공부를 이어갈 수 있다.

걸그룹 '있지'와 가상 한강공원에서 떡국 시식

한국관광공사는 2021년 12월 게임 업체 펄어비스와 '게임 한류 확산·한류 관광 활성화 협력' 업무협약(MOU)을 체결했다. 게임을 활용해 한국관광을 홍보하는 것이 협약 핵심 내용이다. 펄어비스가 준비 중인 메타버스 게임 '도깨비(DokeV)'에 한국을 알릴 수 있는 콘텐츠를 넣을 예정이다. 도깨비는 주인공이 도깨비를 찾아 모험을 떠난다는 콘셉트다. 2021년 8월 열린 유럽 최대 게임 전시회 '게임스컴 2021'에서 미리 보기 영상을 공개해 글로벌 게이머들로부터 큰 관심을 받았다. 한옥, 솟대, 돌담, 해태상, 한국 전통 놀이, 국내 명소 등 한국적인 요소가 담긴 만큼 홍보 효과를 톡톡

히 누릴 수 있을 것으로 기대된다. 김경만 펄어비스 최고사업책임자(CBO)는 "도깨비는 차세대 게임 엔진으로 구현한 고퀄리티 그래픽과 높은 수준의 자유도로 메타버스 세계를 경험할 수 있도록 개발하고 있다. 한국관광공사와 함께 게임 한류의 확산과 관광 활성화를 위해 다양한 협업을 추진하겠다"고 말했다.

한국관광공사는 2021년 12월 문화체육관광부와 메타버스를 활용한 행사 '케이-바이브 페스타(K-VIBE FESTA)'도 진행했다. 코로나19로 여행 시장이 얼어붙으며 한국에 방문하려는 외국인 수요가 급감했는데 이를 회복시키기 위한 시도다. 국내 주요 관광지를 확장현실(XR)로 구현해 한류스타가 관광지에서

한국관광공사와 펄어비스는 2021년 12월 업무협약을 맺었다. 펄어비스 메타버스 게임 '도깨비'를 활용해 한국관광을 홍보하는 것이 협약 핵심 내용이다. (펄어비스 제공)

직접 공연하는 듯한 무대를 보여줬다. 이어 한국 대표 관광지 경주를 제페토를 이용해 선보였다. 황리단길과 첨성대를 비롯한 관광 명소를 실감 나게 재현했다.

한국관광공사는 앞서 2020년 11월에는 제페토에 한국 가상 여행 공간을 만들었다. 2021년 2월에는 이 공간에서 한국관광 명예 홍보대사 걸그룹 있지(ITZY)와 홍보 이벤트를 열기도 했다. 있지 3D 아바타가 출연하는 한국 여행 홍보 영상 'Feel the Rhythm of Virtual Korea'를 만들어 유튜브 채널과 본사·해외 지사 SNS 계정에서 공개했다. 제페토에 마련한 한국 가상 여행지로 오라는 메시지를 담아 영어, 중국어 간체·번체, 일본어로 제작했다. 가상 한강공원에서 있지 팬미팅도 진행했다. 한복을 입은 있지 아바타가 준비한 푸드트럭에서 설 음식 떡국과 식혜를 먹는 체험 행사도 진행했다. 김용재 한국관광공사 동북아팀장은 "코로나19의 영향과 Z세대의 성장으로 메타버스는 이제 관광 분야에서도 필수적인 마케팅 수단으로 주목받고 있다. 공사는 향후 사업 디지털 전환을 통해 한국관광 글로벌 홍보 마케팅 효율성을 끌어올릴 계획"이라고 전했다.

서울시 역시 메타버스를 활용한 관광 서비스를 선보이기 위해 준비 중이다. 2021년 11월 초 발표한 '메타버스 서울 추진 기본계획'에 2023~2024년 메타버스 관광 서비스를 내놓겠다는 내용을 포함했다. 광화문광장, 덕수궁, 남대문시장 등을 가상 관광 특구로 조성할 예정이다. 돈의문 등 소실된 문화유산도 가상 공간에서 재현한다. 서울 빛초롱축제 등 서울을 대표하는 축제 역시 메타버스로 개최할 계획이다. 제주도도 가상 관광 플랫폼을 내놓겠다는 계획을 세웠다.

해외에서도 관광 명소를 가상 공간으로 옮겨오려는 시도가 이어진다. 아직까지 완전한 메타버스라고 부를 만한 서비스는 등장하지 않았지만 AR, VR 등의 기술을 활용해 초기 버전 서비스를 내놓은 곳은 여럿이다.

구글 아트앤컬처(Google Arts & Culture)가 첫손에 꼽힌다. 비영리 온라인 전시 플랫폼으로 2011년 17개 박물관과 파트너십을 맺어 서비스를 제공하기 시작했다. 2021년 하반기 기준 협력 관계를 구축한 박물관 수는 2000개가 넘었다. 구글 아트앤컬처를 방문하면 독일 구겐하임 박물관 등 유명 박물관을 360도 이미지로 둘러볼 수 있다. AR, VR 등의 기술을 활용해 작품을 감상하는 것도 가능하다. 프

> 가상 공간에 구축된 한강공원서
> 아이돌 그룹과 팬미팅하고
> 떡국·식혜 먹는 체험 행사 열어
> 돈의문 등 소실된 문화유산도
> 메타버스서 다시 만난다

펄어비스가 시장에 내놓기 위해 준비 중인 메타버스 게임 '도깨비'. (펄어비스 제공)

랑스 루브르박물관 역시 자체 웹사이트를 통해 가상 투어를 제공한다. 업월드(UPWorlds) 등 가상 여행을 하고 다른 사람과 교류할 수 있는 플랫폼을 제공하는 기업도 있다.

로블록스 "2030년 학생 1억명 메타버스로 공부"

메타버스 플랫폼을 활용하면 국경에 상관없이 공부하는 것도 가능해진다. 가상 공간에 구축된 캠퍼스, 강의실에 접속해 해외 유명 학자 강의를 듣고 외국에 거주하는 학생들과 교류할 수 있다.

아시아교육협회는 에듀테크 기업 NHN에듀와 손잡고 교육용 메타버스 플랫폼을 내놓기 위해 준비 중이다. 서비스 초기에는 국내 초등학생과 중학생을 겨냥한 콘텐츠를 선보인 후 해외 학습자를 위한 콘텐츠로 영역을 넓힐 예정이다.

세종시교육청은 2021년 12월 온라인 국제 문화교류캠프를 개최했다. 세종시 지역 중학생 20명과 아시아태평양 지역 중학생 20명이 참여해 각 국가 문화와 역사 등에 대해 논의했다. 메타버스와 화상 회의 서비스를 이용해 진행됐다.

해외에서도 메타버스를 교육에 활용하려는 시도가 곳곳에서 감지된다. 메타버스 플랫폼 로블록스가 대표 사례다. 로블록스는 '로블록스 에듀케이션'이라는 서비스를 보유했다. 전 세계 교육 기관과 협력해 로블록스를 활용한 교육 프로그램을 제공하는 서비스다. 미국은 물론 캐나다, 영국, 스위스, 한국 등 세계 주요 국가 교육 기관과 기업이 이 서비스를 이용한다. 로블록스 측은 2030년까지 메타버스를 학습에 활용하는 학생 수가 1억명을 기록할 것이라 내다본다. 영국 기업 메타버스러닝, 독일 메타버스스쿨 등도 가상 세계를 활용한 교육 콘텐츠를 제공한다. ■

은행 계좌 개설부터 자동차 설계까지 다 OK
비용 절감되고 경영 효율성도 높아져

김기진 매경이코노미 기자

메타버스는 교육과 이커머스 외에도 다양한 분야에서 활용되며 산업 고도화, 제품·서비스 다양화에 기여할 것으로 보인다. 메타버스가 각종 산업과 융합되면 오프라인에서 제공되던 제품과 서비스가 가상 공간에서 제공되면서 편의성이 개선되고 프로젝트를 추진하기 전 시뮬레이션이 가능해져 사고를 방지하고 비용을 줄일 수 있을 것으로 기대된다.

NH농협은행 메타파이낸스 '독도버스'
사전 가입 하루 만에 고객 3만명 몰려

금융 산업은 빠른 속도로 메타버스 활용도를 높이고 있다.
KB국민은행은 2021년 11월 말 'KB 메타버스 VR 브랜치' 테스트베드(시험장)를 구축했다고 발표했다. 새로운 금융 서비스를 선보이기 위해 VR 콘텐츠 기업 쉐어박스와 협업해 추진하는 프로젝트다. KB 메타버스 VR 브랜치는 가상 공간에 차린 영업점. 입구와 메인홀, 개인종합창구, VIP 라운지로 구성됐다. 고객은 메인홀에서 금융 정보를 조회할 수 있고 개인종합창구에서 송금 등 간단한 금융 거래를 할 수 있다. VIP 라운지를 방문하면 직원 아바타가 상담을 통해 투자 성향을 분석하고 투자 포트폴리오를 만들어준다. KB국민은행은 KB 메타버스 VR 브랜치를 새로운 기술을 시험하는 테스트베드로 활용하고 청소년 대상 금융 교육 콘텐츠를 선보이는 플랫폼으로도 쓸 계획이다.

KB국민은행 측은 "앞으로 다가올 메타버스 시대 금융 변화에 선제 대응하고 새로운 금융 서비스 실험과 기술 역량을 내재화하는 것이 목적이다. 향후 API 연계를 통한 실거래 테스트 등 다양한 금융 실험을 할 계획"이라고 전했다.

신한은행 역시 메타버스 플랫폼을 구축해 가상 공간에서 금융 서비스를 제공할 예정이다. 이를 위해 개발 업체 선정을 마쳤다. 하나은행은 메타버스 전담 조직 '디지털 혁신 태스크포스(TF)'를 만들었다. 딜링룸, 위변조 대응센터 등으로 구성된 가상 공간 '하나월드'를 선보이기도 했다. 우리은행은 삼성전자, 현대차, 네이버랩스, 카카오엔터테인먼트 등 국내 기업 200여개가 참여한 '메타버스 얼라이언스'에 가입했다. 아바타로 지점에 방문한 고객을 인공지능(AI) 은행원이 응대하는 서비스를 구축하겠다는 구상이다.

NH농협은행은 게임 요소를 결합한 서비스를 선보이겠다고 예고해 관심을 모은다. NH농협은행과 핀테크 기업 핑거, 핑거 블록체인 자회사 마이크레딧체인은 메타버스 금융 플랫폼 '독도버스'를 선보이기 위해 준비 중이다. 2022년 3월 오픈 예정인데 2021년 11월 30일 사전 가입 시작 하루 만에 고객 3만명을 모으면서 화제가 됐다. 메타버스 환경에 구현된 독도를 배경으로 고객 아바타가 게임을 하면서 자산을 모으고 이를 투자하거나 거래할 수 있는 서비스다. 독도버스 도민임을 인정하는 증서인 도민권에는 NFT(대체불가토큰)가 적용돼 소유권과 거래 이력이 명시된다. 독도버스 도민권을 보유한 고객은 토지를 보유하거나 건물을 지을 수 있다. 이를 판매하는 것

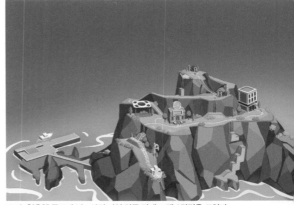

NH농협은행 독도버스는 사전 가입 하루 만에 고객 3만명을 모았다. (NH농협은행 제공)

독도버스서 토지 사고팔고
건물도 지을 수 있어
메타파이낸스 시대 선도 기대
메타버스로 병원 둘러보면
거부감, 불안함 줄어들어
디지털 치료제로도 활용 가능

도 가능하다. 독도버스 안에서는 '도스(DOS)'라는 재화가 사용된다. 게임 내에서 미션을 수행하면 적립할 수 있고 도스를 이용해 아이템과 자산 거래를 할 수 있다. NH농협은행은 독도버스 안에 메타버스 지점을 만들어 금융 서비스를 제공한다. 핑거 측은 "독도버스 프로젝트를 위해 스마트 금융을 잘 아는 핑거와 대규모 고객을 확보한 NH농협은행, 블록체

인 기반 스타트업 마이크레딧체인이 힘을 합쳤다. 앞으로 독도버스를 통해 메타버스에서의 금융 즉 '메타파이낸스(Meta-finance)' 혁신을 이끌어갈 것"이라는 포부를 전했다.

의료 업계도 메타버스에 큰 관심을 보인다. 분당서울대병원은 2021년 5월 아시아심장혈관흉부외과학회 학술대회에서 메타버스 수술실을 선보였다. 분당서울대병원 스마트 수술실에서 진행된 수술을 360도 카메라를 이용해 중계했다. 아시아 각국 흉부외과 의료진 200여명이 수술 시연을 지켜봤다. 분당서울대병원 측은 "단순하게 VR 콘텐츠를 제공하는 것을 넘어 빅데이터, 인공지능, 5G 등 첨단 기술을 확장현실 기술과 융합해 가상 종합병원을 구축하려고 한다. 이를 통해 시공간을 초월하는 서비스를 선보이고 헬스케어 메타버스 시장을 선도하겠다"며 장밋빛 미래를 그린다.

메타버스를 활용해 수술 방법을 시연하는 모습. (분당서울대병원 제공)

메타버스는 진료나 수술에 대한 거부감, 불안함을 줄이는 데에도 기여할 것으로 기대된다. 환자 상당수는 수술 위험도, 건강 상태를 떠나 불안할 수밖에 없다. 하지만 메타버스를 이용해 수술실을 비롯한 병원 시설을 미리 둘러볼 수 있다면 어느 정도 걱정을 덜 수 있다. 2021년 6월 일산차병원은 제페토에 가상 병원을 개원했다. 이벤트홀, 산과, 초음파실, 분만실 등을 가상으로 구현했다. 코로나19로 병원 방문이 어려운 고객이 병원에 익숙해질 수 있도록 돕기 위해 추진한 프로젝트다. 병원 측은 "수술실, 병동 등도 구현해 환자가 입원, 수술 전 병원을 둘러볼 수 있도록 할 예정"이라고 밝혔다.

메타버스는 디지털 치료제 분야에서도 활용될 수 있을 것으로 보인다. 디지털 치료제는 화학 성분을 이용해 만든 약물은 아니지만 의약품처럼 질병을 치료하거나 건강을 개선할 수 있는 소프트웨어를 가리킨다. 각종 공포증이나 우울증, 외상후스트레스장애 등 정신질환은 물론 당뇨 등 여러 질병을 치료하는 데 쓰인다. 삼성서울병원과 서울아산병원 등이 VR 기반 디지털 치료제를 활용하고 있는데 가상현실보다 현실감이 뛰어난 메타버스를 이용하면 효과가 개선될 수 있다.

국방 또한 메타버스가 적지 않은 변화를 몰고 올 것으로 예상되는 분야다. 이주경 국방기술진흥연구소 연구원은 "지휘통제실과 시설물

관리, 원격 폭발물 처리, 입대 전 장병 교육 등 다양한 분야에서 메타버스를 활용할 수 있다"는 의견을 피력했다. 이를테면 폭발물을 발견하면 로봇을 현장으로 이동시키고 메타버스 지휘소에서 로봇을 조작해 폭발물을 해체하는 식이다. 입대를 앞둔 장병들은 메타버스에 마련된 가상 훈련소에서 생활관 관물대 정리 요령부터 사격, 화생방 등을 체험식 훈련으로 미리 접할 수 있다.

메타폴리스서 집 구경하고 제페토서 자동차 시승

중후장대 산업에서는 건설과 자동차 등에 메타버스를 활용하려는 움직임이 감지된다. 롯데건설은 2021년 7월 직방과 메타버스 활용에 관한 업무협약을 맺었다. 협약을 통해 두 기업은 프롭테크 사업, 분양 광고 디지털 마케팅 강화, 메타버스를 활용한 공간 개발 등을 추진하기로 했다. 특히 직방이 구축한 가상공간 메타폴리스에 롯데건설 사옥을 세운 것이 눈길을 끈다. 고객은 이 공간에서 모델하우스를 구경하고 분양 상담도 받을 수 있다. 롯데건설은 2021년 채용설명회와 신입사원 교육을 메타버스에서 진행하기도 했다.

포스코건설 역시 2021년 4월 메타버스를 통해 '더샵 송도아크베이' 모델하우스를, GS건설은 2021년 5월 경기 고양시 'DMC리버파크자이' 모델하우스를 VR을 활용해 선보였다. 앞으로는 모델하우스 외에 건설 현장 안전 관리·교육 등에도 메타버스가 활용될 전망이다.

자동차 부문에서는 BMW가 돋보인다. BMW는 2021년 4월 가상 공장 프로젝트를 공개했다. 가상 공장에서 부품 위치와 이동 경로, 라인을 변경해가면서 불량률과 생산 효율을 검증한다. 현대자동차는 2021년 6월 제페토에서 쏘나타 N라인 가상 시승 행사를 진행했다.

자동차 생산 현장에서 메타버스가 맡은 역할이 커지면 비용 절감, 경영 효율화에 기여할 것이라는 기대가 크다. 가상 공장을 활용하면 생산라인에 발생한 문제를 편리하게 모니터링할 수 있다. VR로 새 자동차 품평회를 열면 한 대당 1억원 가까이 드는 모형차 제작비를 아낄 수 있다. 메타버스에서 행사를 열어 소비자 반응을 분석하는 것도 가능하다. ■

8 메타버스에도 디스토피아는 있다

모호해진 가상과 현실 간 경계
내 평판과 경제력은 '타인의 몫'

정다운 매경이코노미 기자

"이것이 마지막 기회다. 다시는 돌이킬 수 없어. 네가 파란 약을 먹으면, 이야기는 여기서 끝나. 잠에서 깨어나 네가 믿고 싶은 걸 믿으며 사는 거지. 빨간 약을 먹으면 '이상한 나라'에 남아 끝까지 가게 된다."

1999년 개봉한 영화 '매트릭스' 초반부의 명장면 중 하나다. 극 중 선구자 역 모피어스는 주인공 네오에게 그동안 네오가 살아온 세상이 매트릭스라는 가상 세계라고 말한다. 2199년의 진짜 세계를 알고 싶다면 선택해야 한다며 빨간 약(현실 각성)과 파란 약(가상 세계 안주)을 내민다. 안정적이지만 인간의 주체성 없는 공간이 진짜라고 믿으며 살아갈 것인

> 메타버스 속 가상현실
> 영화 '매트릭스'와 닮아
> 무분별한 가상 세계 확장
> 또 다른 피곤한 생활 남겨

가, 불안정과 위협이 도사리고 있지만 인간의 주체성이 회복되는 미지의 세계로 발을 들여놓을 것인가. 갈등하던 네오는 빨간 약을 집어삼킨다. '현실 각성'과 '가상 세계 안주'라는 선택지 앞에서 '인간은 무엇인가, 혹은 무엇이어야 하는가?' '인간은 어떤 선택을 해야 할 것인가?' 하는 철학적 물음을 던진 영화였다.

영화에 '메타버스'라는 말은 등장하지 않았지만 메타버스 시대의 도래는 매트릭스식 표현으로 '파란 약의 시대'가 찾아왔다고 볼 수 있다. 기술 발달로 가상현실은 실재가 됐다. 가상 세계 아바타와 현실의 자아가 동일시되는, 가상과 현실 사이 경계가 흐려진

시대가 찾아온 것이다.

최근 소개된 대다수 메타버스 콘텐츠들은 실재를 확장하고 체험하는 것이 아니라 아예 실재를 대체하는 것이 많다. 기업들이 채용, 설명회, 홍보 등에 메타버스 콘텐츠를 적극적으로 활용하는 이유는 현실 세계에 존재하는 여러 위험 요소에 대한 우려를 상당 부분 불식할 수 있기 때문이다. 개인이 메타버스를 즐기는 이유 역시 현실과 확연히 분리되는 또 하나의 세계를 창조할 수 있기 때문이다. 대다수의 경우 현실 자아 즉 '본캐(본래의 캐릭터)'와 다른 '부캐(본캐와 다른 성격의 부캐릭터)'가 돼 가상 세계 속 새로운 삶을 누리는 수단으로 활용된다는 얘기다.

이렇다 보니 부캐는 현실의 자아와 정반대인 경우가 많다. 우리의 아바타는 복잡하고 피곤한 사회 관계를 피해 오로지 나만의 세계에서 자유로울 수 있는 삶을 추구할 것이다. 하지만 메타버스에서 한참 즐기다 현실로 돌아왔을 때, 마주한 현실이 가상 세계와 여전히 정반대인 상태라면 과연 우리는 행복할 수 있을까? 메타버스 생태계의 무분별한 확장은 그저 우리에게 '피곤한 생활'을 하나 더 남기는 데 그칠 수 있다는 얘기다.

내 평판과 경제력은 '타인의 몫'

이번에는 2016년 공개된 넷플릭스 드라마 '블랙 미러' 시즌3의 첫 번째 에피소드 '추락(Nosedive)'의 줄거리를 보자.

소셜네트워크서비스(SNS)에서 4점 초반대 평판 점수를 보유한 레이시는 자신의 평점을 높여 신분 상승을 하겠노라 다짐한다. 총 5점 만점에서 4점 후반대 평점을 받아 '유명인 그룹(Celebrity Group)'에 들면 각종 사회 혜택을 받을 수 있어서다. 유명인 그룹은 좋은 집을 할인된 가격에 구매할 수 있고, 비행기 티켓을 살 때도 줄을 서 기다리지 않아도 된다. 반대로 평점이 낮은 사람은 이런 사회 혜택에서 배제된다. 점수가 낮으면 취업에서도 불리하다. 아무 잘못 없이 길을 지나가기만 해도 사람들은 불편한 기색을 감추지 않는다. 행여나 자신의 점수에도 악영향을 끼칠까 점수가 낮은 이들을 대놓고 꺼린다.

월세 할인 혜택을 받고 싶어 하던 레이시는 유명인 그룹에게 평가를 받으면 평점이 더 크게 오른다는 평점 컨설턴트 말에 4.8점인 동창의 결혼식 축사를 자청한다. 평점이 높은 하객들 눈에 들어 집 계약 전 평점을 4점 후반대로 끌어올릴 심산이었다. 혹시나 동창이 다른 사람에게 축사를 부탁할까 봐 마음에도 없는 아부를 해가며 그의 비위를 맞춘다. 정성껏 축사를 준비하고 결혼식장으로 가던 길, 우여곡절을 겪으며 레이시의 평점은 1점대로 하염없이 '추락'한다. 억울함을 호소하고 충격으로 울부짖기까지 하지만 이미 평점이 떨어질 대로 떨어진 레이시의 목소리를 귀 기울여 듣는 이

영화 '매트릭스(1999년)'에서 빨간 약(현실 각성)과 파란 약(가상 세계 안주) 개념은 오늘날 화두가 된 메타버스와 상당히 비슷하다. (픽사베이 제공)

는 없다. 이야기는 구치소에 간 레이시가 건너편에 수감된, 자신의 평점을 깎을 수 없는 상황의 남성과 속 시원히 욕설을 주고받으며 웃는 모습으로 끝난다.

블랙 미러 '추락'은 SNS 점수가 개인의 경제력과 사회적 지위까지 결정하는 미래를 그렸다. 레이시의 평점이 추락하는 과정을 통해 우리가 하루 종일 SNS에 코를 처박고 공유하기 바쁜 '행복한 미소'를 풍자하면서, SNS 자체가 인간 삶 전체를 지배하는 알고리즘이 될 수 있다고 경고한다.

만약 드라마 속 SNS 평판 점수 시스템이 메타버스와 유기적으로 연결된다면 폭발력은 상당할 것으로 보인다. 메타버스 속 세상에서 '나' 자신이 어떤 사람인지 결정하는 것은 상대가 부여하는 점수나 '좋아요(또는 하트 같은)' 버튼뿐이다. 사람들은 마주치면 서로의 점수부터 확인한 뒤 상대에게 호의를 베풀지 결정한다. 남에게 폐를 끼치거나 잘못된 일을 한 광경을 목격한 사람은 누구든 내 점수를 깎을 수 있다.

그렇다면 서로 평점을 주는 기준은 공정할까? 그동안 블랙 미러처럼 SNS나 메타버스로 사람을 평가한 사례가 아예 없었던 것은 아니다. 오히려 지금까지는 실언을 하거나 경솔한 행동을 했을 때 많은 이에게 노출돼 지탄을 받

타인의 평판과 가치, 경제력을 결정하는 SNS 시스템이 메타버스와 유기적으로 연결된다면 폭발력은 상당할 것으로 보인다. (픽사베이 제공)

는 경우가 많았다.

그럼에도 블랙 미러 '추락' 속 세상은 언뜻 각 계층의 다양한 사람이 모두를 고르게 평가하는 듯 보여도 실제로는 '다수의 평가 기준'이라는 전체주의적 가치관이 사람들 숨통을 조이고 있거나, 애꿎은 사람을 '가치 없는 인간'으로 몰아낼 수 있다는 점을 지적한다. 사람의 가치를 정하는 것이 어쩌면 메타버스 플랫폼을 발 빠르게 장악한 소수에 의해 휘둘러질 수도 있다는 얘기다. 가령 유명인과 연애를 하다 헤어졌다고, 실수로 인플루언서 손님에게 음식을 잘못 배달했다고, 입고 나온 옷이 장소와 어울리지 않는다고, 더러는 마주친 것

자체가 불쾌하다고 무자비한 낮은 평점으로 테러당할 수도 있는 셈이다.

평가가 인기나 수익으로 직결되는 메타버스 생태계에서는 참여자들이 서로 좋은 평점을 줄 것이라는 최초 개발자들의 의도는 다소 유토피아적이었을지 모른다. 아름다운 생태계를 가꾸기 위해 모두가 노력하던 허니문 기간은 끝나간다. 참여자들은 이미 현실 세계의 감정을 메타버스 생태계로 가져와 반영하기 시작했다. 드라마가 보여준 '디스토피아'와 다른 결말을 만들기 위해 메타버스 플랫폼의 한계가 무엇인지 살펴보고 새로운 구조를 함께 고민해봐야 하는 이유다. ■

'인가 저작권을 가질 수 있을까' 갑론을박
메타버스 안 '짝퉁'은 어떻게?

정다운 매경이코노미 기자

메타버스 내에서 이용자들은 창작 활동과 수익 활동을 할 수 있는데 이 과정에서 저작권 문제가 발생할 수 있다. 그래서 기업들은 창작자의 소유권을 증명할 수 있는 대체불가토큰(NFT)을 이런 저작권 문제의 대안으로 보고 있으나, 한계는 여전한 상황이다. NFT는 누구나 마음대로 발행할 수 있지만, 한번 만들면 위·변조할 수 없다. 그러나 정작 NFT를 발행한 사람에게 정말 저작권이 있는지 확인할 방법이 없다.

예를 들어 한 경매 업체는 김환기의 '전면점화–무제'와 박수근의 '두 아이와 두 엄마', 이중섭의 '황소'를 NFT 경매로 출품했다. 경매는 22개국

에서 동시에 온라인으로 진행될 예정이었다. 하지만 이들 작품의 저작권자들과 사전 협의 없이 진행돼 논란이 발생했다. 경매 업체가 작품을 소장한 사람과 경매 협의는 했지만, 저작권과 소유권이 달라 문제가 생긴 것이다. 결국 경매 업체와 작품 소장자가 저작권자에게 사과하는 것으로 논란은 일단락됐으나, 비슷한 문제가 얼마든지 발생할 여지가 있다.

조금 복잡한 법적 분쟁이 일어나기도 한다. 예컨대 구찌가 아이템을 공개한 지 열흘 만에 구찌 지식재산권을 활용한 2차 콘텐츠가 40만개 이상 생성된 일이 있었다. 통상적으로 로블록스나 제페토 같은 메타버스

> 저작권 vs 소유권 상충 문제
> 가상 세계 법적 이슈로 떠올라
> AI가 직접 만든 창작물이냐
> AI가 도구로만 쓰였느냐 따라
> 법적 해석 달라질 수 있어

포트나이트에서 열린 트래비스 스콧의 콘서트. (트래비스 스콧 유튜브 캡처)

플랫폼에서는 이용자가 만든 창작물에 대한 저작권은 이용자 본인이 갖고 그 창작물의 '사용'이나 '서비스'에 대해서는 메타버스 운영자들이 포괄적으로 라이선스를 부여받는 것으로 정하고 있지만 여전히 사소한 분쟁이 많다. 이런 상표권 침해 문제에 대해서는 현실을 기초로 제정된 상표법이 메타버스 세계에서도 그대로 적용될 수 있는지 논의가 필요한데, 메타버스 내 '짝퉁' 상품의 상표권 침해는 아직 법적으로 정립되지 않은 사안이다.

또 미국의 유명 래퍼 트래비스 스콧이 '포트나이트'에서 45분간 공연해 2000만달러의 공연 수익을 벌어들였고, 같은 플랫폼에서 단편 애니메이션 영화제가 세 차례나 열릴 정도로 가상 공간에서 공연이나 영화 관람은 보편적인 현상이 됐다. 이런 추세 속에서 메타버스에 대한 여러 지식재산권 관련 법적 이슈도 제기된다. 전미음악출판협회(NMPA)는 최근 '로블록스' 이용자들이 게임 내에서 배경음악을 무단으로 사용했다는 이유로 로블록스에 소송을 걸었다. 이후 로블록스와의 합의를 통해 라이선스 계약을 체결하고 음원 사용·출시에 대한 권리를 얻어냈다.

또 미국 군용차 '험비'를 제조하는 AM제너럴은 '콜오브듀티'라는 전투 게임 내에 동의 없이 '험비' 군용차가 묘사·사용되고 있다는 이

명품 업계도 앞다퉈 메타버스의 바다로 뛰어들고 있다. (픽사베이 제공)

유로 소송을 걸었는데, 뉴욕 남부지방법원은 "해당 게임은 현실감을 불러일으키기 위해 '험비'를 사용한 것이고 소비자들이 '험비' 제조사가 어디인지 혼동을 일으킬 우려가 없다"며 패소 판결을 내렸다. '포트나이트'에는 자신의 캐릭터가 댄스나 감정 표현 동작을 할 수 있도록 해주는 이모트(emotes)라는 아이템이

있는데 가수나 배우들이 자신의 허락 없이 자신의 댄스나 율동을 아이템으로 만들어 판매하고 있다는 이유로 소를 제기했다. 이에 대해 2019년 미국 저작권청은 단순한 율동에 불과하다면 '안무 저작물'로 등록될 수 없다는 견해를 밝힌 바 있다.

지구라는 현실을 그대로 본떠 만든 디지털 세계 '어스2'라면 저작권 이슈가 따로 없지 않을까? 부동산 메타버스의 경우 같은 지역 땅의 현실 소유주와 디지털 세계의 소유주 간 분쟁이 발생할 수도 있다. 현실 세계 땅 주인은 국가가 공인해주지만, 우후죽순 생겨난 메타버스 세계의 땅 소유권은 어스2 플랫폼에서만 인정해준다. 그럼에도 현실 속 토지 사용 방법이나 건축물을 타인이 모방하거나, 메타버스 속 땅 주인이 현실 세계 땅 소유권을 주장해 시장을 현혹시킬 가능성도 있다.

가상 세계 속 저작권, 퍼블리시티권 과연 누구에게 있을까?

이들 사례에 비춰봤을 때 가상 세계에서 콘서트를 열었거나 작품이나 제품을 제작했다면 이들 창작물 또한 저작권을 인정받아야 한다. 다만 이 대목에서 이런 반문이 가능하다. 아바타에게 법적 지위를 부여해야 할까, 아니면 아바타 이용자가 법적 지위를 갖게 될까? 인공지능을 통해 아바타가 작곡을 했다면 아바타를 창작의 주체로 보고 법적 인격권을 부여할 수 있을까? 아바타 간 상호작용으로 생겨난 경제 활동에도 민법, 형법, 상법, 노동법 등을 적용할 수 있을까? 이렇듯 아바타의 퍼블리시티권도 고민해봐야 할 문제다. 퍼블리시티권은 유명인이 자신의 성명이나 초상을 상품 등의 선전에 이용하는 것을 허락하는 권리를 말하는데 미국과 유럽, 일본 등에서는 퍼블리시티권이 인정되고 있으나 우리나라는 아직 퍼블리시티권을 인정한 명문의 법 규정이나 대법원 판례가 없다.

다만 저작권 제2조 제1호에서는 저작물을 '인간'의 사상 또는 감정을 표현한 창작물이라고 규정했다. 따라서 현행법상 메타버스 내에서 생산한 콘텐츠에 대해 저작권 또는 디자인권이 인정되는지는 인공지능의 기여도가 어느 정도냐에 따라 달리 해석될 수 있다.

인공지능이 독창적으로 창작한 경우는 인공지능 자체에 저작권이 인정되지 않고, 해당 인공지능 이용자나 프로그래머가 어떤 창작적 기여를 하지 않고 버튼만 누른 것뿐이라면 그 이용자나 프로그래머에게도 창작성이 인정되지 않는다. 따라서 인공지능 이용자나 소유자나 개발자 모두 저작권자가 될 수 없다. 비슷한 맥락에서 인공지능이 독창적으로 화상 디자인을 창작한 경우에도 인공지능 자체에 디자인권이 인정되기 어렵다. 이에 대해 국내에서는 인공지능이 만든 창작물을 저작권자가 없는 '공유물'로 보거나 인공지능 자체

에 저작권을 인정하자는 의견과, 인공지능 개발자나 이용자 등 특정인에게 저작권을 인정하자는 의견이 대립하는 상황이다.

반면 인공지능이 창작의 도구로만 활용된 경우에는 창작 활동을 하기 위해 인공지능을 이용한 사람이나 또는 인공지능 개발자가 저작권자가 된다. 이 경우 이용자 또는 개발자 중 어느 쪽 저작권을 인정해줘야 하는지를 두고 대립이 있다.

예컨대 작곡 인공지능 '이아무스(Iamus)'처럼 작곡가 겸 개발자가 곡을 작곡하기 위해 스스로 작곡 알고리즘을 개발했다면, 해당 인공지능 개발자가 음악의 저작권자가 될 가능성이 크다. 하지만 인공지능 이용자의 선택과 지시 사항에 따라 인공지능이 그림이나 디자인을 그린 경우 주된 창작 행위가 이용자에 의해 이뤄졌다고 보고 이용자에게 저작권을 인정해줄 가능성이 크다.

참고로 2019년 중국 법원의 경우 텐센트 기업의 원고 창작팀 인원들이 데이터와 알고리즘을 기반으로 작문을 보조해주는 인공지능 시스템인 드림라이터의 지능형 쓰기 도우미를 이용해 완성한 기사에 대해 그 독창성을 인정한 바 있다. 데이터 입력, 트리거 조건 설정, 템플릿 스타일 선택에 대한 원고 창작팀의 배열·선택도 창작 과정으로 보고 그 창작 과정에 이용자가 직접적인 기여를 했다고 해석해 원고 법인의 저작권을 인정한 경우다. ■

제한된 오감 사용으로 공감 능력 사라져
익명성 뒤에 숨어 낮아진 책임감도 한몫

정다운 매경이코노미 기자

이용자가 아바타(분신) 등을 이용해 원하는 게임을 직접 만들고 즐길 수 있는 메타버스 게임 플랫폼 '로블록스'는 폭력적인 현실을 게임에 그대로 옮겨 오는 이용자 때문에 골머리를 앓고 있다. 이용자가 원하는 대로 세계관을 구성할 수 있다 보니 폭력적인 현실마저 그대로 옮겨 오는 부작용도 생긴 것이다.

2021년 8월 17일 IT 전문 매체 '더버지' 보도에 따르면 로블록스에서는 뉴질랜드 크라이스트처치의 한 이슬람 사원에서 2019년 발생한 대규모 총격 사건에서 착안한 것으로 보이는 게임이 개설됐다. 로블록스 플랫폼에서 '크라이스트처치'라는 검색어만 입력해도 이 끔찍한 사건에서 착안한 게임방 2곳에 접속할 수 있었다는 것. 양쪽 방에는 모두 200여명이 접속해 있었다. 2019년 크라이스트처치 총격 사건은 51명의 사망자와 49명의 부상자를 냈던 종

교 혐오 사건이었다.

앞서 2019년 미국 방송사 NBC도 로블록스에서 극단주의적·인종주의적 내용을 담은 콘텐츠를 만드는 계정을 100개 넘게 발견했다고 보도한 바 있다. 당시 로블록스는 800여명의 전문 인력과 머신러닝(기계 학습) 기술을 동원해 매달 수백만 개 콘텐츠를 모니터링하고 있었다. 인종주의, 차별 발언, 테러 사건 관련 콘텐츠를 발견할 경우 즉시 제보하도록 하는 장치도 마련해뒀다. 하지만 폭력적인 콘텐츠 모두를 걸러내기에는 역부족이었다.

비슷한 일이 반복되자 로블록스는 급기야 현실 세계에서 이용자에게 고소장을 날렸다. 미국의 게임 전문 매체 폴리곤은 로블록스 측 변호인들이 온라인상에서 '루벤 심'으로 잘 알려진 로블록스 콘텐츠 개발자 벤자민 로버트 사이먼(24)에게 160만달러(약 18억8000만원)

의 손해 배상을 요구하는 소송을 2021년 11월 20일(현지 시간) 캘리포니아 법원에 제기했다고 보도했다.

보도에 따르면 사이먼은 로블록스 플랫폼에서 수년 동안 차단당해왔다. 인종 차별과 성 소수자 혐오 단어로 이용자들을 괴롭히고 아돌프 히틀러 사진을 게재했다는 이유에서다. 이 콘텐츠 중 일부는 그의 유튜브 채널에 게재되며 수익을 창출했다. 그는 차단당한 후에도 다른 사람들이 만든 계정을 해킹해 사용하는 방식으로 플랫폼에 계속 접근했다. 로블록스 변호인단은 사이먼이 2021년 10월 미국 샌프란시스코에서 열린 로블록스 개발자 회의에서 IS, 파시스트, 총기 테러와 관련한 허위 사실을 유포했고 급기야 회의를 일시 중단케 하는 테러 위협을 가했다고 주장했다. 또 행사 기간 사이먼은 "샌프란시스코 경찰이 로블록스 개발자 회의에서 악명 높은 이슬람 극단주의자들을 찾고 있다"는 내용의 글을 트위터에 올린 것으로 알려졌다. 그와 폴로어들은 허위적인 게시물을 지속적으로 올리며 "내일 로블록스 개발자 회의에 오지 말라"라는 등의 협박을 했다.

가상 세계로 옮겨 온 폭력성에 어린이 · 청소년 고스란히 노출

이뿐 아니다.

'오징어 게임'의 경우 넷플릭스 상영 초기만

각종 메타버스 플랫폼 내 폭력적인 콘텐츠는 주요 이용자인 어린이 · 청소년에게 고스란히 노출된다. (픽사베이 제공)

해도 각국 매체가 성공 요인을 분석하기 바빴지만 2021년 말쯤부터 이들 시선이 급격히 달라졌다. 하루가 멀다 하고 학교는 물론 유치원에서까지 '오징어 게임'을 모방한 사례가 보고되면서 부작용을 우려하는 기사가 쏟아지는데, 여기에는 각종 메타버스 · SNS 플랫폼이 역할을 톡톡히 했다는 분석도 뒤따른다. 청소년 관람불가 콘텐츠인 오징어 게임은 원래 넷플릭스 유료 가입을 통해서 볼 수 있지만 로블록스나 마인크래프트, 틱톡 등을 통해 접하는 아동이 많아졌다는 것이다. 실제 로블록스에서 '오징어 게임'을 검색하면 1000개 이상 콘텐츠가 뜬다. 전체 줄거리 영상은 물론 폭력적인 장면을 편집한 클립 영상도 쉽게 접할 수 있다 보니, 드라마 속 게임도 쉽게 모방한다. 영국 초등학생이 운동장에서 서로 총을 쏘는 척하고 노는가 하면 벨기에에서는 '무궁화꽃이 피었습니다'와 비슷한 불어권 놀이인 '1, 2, 3, 태양(Soleil)'을 학생들이 패자를 때리는 놀이로 변형된 식이다.

로블록스에서 만들어진 유해 게임은 국내에도 여과 없이 유입되고 있다. 성관계를 다룬 게임과 집단 따돌림, 욕설, '일진 놀이' 등 일탈을 부추기는 게임을 비롯해 극우·신나치주의와 관련된 게임도 제작돼 일제 욱일기 아이템 등이 비판 의식 없이 노출되는 등 사회 문제화되고 있다. 제페토 내에서는 채팅 기능을 통해 만난 다른 캐릭터에게 "몸매가 좋네" "속옷 벗어봐" 등 성희롱 발언을 하기도 하고, 남성 아바타가 여성 아바타를 졸졸 쫓아다니면서 성적 농담을 던지거나 가까이 다가와 성행위를 연상케 하는 동작을 취하라고 강요해서 피해자가 계정을 탈퇴하는 상황도 발생했다.

문제는 로블록스, 마인크래프트, 제페토 등의 주 이용자가 어린이와 청소년이라는 점이다. 로블록스 월간 이용자 수(MAU)는 1억 5000만~2억명에 이르고 미국 어린이의 3분의 2가 로블록스를 이용하고 있는 것으로 알려져 있다. 국내에는 연령대별 통계가 없지만 2021년 6월 말 로블록스 MAU가 140만명을 기록했다. 로블록스는 2019년부터 홈페이지와 클라이언트를 한글로 제공했고, 2020년 말부터는 한국어 자동 번역 기능을 제공해 영어에 익숙하지 않은 이용자도 대부분의 기능과 게임에 손쉽게 접근할 수 있게 됐다. 검증되지 않은 수많은 메타버스 콘텐츠가 어린이·청소년 사이에서 얼마나 빠르게 확산 노출될지 짐작할 수 있는 대목이다.

메타버스 속 책임감, 공감 능력 결여가 폭력성 키워

김상균 강원대 산업공학과 교수는 사람들이 현실 세계보다 메타버스에서 더 공격적으로 행동하는 이유를 메타버스가 지닌 특성, 즉 익명성으로 인해 낮아진 책임감, 공감 능력이 떨어지는 상황, 공포감을 덜 느끼는 환경 때문이라고 분석한다.

우선 메타버스에서는 현실보다 훨씬 더 익명성이 보장된다. 익명성 뒤에 숨은 사람은 처벌이나 사회적 비난에 대한 공포감을 덜 느낀다. 그 사회에서 추방되더라도 또 다른 아바타를 만들면 된다.

쉽게 말해 한 다리 건너면 아는 사람이 있는 현실 속 인간관계와 달리 메타버스 속 가상 세계에서는 자신이 저지르는 일에 대해 책임감이 덜하고, 그만큼 분별력 있게 행동하려는 의지가 줄어든다는 얘기다.

둘째, 메타버스에서는 현실 세계 오감 중 일부만 사용해 소통한다. 동일한 감각 기관을 통해서도 현실 세계보다는 낮은 수준의 정보

메타버스에서 익명성으로 인해 낮아진 책임감, 공감 능력이 떨어지는 상황, 공포감을 덜 느끼는 환경은 이용자의 공격성을 증폭시키는 원인으로 꼽힌다. (픽사베이 제공)

를 주고받는 경우가 많다. 아무리 선명하고 큰 모니터를 이용해 화상 통화를 한다 해도, 상대와 직접 대면했을 때만큼 표정을 세밀하게 읽지는 못한다. 이렇게 일부 감각을 사용하지 못하고, 제한된 정보만 주고받는 상황에서는 실재감과 상대에 대한 공감 능력이 현저히 떨어진다.

셋째, 괴롭히는 사람 입장에서 느끼는 공포감이 훨씬 덜한 점도 공격성을 키우는 요인이다. 현실 세계에서는 누군가를 괴롭히거나 물리적으로 공격하려면, 본인도 상대방의 반격이나 처벌을 받을 수 있다는 공포감을 느끼기 마련이다. 이런 상황에서는 뇌의 편도체가 아드레날린을 분출하며 위험 상황을 알린다. 반면 메타버스에서는 상대와 멀리 떨어졌고, 익명성 뒤에 숨어 공격하기 때문에 상대를 공격해도 나는 안전하다는 생각을 뇌의 전전두피질을 통해 하게 되는데, 이 순간 공격자가 느끼는 공포감은 재미나 놀이로 인식된다.

김상균 교수는 "(메타버스 속에서 폭발하는 공격성 문제를 해결하기 위해서는) 메타버스에서 익명성을 제공하되, 시스템적으로 폭력에 대한 책임도 함께 지도록 해야 한다"며 "억압된 욕구를 메타버스 내에서 다른 방법으로 해소할 수 있는, 사회적으로 용인되고 다른 이에게 피해를 주지 않는 수단을 제공해야 한다"고 지적했다. ■

※김상균 저 '메타버스' 내 '폭발하는 공격성' 중

몸짓 · 뇌파 · 표정 등 모두 스크리닝
'좋아요' 체크 넘어 생체 신호까지 재구성

김소연 매경이코노미 부장

빅데이터가 부상하고 '빅브라더(정보를 독점해 사회를 관리하는 권력)'라는 용어가 회자되면서 조지 오웰의 소설 '1984'가 다시 각광받는다. 일반인의 모든 일상이 다 통제 아래 있다는 의미로 자주 쓰이는 개념 '빅브라더'라는 단어를 바로 이 소설에서 처음 사용했기 때문이다.

"빅브라더가 당신을 주시하고 있다."

소설의 배경인 오세아니아 시내 곳곳에는 이런 내용이 써 있는 대형 포스터가 붙어 있다. 300m가 넘는 초고층 빌딩이 즐비한 도시에는 헬리콥터가 여러 대 떠다니며 사람들을 지켜본다. 사

> "빅브라더가 당신을
> 주시하고 있다."
> 개인의 일거수일투족
> 분석하고 재구성
> 지적 판단 조종 전망까지

무실에도 집에도 텔레스크린이 존재하지 않는 곳은 없다. 어떤 소리나 동작도 낱낱이 포착하고 24시간 송수신이 가능한 텔레스크린. 사상경찰은 텔레스크린을 통해 개개인을 감시하고, 사람들은 그런 삶에 익숙해졌다.

오세아니아는 그렇게 육체적 자유는 물론이고 인간의 사고나 감정까지도 모두 빅브라더가 지배하는 세상이다. 주인공 윈스턴 스미스는 어느 날 텔레스크린의 시선이 미치지 않는 방 구석에 앉아 일기를 쓰기 시작한다. 일기를 쓰는 것은 엄청난 사상죄를 저지르는 것. 이후 스미스는 당의 통제에 저항하기 위해 지하 단체

에 가입한다. 당의 전복을 기도하지만 함정에 빠져 사상경찰에 체포된다. 그리고 혹독한 고문 끝에 결국 당이 원하는 것을 저항 없이 받아들이는 무기력한 인간으로 전락한다.

인터넷 시대가 도래한 이후 '빅브라더'는 늘 '뜨거운 감자'였다. '1984'에서 사람들을 감시하는 도구며 존재였던 헬리콥터, 텔레스크린, 사상경찰은 현재의 신용카드, e메일, 휴대전화, CCTV, SNS 등으로 대체됐다.

인간은 늘 이 같은 '빅브라더'의 존재에 위협을 느끼고, 여기서 탈피하려는 시도를 단행하고는 했다. 암호화폐가 생겨난 이유 중 하나도 '정보를 독점한 빅브라더로부터의 프라이버시 존중'이다.

'사이퍼펑크(cypherpunk)'라는 단어가 있다. '암호(cypher)'와 '저항(punk)'의 합성어다. '사이퍼펑크'란 '사회적, 정치적 변화를 달성하기 위한 수단으로 암호 기술, 이와 유사한 방법을 활용하는 사람'을 가리킨다. 사이퍼펑크는 커뮤니케이션 자유와 정보 평등을 통해 해방의 도구가 될 것으로 여겨진 인터넷이 오히려 전체주의의 도구가 돼버림으로써 인류 문명을 위협한다는 인식에서 출발했다.

실제 인터넷 시대가 되면서 개인이 어디를 방문하고 무엇을 사고 어떻게 돈거래를 하는지가 모두 노출되기 시작했다. 직접적인 실시간 감시가 아니더라도 인터넷 생태계를 지배하는 정부나 기업 등이 개인의 인터넷 이용 정보 혹은 흔적을 고스란히 축적한다는 사실은 잘 알려져 있다. 관련 업체뿐 아니라 정부도 말 그대로 '빅브라더'가 됐다. 필요에 의해, 혹은 특정 의도에 의해 개인의 인터넷 이용 정보나 흔적은 정부나 기업 등이 원하는 형태로 얼마든지 추출될 수 있는 만큼, 전면적인 감시의 일상화가 가능해진 셈이다.

비트코인 창시자로 알려진 사토시 나카모토는 사이퍼펑크의 대표적인 인물이다. 나카모토로 대표되는 비트코인 관련 일련의 그룹은 '금전 거래 내역' 역시 매우 보호해야 할 프라이버시로 간주했다.

비트코인의 기술적 토대를 마련한 이는 '암호화폐의 아버지'로 알려진 데이비드 차움 박사다. 1955년생 차움은 UC버클리 대학원생 시절 학교 도서관에서 우연히 미국 정부가 선거를 통해 당선된 칠레 대통령을 어떻게 끌어내렸는지에 대한 내용을 다룬 책을 읽는다. 미국 정부가 칠레를 장악할 수 있었던 비결은 감시와 도청이었다. 정보는 그야말로 '권력'이었다.

이 같은 사실을 알고 충격을 받은 차움은 암호학을 통해 빅브라더로부터 프라이버시를 지켜야겠다고 결심했다. 1981년 차움 박사는 전자메일을 익명으로 송수신할 수 있는 '믹스 넷(Mix Networks)' 기술 개발에 성공한다. 영화 속 첩보원들이 미행을 따돌리기 위해 곧바로 목적지로 가지 않고 이리저리 엉뚱한 장소를 거쳐 가듯, 믹스 넷은 메일이 바로 상대에게 가지 않고 인터넷상의 여러 지점을 경유해 가도록 함으로써 추적을 어렵게 하는 기술이다. 이 기술은 훗날 비트코인 탄생의 핵심적인 기반이 됐다.

인터넷, 모바일 시대를 거쳐 이제는 메타버스 시대다. 메타버스 시대에도 '빅브라더' 논쟁은 여전할뿐더러 더 심각하다. 메타버스 시대에는 아예 가상 세계와 현실 세계의 구분이 모호해진다. 현실 세계가 그대로 스크리닝될 수도 있음을 시사하는 지점이다.

특히 메타버스에 접근할 수 있는 헤드셋과 안경 등의 기기를 통해 빅브라더는 사용자가 어떤 가상 환경에 들어가 있고 어떤 움직임을 보이며 어디서 얼마나 오래 머무는지 등을 통해 선호도를 바로 체크할 수 있다. 이뿐인가. 어떤 상황에서 심장 박동 수와 시선은 어떤 경로로 움직이고 뇌파는 어떻게 펼쳐지는지, 어떤 몸짓과 표정이 나오는지 등 경험에 대한 생리적 반응까지 모두 수집할 수 있게 된다. 메타버스에서 특정 개인의 일거수일투족을 입체적, 심층적으로 분석하고 재구성할 수 있다는 의미다.

현재 메타버스 관련 최고 빅브라더가 될 수 있을 것으로 많은 이가 예상하는 기업은 '메타(페이스북)'다. 전문가들은 "메타버스가 결국 메타의 미래"라고 평가한다. 실제 메타는 페이스북을 시작한 이래 가상현실(VR)과 증강현실(AR)에 집중해왔다. '가상현실 생태계에서 헤게모니를 잡기 위해 사활을 걸었다'는 분석이다.

메타는 메타버스라는 용어가 등장하기도 전인 2014년부터 VR 전문 업체 오큘러스에 이어 뉴런 원리를 컴퓨터에 접목할 수 있는 'CTRL-labs'를 줄줄이 인수했다. 이어 최근 3년 동안에만 메타버스 관련 기업 21곳을 인수했다. 관련 기업을 인수를 위해 퍼부은 금액이 매년 150억달러 정도로 추정된다. 이를 두고 전문가들은 "향후 50년 이상을 내다본 투자였다"고 평가한다.

인수한 기업 대부분이 게임과 VR 관련 업체다. 모두 메타버스의 핵심 축이 될 것이라는 평가를 받는 부문이다. 페이스북은 이름을 메타로 바꾼 다음 날에도 몰입형 VR 피트니스 앱 '슈퍼내추럴' 개발 업체 위딘을 사들였다. '슈퍼내추럴'은 다양한 VR 환경에서 이용자들이 직접 여러 가지 색의 구슬을 격파하는 게임을 즐길 수 있는 앱이다. 그뿐인가. 이 앱은 메타의 VR 기기 오큘러스퀘스트 헤드셋을 통해 이용할 수 있다.

현재는 웨어러블 기기 회사 핏비트(Fitbit), 게임 개발 엔진 유니티(Unity)와 합병을 위한 협상을 진행 중이다. 두 회사 역시 메타버스 기술과 밀접한 곳들이다.

좀 뜬금없지만 이 지점에서 피터 틸이라는 인물 얘기를 할 필요가 있어 보인다.

'페이팔' 창업자 틸은 2002년 페이팔을 이베이에 15억달러에 매각한다. 틸은 매각대금으로 빅데이터 분석 소프트웨어 업체 '팰런티어테크놀로지'를 설립한다. '팰런티어'는 J.R.R. 톨킨의 '반지의 제왕'에 등장하는 마법 도구 '팔란티르'에서 따온 이름이다. '천리안의 돌'이라고도 불리는 팔란티르는 먼 곳의 상황도 훤히 볼 수 있는 신비한 구슬이다. 빅데이터 분석 업체와 딱 어울리는 이름 아닌가?

틸은 팰런티어를 운영하는 와중에 페이스북 마크 주커버그에게 초기 투자자금 50만달러를 대준다. 이후 틸은 주커버그에게 여러모로 엄청난 영향력을 끼치게 됐다는 후문이다.

틸의 전기 '콘트래리안'을 쓴 비즈니스위크 기자 맥스 채프킨은 '틸은 독일계 이민자면서 이민자를 탄압하는 트럼프 지지자'라고 말한다.

틸의 사상이 페이스북에 어떤 그림자를 드리웠는지 따라가다 보면 페이스북이 트위터와 달리 트럼프 전 대통령의 무리한 메시지에 왜 아무런 조처를 취하지 않았는지, 또 어쩌다 가짜 뉴스의 온상으로 전락했는지에 대해 절로 이해가 된다. 페이스북은 지난해 11월 미국 대통령 선거에서 조 바이든 민주당 후보가 승리한 뒤 올 1월 대선 결과에 불복해 도널드 트럼프 전 대통령 추종자들이 벌인 미 의사당 습격 사건 전후로 페이스북을 통해 대량 유포된 폭력 조장 게시물이나 가짜 뉴스도 방치한 것으로 드러났다.

이런 메타가 향후 메타버스 세계의 독점적인 플레이어가 되고, 대중의 사고를 컨트롤하는 빅브라더가 될 수 있다는 게 많은 이들의 생각이다.

다시 1984 얘기로 돌아가보자. 1984의 백미는 마지막 문장 네 단어다.

"He loved Big Brother."

오웰은 "전쟁, 질병 같은 난리 속에서 시민들이 '자유'보다 '안전'을 중시하게 될 때가 감시 사회의 시발점이 될 것"이라 예상했다. 그리고 감시 권력에 의존하다 보면 물리적 자유뿐 아니라 지적 판단의 자율성까지 빅브라더에 의해 조종당할 수 있다고 믿었다. 인터넷, 모바일 시대보다 더한 빅브라더와 맞닥뜨릴 수 있는 메타버스 시대의 도래가 마냥 반갑지만은 않은 이유다. ■

성희롱 · 딥페이크 · 사기 널려 있어
법적 · 제도적 처벌 규정 부족해

정다운 매경이코노미 기자

메타버스 플랫폼에서 펼쳐지는 세계와 현실이 비슷하다고는 해도 아직 사법권을 적용할 구체적인 기준들이 마련되지 않았다. 그래서 아직 법적 테두리 안에서 제재하지 못하는 범죄가 더러 발생한다. 디지털 세상에서의 폭력, 성범죄, 사기, 과도한 정보 수집으로 인한 프라이버시 침해 등이다.

아바타 졸졸 따라다니며 성희롱
사이버 폭력 가해자 절반이 '누군지 모르는 사람'

2021년 5월 온라인 맘카페에는 "요즘 아이들 무섭네요. 아이들 핸드폰 하는 거 잘 챙겨 봐 달라"는 당부글과 함께 영상이 공개됐다. 영상에는 아이가 요즘 푹 빠져 있는 메타버스 플랫폼 '제페토' 내에서 한 이용자가 아이에게 음성 채팅을 통해 "몸매가 좋네" "가슴은 커?" "속옷 벗어봐" 등 성희롱 발언을 하고 있는 장면이 담겼다. A씨는 아이에게 당장 제페토를 그만두라고 했지만, 최근 메타버스 플랫폼이 10대들 사이에서 새로운 놀이터이자 하나의 문화가 된 이상 걱정을 떨칠 수 없었다.

국내에서 아바타 성희롱 문제는 2021년 4월 언론을 통해 처음 보도됐다. 한 초등학생 B가 수영장으로 꾸며진 메타버스 공간에 입장했는데 여기서 만난 남성 아바타가 성희롱을 했다는 것. 당황한 B는 '나가기' 버튼을 눌러 상황을 모면했지만 부모에게 이 일을 말하지 못했다. B는 "안 그래도 메타버스 플랫폼에 시간과 돈을 많이 쓴다고 잔소리하는 부모님에게 이런 얘기를 할 수 없었다"는 입장이다. 또 다른 초등학생 C도 스토킹과 아바타 몰카를 당했다. 한 아바타가 C를 계속해 쫓아다니며 자기 셀카에 C의 아바타를 담으려 했다. 다른 가상 공간으로 이동해도 스토킹은 계속됐다.

메타버스 세계에서는 성희롱, 스토킹 등의 범죄로 고통받는 피해자가 속출하고 있다. (픽사베이 제공)

중학생인 D도 제페토에서 마주친 한 남성 아바타에게 스토킹을 당했다. 남성의 아바타는 계속해서 D의 아바타를 쫓아다니며 성적인 농담을 던지거나 가까이 다가와 성행위를 연상케 하는 동작을 취하기도 했다. 스토킹을 견디다 못한 D는 결국 기존 계정을 삭제하고 새 계정을 만들었다.

메타버스 플랫폼 이용자 대부분은 10대 청소년이다. 전 세계적으로 2억명 이상이 이용하는 제페토의 경우 10대 이용자 비중이 80%에 달한다. 이용자 대다수를 차지하는 만큼 이들 10대는 범죄에 노출되기도 쉽다. 한국지능정보사회진흥원(NIA)이 2020년 초·중·고교생 4958명을 대상으로 실시한 조사에 따르면 19.7%가 사이버 폭력을 경험한 적이 있다고 답했다. 피해 발생 공간은 '온라인 게임(50.5%)', 가해 대상은 '누군지 모르는 사람(45.8%)'이 가장 많았다.

제페토를 운영하는 네이버제트가 플랫폼에서 불법적인 행위를 해서는 안 된다는 커뮤니티 가이드라인을 내놓기는 했지만 가상 공간인 메타버스에서 아바타를 대상으로 벌어지는 범죄에 대한 처벌 규정은 아직 미비한 상태다. 가해자를 찾아내기 쉽지 않다는 점도 문제다.

회사 측이 문제가 될 만한 콘텐츠를 삭제하거나 적발된 계정을 차단하는 등 조치를 취하고는 있지만 이미 발생한 피해자에게 보상이 이뤄지지는 않는다. 제페토 이용약관에는 '불쾌하고 선정적이며 모욕적인 자료에 노출될 수 있고 서비스를 이용함으로써 이런 위험 요소를 받아들이는 것에 동의한다'는 조항이 포함돼 있다. 이를 위반하는 경우 콘텐츠 삭제와 이용 정지 등의 조치도 이뤄진다. 하지만 플랫폼 이용자의 대다수가 10대 청소년인 만큼 메타버스 이용자는 사실상 언제든 범죄에 노출될 수 있고, 플랫폼 운영 업체 차원의 대응만으로는 범죄를 예방하기 힘든 구조다.

해외도 마찬가지다. 2021년 3월 영국에서 아동 성범죄 전력 보유자 20대 남성이 로블록스와 어린이용 비디오 게임 '포트나이트'에서 7~12세 남자아이들에게 부적절한 메시지를 보내 성희롱 예방 명령을 선고받았다. 하지만 로블록스도 '모욕적·선정적·불법적인 콘텐츠에 대해 책임지지 않는다'는 취지의 내용을 이용약관에 명시하고 있다.

국회입법조사처는 "메타버스는 개인 간 상호 관계를 기반으로 하기 때문에 모욕, 비하, 인신 공격 같은 개인 간 문제가 발생할 수 있다"며 "주요 이용자인 10대에 대한 아동 성범죄 우려가 크다"는 취지의 보고서를 낸 바 있다. 보고서는 코로나19로 인해 사회 경험이 줄어든 아동·청소년이 온라인 공간에서 잘못된 경험을 하게 될 경우 이를 사회적 규범으로 인식하게 될 가능성을 지적한다. 결국 메타버스 플랫폼의 올바른 사용을 위해서는 좀 더 촘촘한 제도적·윤리적 대응 방안이 필요하다는 설명이다.

메타버스로 진화하는 성인물
급증하는 '딥페이크' 피해

가상 공간에서의 범죄는 비단 어린이·청소년에게만 해당하는 문제가 아니다. 메타버스에서 친분을 쌓은 뒤, 상대에게 돈을 요구하는 '로맨스 스캠' 등 범죄는 벌써부터 문제가 되고 있다. 실제 2021년 4월 국가정보원은 40대 한국 남성이 메타버스에서 친해진 '시리아 파병 미군'이라는 여성에게 수천만원 송금 사기를 당한 사례와 함께, 주로 서아프리카 범죄 조직들이 쓰는 범죄에 주의를 당부했다. 메타버스 안에서 다른 아바타에게 잔인하게 폭력을 가하거나, 욕설을 한 뒤 달아나는 경우도 쉽게 찾아볼 수 있다. 선거 운동이 본격화하면 메타버스 내 네거티브 전쟁이 벌어질 우려도 있다.

그 외에 '딥페이크(Deepfake)' 기술을 이용한 성희롱 문제, VR과 AR 기술의 발달 자체에서 파생하는 문제도 다양하다.

'딥페이크'란 인공지능 분야인 딥러닝(Deep Learning)을 활용해 사람의 얼굴 등 특정 부위를 합성해 가짜(fake) 동영상을 만들어내는 기술이다. 2021년 초 할리우드 유명 배우인 톰 크루즈가 골프를 하거나 여행을 가고 농담을 하거나 마술을 하는 영상이 모바일 비디오 플랫폼 '틱톡'에 올라와 화제를 모았는데, 진짜 톰 크루즈가 아니라 딥페이크 기술로 만들어진 영상이었다. 영상만 제작하는 것이 아니다. 이미 사망한 가수의 목소리를 이용해 마치 그들이 새로운 노래를 부르는 것처럼 들리게 하는 딥페이크 음악도 등장했다.

딥페이크 기술 자체가 문제는 아니다. 다만 딥페이크 기술은 이용하는 사람에 따라, 대상에 따라 얼마든지 범죄에 악용될 수 있다는 점

가상 공간에서는 특정인의 모습과 목소리를 그대로 구현할 수 있는 딥페이크 기술이 범죄에 악용되는 사례도 발생하고 있다. (픽사베이 제공)

에서 위험성이 크다.

특히 최근에는 K팝 등으로 세계적인 인기를 모으고 있는 한국 스타들은 딥페이크 영상의 단골손님이다.

이들 연예인의 얼굴을 딥페이크로 합성해 특히 성착취 동영상에 악용하는 사례가 늘고 있는 것. 네덜란드 딥페이크 탐지 기술 업체인 '딥트레이스'가 2019년 발표한 자료에 따르면 인터넷에 유포된 딥페이크 영상 중 96%가 음란물이다. 2019년 온라인에 유포된 딥페이크 영상은 8만5047건이었고, 이후 6개월마다 2배씩 증가하는 추세다. 특히 딥페이크 불법 음란 영상물 속 피해자 25%는 여성 아이돌이라는 보고도 있었다.

이와 같은 딥페이크를 이용한 악의적인 편집은 연예인뿐 아니라 정치인이나 기업인을 대상으로 할 수도 있다. 평범한 일반인도 본인이 모르는 사이 음란물 피해자가 될 수도, 사기 가해자가 될 수도 있다.

2019년에는 영국의 한 에너지 회사가 상사의 지시인 것처럼 꾸민 음성 딥페이크 기술에 속아 헝가리 공급사에 20만유로를 송금한 일이 있었다. 해당 회사 CEO는 "돈을 송금하라고 지시를 내린 목소리가 모회사에 있는 독일인 상사의 억양, 발음과 똑같아 통화 당시에는 전혀 의심하지 않았다"며 당시 상황을 설명했다. 같은 시기 비슷한 사기 사건은 세 건이나 발생했고, 손실액은 수백만달러에 달했다. ■

임상균 국장

연세대 정치외교학과 졸업. 동대학원 정치학 석사. 1995년 매일경제신문 입사. 경제부, 증권부, 산업부에서 취재 활동 후, 도쿄 특파원 등 역임. 경제부차장, 과기부장, 부동산부장, 증권부장 거쳐 2020년부터 주간국장으로 근무 중. 2005년, 2010년 씨티그룹 대한민국 언론인상 두 차례 수상. '반도체 이야기' '디지털 정복자 삼성전자(공저)' 'CO2 전쟁(공저)' '도쿄 비즈니스 산책' 등 저술.

김소연 부장

고려대 영어영문학과 졸업. 1996년 매경이코노미 기자 생활 시작. 글로벌 · 기업 · IT · 벤처 · 유통 · 자동차 · 금융 · 재계 등을 두루 담당. '손바닥 경제용어(공저)' '김대리 e부자 만들기' 'CEO의 자녀교육' '한국의 임원들(공저)' 등 저술.

명순영 차장

연세대 정치외교학과 졸업. 하와이대 China Focused MBA. 한양대 경영학 박사. 한양대 겸임교수. 한겨레, 오리콤을 거쳐 2001년부터 매경이코노미에서 근무. 증권 · 자동차 · 재계 등 두루 취재. '종목 찍어달라는 개미들에게 고함' '1% 채우기' '증권 거장들의 투자코드 27(공저)' '스타재테크(공저)' '위기를 기회로 바꿔라(공저)' 등 저술.

김경민 차장

성균관대 행정학과 졸업. 건국대 부동산대학원 건설개발전공 석사. 2004년 매경이코노미 기자로 입사. 건설 · 부동산 분야 비롯해 산업 전반 두루 취재. '2015 부동산 막차를 잡아라(공저)' 등 저술.

박수호 차장

고려대 국문학과 졸업. KNN에서 방송하다 2006년 매경이코노미 입사 후 거시경제 · 금융 · 자본 시장 · 벤처 · 스타트업 등 다양한 경제 분야 취재. 현재 매일경제TV '박수호 기자의 보이는 경제' 진행. '부의 시선(공저)' 등 저술.

배준희 기자

경북대 영어교육학과 졸업. 머니투데이를 거쳐 2013년부터 매경이코노미에서 근무. 자본 시장을 비롯한 금융 전반과 자동차, 모빌리티 등 출입.

노승욱 기자

한양대 경영학과 졸업. 2011년부터 매경이코노미에서 IT · 유통 · 창업 분야를 취재 중. '프랜차이즈 트렌드' '2020s 자영업 뉴패러다임에 대비하라' 등 저술. 2017년 '주류대출'의 위험성을 고발해 '이달의 기자상' 수상. KBS 라디오 '성공예감'과 유튜브 · 팟캐스트 '창업직썰'을 통해 자영업 트렌드를 전하고 있음.

류지민 기자

서울대 국문학과 졸업. 머니투데이를 거쳐 2014년부터 매경이코노미에서 근무. 주식 · 암호화폐 등 재테크 전반과 바이오 업계를 두루 취재. 20대 시절부터 리니지, 와우, 마인크래프트 등 원조(?) 메타버스 세계에서 수년의 시간을 보냄. 가장 좋아하는 영화는 매트릭스와 인셉션. 인류가 스마트폰에 이어 메타버스에 중독될 날이 머지않아 올 것이라고 믿고 있음.

정다운 기자

영국 워릭대 경제학과 졸업. 건국대 부동산대학원 부동산건설개발 석사. 2012년 매경이코노미에서 기자 생활을 시작. 현재 매경이코노미 재테크팀에서 9년째 부동산 분야 담당. '2015 부동산 막차를 잡아라' 공동 저술.

나건웅 기자

한국외대 스페인어과 졸업. 2015년 매경이코노미 입사. 유통 · 창업 · 트렌드 전반을 폭넓게 취재 중. 메타버스와 밀접한 관련을 갖는 블록체인 업계와 암호화폐 시장에 대한 기사를 2016년부터 꾸준히 써오고 있음. 매경이코노미에서 '코린이를 위한 암호화폐 설명서'를 연재 중임.

김기진 기자

미국 Haverford College 졸업. 2015년 매경이코노미 입사. IT(게임) · 증권 등을 주로 취재. '나스닥에서 살아남기' 연재. 2019년 '부의 시선(슈퍼리치는 어디에 눈길이 가는가)' 공동 저술.

반진욱 기자

동국대 경찰행정학과 졸업. 2019년 매경이코노미에 입사. 게임 · 부동산 · 트렌드 관련 체험 기사 담당. 게임 업계 추후 트렌드인 메타버스, NFT, P2E에 관심 갖고 취재 중임.

메린이를 위한 메타버스의 모든 것

초판 1쇄	2021년 12월 29일
2쇄	2022년 3월 10일

엮은이	매경이코노미
펴낸이	서정희
펴낸곳	매경출판(주)
인쇄 · 제본	(주)M-PRINT
주소	(04557)서울시 중구 충무로2(필동1가) 매일경제별관 2층 매경출판(주)
편집문의	2000-2521~35
판매문의	2000-2606
등록	2003년 4월 24일(NO.2-3759)

ISBN 979-116484-366-4 (03320)

값 20,000원